12⁵⁰   8⁰ᵒ

D0122949

MARCEL PROUST: A Critical Panorama

MARCEL PROUST
A Critical Panorama

❖

Edited by
LARKIN B. PRICE

❖

UNIVERSITY OF ILLINOIS PRESS

Urbana   Chicago   London

© 1973 by the Board of Trustees of the University of Illinois
Manufactured in the United States of America
Library of Congress Catalog Card No. 72-83033
ISBN 0-252-00296-2

Contents

❖

Preface

❖

LARKIN B. PRICE

Marcel Proust, whose work has been appreciated perhaps
more in England and the United States than in his own
country, finally captured the imagination of the average
Frenchman during 1971, the centennial of his birth. Of-
ficial homage by the Collège de France, assorted televi-
sion and radio specials, an afternoon at the Comédie Française, several events at Illiers during the summer, a fine
exposition at the Musée Jacquemart-André in Paris, all contributed to the excitement. These manifestations clearly
revealed that the new enthusiasm for Proust's work is in
part due to nostalgia for a period which seems calm and
romantic when compared with our own age, as well as to
curiosity concerning the elegant, sophisticated life of
the nobility or the very rich which is unknown today except to a few famous survivors, several of whom partici-
pated in the centennial celebrations. Even more important,
the Livre de Poche edition of *A la recherche du temps perdu* has made a correct text available at a nominal cost, so
many people have turned to the source to learn more about
the myth, finding at the same time that they like what was
formerly restricted to the initiated. As a result, almost
every Frenchman now has something--valid or not--to say
about Proust.

Change in the situation of Proust outside France has
been less dramatic, since abroad, from the time his work
began to be known, there has been wide recognition of his
high rank as a writer. There were, of course, many foreign events in honor of Proust's birth, but since these
were limited primarily to academic communities, the emphasis was on his work, whereas in France, public demonstra-
tions were more superficial, and serious commentary was
reserved for books or reviews. Thus in France, the rather ephemeral aspect--the personalities and remnants of
Proust's social world--was offered in a form that does not
endure, while that which is more solid has been preserved.
So too the many valuable lectures presented in the United
States deserve preservation. Those collected in the present volume, delivered for the most part either at the cel-
ebration in Urbana or at the later meeting in Chicago, illustrate the wide range of topics treated, as well as the
variety of critical approaches used.

A great deal of the charm that surrounded these cere-
monies will not transfer to the printed page: the personalities of the speakers and audience, informal chats, cock-
tail parties, music, exhibitions, films and slides, none
of these fragile but delightful sidelights can be reproduced. Yet the major part of the intellectual content is
here. Included from the first Proust Centennial in the
United States, held at the University of Illinois, Urbana,
from May 5 through May 7, 1971, are papers by Germaine
Brée, J. Theodore Johnson, Jr., R. A. Sayce, and Michel
Raimond. John Cocking kindly gave permission to substitute another talk he gave on Proust as George A. Miller
Lecturer at Urbana, in place of his "Proust and Music,"
which appears in another publication. The Modern Language
Association annual meeting in Chicago (French VII Section,
Chairman: Jean Alter) is represented by somewhat expanded
versions of talks by Rosette Lamont, Marc Hanrez, and Peter

V. Conroy. The remaining articles, based on work of which
I was aware, were graciously contributed by Agnes Porter,
Douglas W. Alden, John Erickson, Philip Kolb, and Reino
Virtanen.

Lest the categories in which the various papers are
grouped create the impression of a limited coherence, I
hasten to point out that my divisions are rather arbitrary;
some of the articles treat in conjunction with their main
thesis particular aspects which may be related to one or
more of the other sections. Other divisions could well
have been used. Without any suggestion of completeness,
I do wish to mention some examples of coherence which tran-
scend the occasionally artificial lines I have drawn. It
is hoped that an attentive reader will detect others, including some that occur only briefly, or that enter quite
frequently into Proust criticism, such as time, involuntary memory, etc.

Several contributors to this volume bring new light to
the old question of realism versus some form of imagination in Proust's work. Douglas W. Alden specifically studies realism in *Jean Santeuil*, showing a number of cases in
which it carries into the mature novel. He suggests that
further study of the two novels may reveal that Proust's
basic writing habits are closely linked to realism, although tempered by poetic digressions. Underlying R. A.
Sayce's quite detailed study of the Goncourt pastiche is
a lively concern with Proust's treatment of realism. A-
long with Professor Alden, J. M. Cocking devotes some
space to Proust's poetic passages, linking those from the
early writing through *Contre Sainte-Beuve* with Symbolist
literature.

Undoubtedly behind the poetry, especially in *Jean Santeuil*, lies a kind of symbolism, or associations around
language, which has developed across the centuries. As
Proust wrote in "Contre l'obscurité" (July 1896), "ce que

chaque mot garde, dans sa figure ou dans son harmonie, du
charme de son origine ou de la grandeur de son passé, a
sur notre imagination et sur notre sensibilité une puissance d'évocation au moins aussi grande que sa puissance
de stricte signification. Ce sont ces affinités anciennes
et mystérieuses entre notre langage maternel et notre sensibilité qui . . . en font une sorte de musique latente
que le poète peut faire résonner en nous avec une douceur
incomparable" (*Chroniques*, Paris: Gallimard, 1927, p. 141).
Critical studies which remained unpublished for a half century, letters and drawings for Reynaldo Hahn, the abandoned
novel, as well as *Les Plaisirs et les jours*, all suggest
that Proust was actively working with some of these associations, trying to combine them with his concept of the
artist-myth to obtain a unifying structure. A significant
part of this material enters into "Foundations for an Allegorical Interpretation of *A la recherche du temps perdu*"
presented by J. Theodore Johnson, Jr. This demonstration
is based in particular on Giotto and Émile Mâle, but Professor Johnson is well aware of the unfinished articles on
painters begun by Proust before 1900 (his remarks on Gustave Moreau are especially important), which clearly express certain of his ideas on allegory or symbolism. In
his discussion of signs, devoted largely to the last few
pages of "Autour de Mme Swann," Marc Hanrez touches on
different levels of symbols. There is a distinct relationship between a few of these symbols and some of the
basic material examined in the article on Proust and Giotto. Finally, in Rosette Lamont's study concentrating
on theatrical aspects of the major novel, there appear
several striking references to underlying symbolism.
These papers which treat realism and imagination (sometimes a kind of poetry or form of symbolism) in Proust's
work, valuable contributions in themselves, show that this

is a rich area of active interest in which there is still
much to be discovered.

Like the realism-imagination opposition--in Proust
there is a tendency toward fusion--the role of society in
A la recherche du temps perdu has intrigued critics for a
long time. The principal focus of Germaine Brée's paper
is on the historical and social implications of the Dreyfus affair and Proust's perspective in transferring it to
his novel. Discussions of the talk during the Centennial
Commemoration brought out the current renewal of interest
in relationships between literature and society, for Professor Brée presents material that recalls very recent
world events. As a crucial part of the French history
that Proust experienced directly, the Dreyfus affair con-
tributes to the notion of realism in *Jean Santeuil*; Douglas W. Alden studies it, less extensively than Professor
Brée, in this context. Both papers are concerned to some
degree with the structure of *Jean Santeuil* in relation to
society, but the articles of two other contributors turn
more resolutely to the structural utilization of society
in the mature novel. Following in the path of "new" criticism by Gilles Deleuze and perhaps Gérard Genette, Marc
Hanrez finds in an early tectonic configuration evidence
of predictions that are verified much later in the novel.
Michel Raimond, too, studies the structures Proust built
around several social scenes. The three papers just dis-
cussed--those by Professors Brée, Raimond, and Hanrez--
illustrate well the multilayered coherence different articles bring to the volume, for in all three there are
significant references to the theater.

Working respectively with Goncourt and Montesquiou,
who served as models for Proust's pastiches, R. A. Sayce
and Agnes R. Porter combine structural considerations
with parallels and affinities between *A la recherche du
temps perdu* and the work of other writers. Philip Kolb

also relies on Goncourt to support the part that Paul
Helleu, the painter, plays in the genesis of Vinteuil.
This paper, with its strong biographical cast, as well
as Professor Johnson's with its examination of the func-
tional role of painting in the major novel, makes significant contributions to our understanding of the fusion
of the arts in Proust's work. These two studies, joining
with those on the pastiche and on the theater, approach
in a broad sense influences and affinities which are more
explicit in the final three papers of our collection. In
his discussion of Proust and Einstein, John Erickson con-
fronts literature and science, a direction several critics have recently pointed to as the most productive general approach for literary criticism of the future. Bringing together literature and philosophy, Reino Virtanen
offers some considerations to be added to Van Meter Ames's
Proust and Santayana. Although Douglas W. Alden's article
is not in the affinities group, it does mention in some
detail resemblances between Proust and Maupassant, Flaubert, and Balzac. Among comparisons made by J. M. Cocking,
we note especially the reference to Paul Valéry's method
of composition.

It has not been my intention to analyze these articles
(they are far too rich to be characterized justly in a
few words), but rather to show some of the directions in
which they expand out of the narrowness of the mold into
which I have forced them. Concerning the text of the articles, I must take responsibility for changes made in the
interest of uniformity. These are limited almost entirely
to mechanical details, such as the incorporation of notes
into the text and the choice of form for references. Furthermore, charming as are some British habits of spelling,
I have had to sacrifice them to conform to American usage.
I apologize for these editorial intrusions. And finally,

xiii Larkin B. Price

to all the generous contributors to this collection of
papers on Proust, I should like to express my deep
gratitude.

Larkin B. Price

University of Illinois, Urbana

Proust et l'Affaire Dreyfus, à la lumière de *Jean Santeuil*

GERMAINE BRÉE

Dans un livre récent sur l'Affaire Dreyfus, l'auteur au moment où il arrive à ce qu'il appelle "le sommet et le tournant décisif" du procès Zola, laisse en suspens son récit et introduit une assez longue citation de *Jean Santeuil*.[1] Il s'agit de l'après-midi du 17 février 1898 et d'une sorte de coup de théâtre double qui marqua ce jour-là. Sentant dans cette dixième audience que l'État-Major perd l'initiative, un de ses porte-paroles, le général de Pellieux, tente de rétablir la situation en faisant appel au chef d'État-Major, le général de Boisdeffre; il déclare être en possession d'un fait nouveau, d'une pièce qui prouverait irréfutablement la culpabilité de Dreyfus mais qui, pour la sûreté du pays, doit rester secrète. Et il pose la question de confiance: la parole d'honneur d'un officier français, et, à plus forte raison du chef d'État-Major, peut-elle être mise en doute?

L'audience fut en effet fort dramatique comme en témoigne le compte-rendu des débats: "On a eu," déclare le général, ". . . la preuve absolue de la culpabilité de Dreyfus, absolue! et cette preuve, je l'ai vue! . . . Eh bien! Messieurs, on a cherché la révision du procès par une voie détournée; je viens vous donner ce fait. Je l'affirme sur mon honneur, et j'en appelle à M. le général de Boisdeffre pour appuyer ma déposition."[2] Par trois fois,

1

devant les objections de la défense qui, elle, se doute
bien qu'il s'agit d'un faux, il réitère sa demande, exigeant enfin la convocation immédiate du chef d'État-Major.
C'est le moment où l'État-Major "jette son épée dans la
balance," comme on aimait le dire à l'époque. Fort em-
barrassé et sans attendre l'arrivée du général, le président Delegorgue, désirant consulter le gouvernement, leva l'audience au moment même où le chef d'État-Major se
présentait. Il ne témoignera que le lendemain, le 18
février. Ce sera pour confirmer la déposition du général
de Pellieux et poser une dernière fois la question de
confiance: "Vous êtes le jury, vous êtes la nation; si
la nation n'a pas confiance dans les chefs de son armée,
dans ceux qui ont la responsabilité de la défense nationale, ils sont prêts à laisser à d'autres cette lourde
tâche; vous n'avez qu'à parler."[3] C'est en effet le
moment décisif du procès Zola et pour les Dreyfusards le
jour le plus sombre de l'Affaire.

Mais le 17, le général de Boisdeffre dut repartir sans
avoir prononcé un seul mot. Du point de vue des spectateurs, ce fut lui qui pendant quelques heures joua le
rôle d'arbitre suprême non seulement par rapport à Zola
mais par rapport à Dreyfus lui-même. C'est ce moment-
là, celui de l'arrivée du général ainsi convoqué suivi
de son départ que, dans la section de *Jean Santeuil* qui
a trait à l'Affaire, Proust a choisi pour faire le portrait de cet homme. Voici les quelques lignes--tronquées--
que cite l'historien: "Le monsieur en civil était très
grand, et surtout on voyait incliné sur sa tête un très
long chapeau haute forme. . . . Il s'avançait lentement, la
jambe raide. . . . Quoiqu'il eût l'air encore assez jeune,
ses joues étaient revêtues d'une sorte de fine lèpre rouge
ou violacée comme sont la vigne vierge ou certaines mousses
revêtant les murs à l'automne. . . . Il avait l'air très calme,
très lent, quoique évidemment assez préoccupé. . . . Sur son

passage on se découvrait et il saluait avec beaucoup de
politesse, . . . clignant des yeux par moment, tendant sa
jambe raide, s'arrêtant, tirant sa moustache, passant
sa main sur sa joue rougie." Bien que le passage soit
fortement comprimé--la description remplit six pages de
Jean Santeuil--l'historien en a gardé les traits essentiels.[4] Avant même que la critique proustienne ait véritablement étudié le rôle de l'Affaire Dreyfus dans *Jean
Santeuil*, voici donc un portrait qui fait figure de document historique. De fait, il n'est pas d'autre épisode
dans toute l'œuvre de Proust qui autant que celui-ci
s'approche de l'histoire, et pour cause. Proust vivait
ou venait de vivre les événements qu'il décrivait.[5]

Il y a quarante ans déjà que paraissait le livre de
Cécile Delhorbe, *L'Affaire Dreyfus et les écrivains
français*.[6] C'était, disait-elle dans sa préface, les
livres de Proust qui lui avaient fait comprendre l'intérêt du sujet: "J'ai été frappée de l'importance qu'elle
avait eue, qu'elle avait gardée pour lui; d'abord parce
que tout ce qui a contribué à former un talent comme le
sien mérite qu'on s'y arrête." Au cours de ces quarante
ans la critique proustienne a foisonné. Mais, même depuis la publication de *Jean Santeuil* il y a une vingtaine
d'années, cette critique ne s'est guère intéressée à la
question que posait Mme Delhorbe. Depuis *Jean Santeuil*
les biographes de Proust attachent sans doute plus d'importance à son dreyfusisme; ses amis aussi, comme c'est
le cas de Louis de Robert dans la nouvelle édition de son
livre, *Comment débuta Marcel Proust*. L'engagement mili-
tant en faveur de Dreyfus du jeune Proust a apporté un
correctif à l'image du jeune snob, la compliquant quelque
peu moralement. Mais ce dreyfusisme a été le plus souvent discuté par rapport au problème juif, et aux sources
juives de la sensibilité proustienne.[7] De nombreuses
études aussi ont mis en lumière le rôle de l'Affaire dans

La Recherche en tant que "réactif moral de la belle
époque, qui ne manque à presque aucune conversation de
salon, de restaurant, de bains de mer, d'office, de mess
d'officiers, de maison close ou de cabinet particulier."[8]
Mais on n'a guère cherché la source de cette ubiquité
dans la réaction de Proust lui-même devant l'Affaire et
ses séquelles. C'est à une ré-orientation de notre point
de vue que Revel, un peu péremptoirement, nous conviait.

Il est vrai que sur ce terrain nous manquions d'abord
de repères. *Jean Santeuil* nous apporte un curieux témoignage. Si nous n'en avons guère tiré parti c'est sans
doute à cause des incertitudes qu'offre le texte lui-
même; fragmentaire, de par sa nature même de brouillon
et peu sûr à cause de la manière dont il a été édité:
erreurs de lecture, reconstitutions sujettes à caution,
contaminations de versions probablement successives,
juxtaposées ou raccordées, détails contradictoires, etc.
Les travaux de Philip Kolb nous ont apporté leurs recti-
fications grâce auxquelles peu à peu se constitue un
texte moins douteux. Nous pouvons espérer que d'autres
travaux comme les siens viendront aussi éclairer les
allusions historiques souvent obscures et permettront
non seulement de résoudre définitivement les problèmes
de datation du texte mais d'en mieux dégager la signification.[9] Dans la brève discussion qui suit je ne soulè-
verais donc pas de questions de cet ordre. Pour incertain
que soit le texte, j'examinerai ce que semble indiquer la
tentative manquée que fit Proust d'introduire l'Affaire
Dreyfus dans le roman qu'il était en train d'écrire. Car
si lorsqu'il reprit son roman, il a repris des sections
entières de *Jean Santeuil*, il n'a rien retenu, à part un
ou deux détails, de la section "politique" du premier
roman.[10]

Contrairement à certains autres lecteurs de *Jean Santeuil*, je pense que lorsqu'il se mit à son roman, aux

environs de 1895, Proust avait une idée relativement co-
hérente de ce qu'il voulait entreprendre: un *bildungsroman*, l'histoire d'une "éducation sentimentale" qui met-
trait en lumière, comme ce fut le cas pour le roman de
Flaubert, le mouvement d'une société, la transformation
de l'ambiance qui distingue la sensibilité d'une génération de celle qui la précède et définit un "style" épars
dans toutes ses façons d'être et visible dans ce que
cherchent ses artistes. A l'époque où il écrivait *Jean
Santeuil* Proust parle assez volontiers pour les jeunes
écrivains-aspirants de sa génération. Dans un de ces
"textes retrouvés" que nous ont présentés Philip Kolb et
Larkin Price, il évoque le tourment intime de chacun,
commun à tous, en termes fort personnels: "Je ne suis
peut-être qu'un raté. . . . Ma vocation pour écrire . . .
se manifeste surtout par mon absence de vocation pour tout
le reste, par l'absence totale des qualités diverses qui
dans la vie font réussir. Je suis peut-être un Gustave
Flaubert, mais je ne suis peut-être que le Frédéric Moreau
de *L'Éducation sentimentale*."[11] Le protagoniste de *Jean
Santeuil* ne sera pas un Frédéric Moreau. Déjà le jeune
Proust raconte le roman d'une réussite, celle d'une vocation d'écrivain. Il ne devait pas y avoir non plus de
1848. Si Proust a projeté de poser le thème central, celui de l'écrivain, dès l'introduction, c'est dans les
dernières pages qu'il posait celui de la fusion de deux
classes, visible dans la transformation du comportement
social de deux générations. L'amitié du bourgeois Santeuil et de l'aristocrate Henri de Réveillon fait contraste avec le cloisonnement intellectuel et social qu'ac-
ceptent leurs parents. C'est dans un survol assez étour-
dissant que le jeune écrivain s'efforce d'ouvrir dans son
roman les perspectives de l'histoire. Il vient d'expliquer la "loi" selon laquelle la sensibilité des enfants
modifie celle des parents, modifiant ainsi imperceptiblement

toute la société; puis il continue, parlant de Mme
Santeuil:

> Si vous songez que son fils ressemblait à tous les
> jeunes gens de sa génération, et que tous eurent plus
> ou moins sur leurs parents une action pareille, vous
> songerez que ce chapitre, peut-être ennuyeux comme cha-
> pitre de roman, était instructif comme chapitre d'his-
> toire. La pensée est une espèce de télescope qui nous
> permet de voir des spectacles éloignés et immenses. Vous
> savez que les actes d'une journée commencent ou dénotent
> des habitudes, qui elles-mêmes préparent ou enregistrent
> des changements dans l'individu. Mais les changements
> dans l'individu eux-mêmes, cette révolution que vous croyez
> la plus grande n'est qu'une petite partie des transforma-
> tions de l'espèce que vous pouvez y voir. Où que votre
> vie ait été cantonnée, que vous ayez connu des nobles
> comme le duc de Beauvisage, qui ont eu des filles comme
> la duchesse de Réveillon et des petits-fils comme Henri,
> ou des bourgeois comme M. Sandré qui ont eu des filles
> comme Mme Santeuil et des petits-fils comme Jean, vous
> avez vu l'histoire se faire devant vous, c'est-à-dire à
> deux générations l'espèce humaine se transformer. . . .
> [*JS*:III,322-323]

Dans une perspective nettement darwinienne l'histoire
pour Proust, celle qu'il voulait dégager de la double
aventure des deux amis, la rendant ainsi exemplaire, c'est
l'histoire d'un changement dans la sensibilité collective.
Il semble avoir conçu ce changement en des termes assez
courants à l'époque: l'érosion des principes moraux liés
aux hiérarchies sociales, par une sensibilité esthétique
nouvelle, née de l'habitude récente du luxe, favorisant la
fusion de deux classes et la modification des attitudes
qui les distinguaient. Encore assez schématique, ce point
de vue infiniment plus médité[12] déterminera le vaste

mouvement d'ensemble de *La Recherche*. Il y a à peine
une allusion dans ces pages à la secousse politique que
fut l'Affaire Dreyfus.[13]

Il semble assez évident si nous nous reportons à la
chronologie intérieure du roman, que toute la partie
politique du livre--les trois épisodes en apparence non
liés entre eux que sont l'histoire du sénateur Marie,
évoquant le scandale du Panama, la confrontation avec
Couzon, esquisse d'un Jaurès à ses débuts,[14] et l'Affaire
Dreyfus--sort du cadre premier du roman. C'est en effet
en 1895, nous dit le pseudo-Proust d'un (au moins) des
débuts esquissés, qu'il rencontra à Kerengrimen l'écrivain C., romancier déjà célèbre, qui, plus tard lui con-
fia cette autobiographie à peine transformée qu'est *Jean
Santeuil*. Ce fait n'est guère compatible, chronologique-
ment, avec la présence d'un Jean Santeuil, étudiant, parmi
les témoins en 1898, de l'Affaire Dreyfus, ni même des
interpellations de Jaurès au moment des massacres d'Arménie. Ceci cependant n'est qu'un détail que Proust eût
pu facilement rectifier. S'il a abandonné, sinon son
projet initial, du moins sa réalisation du moment et en
tout cas définitivement toute la section politique, c'est
sans doute qu'il a compris que ces épisodes en avaient
détruit, non seulement la structure initiale, mais, et
ceci est une simple hypothèse, l'optique trop limitée.
Au moment de l'Affaire, parce qu'il y fut passionnément
engagé, il semble avoir senti qu'il s'agissait d'un événement qui affectait profondément son sujet. Il a donc
éprouvé le besoin de donner à son roman une dimension
politique. Mais pour éviter l'épisodisme, et selon les
procédés qu'il met en œuvre par ailleurs, il ne pouvait
traiter l'Affaire Dreyfus comme un phénomène isolé. Proust
à plusieurs reprises dans *Jean Santeuil* nous parle des
"lois" qu'il s'agit de discerner en remontant, pour user
d'une terminologie moderne, des phénomènes-signes au

signifié. Du scandale Marie, du comportement de Couzon et
de l'Affaire Dreyfus, en ce sens, Proust avait fort probablement projeté de dégager certaines "lois." Je crois
qu'on en discerne le schéma, qui éclaire l'intention derrière ces fragments en apparence arbitrairement rapprochés.
Le thème du "scandale"--scandale Marie, scandale des massacres d'Arménie, scandale de l'Affaire--est sûrement significatif. C'est dans ce cadre que je situerais un bref
examen de la manière dont Proust a tenté de faire entrer
dans son roman ce grand pan de la réalité politique qu'é-
tait l'Affaire.

L'épisode nous propose certains problèmes. D'abord,
l'ambiance que Proust crée autour du procès Zola, une
ambiance de gaieté ou même de grand opéra. C'est en effet un décor d'opéra que Proust crée autour du bref passage du général de Boisdeffre. Ce n'est peut-être pas
par hasard qu'à un moment donné Jean passe directement
des coulisses du théâtre de l'Opéra comique, avec ses
machinistes, décors et acteurs desœuvrés qui attendent
de nouveaux rôles dans une pièce encore inconnue, au
"cirque" de la Cour d'Assise. Mais l'ambiance que Proust
crée autour du procès Zola est d'autant plus surprenante
qu'à ma connaissance elle est unique.

L'année 1898, en effet, qui fut déterminante dans
l'Affaire, commence pour les Dreyfusards, dont était
Proust, dans le plus grand désarroi avec l'acquittement
d'Esterhazy et la condamnation de Zola. Le procès Zola,
central dans *Jean Santeuil*, est ponctué par les démons-
trations les plus violentes. Les partisans de Dreyfus
indignés protestent sans cesse contre l'ignominie de ce
déchaînement. Voici ce qu'en dit, dans *La Revue Blanche*,
revue "engagée," un témoin--Pierre Quillard--résumant
ses impressions à la fin du procès: "Quinze soirs de
dégoût, de honte et d'angoisse, avec le frisson inquiet
d'assister à un morne spectacle où le sang coulera

peut-être, sans même que les acteurs immondes aux gages
de l'antisémitisme aient l'excuse d'une haine sincère et
spontanée. Quinze soirs de clameurs forcenées, poussées
par quelques centaines de brutes sauvages en rut d'un
empereur prochain."[15] Proust, lié à l'équipe de *La Revue
Blanche* et qui assistait aux séances, n'avait pas pu ne
pas être conscient de cette brutalité. Pourtant ce qu'il
recrée par rapport à Jean c'est une atmosphère de joie:
journées ferventes, partagées avec un camarade Durrieux,
"conversations riantes," exaltations des soirées:[16]

> C'est ainsi que Jean après s'être lavé, changé, avoir dîné
> chez lui, venait le soir retrouver Durrieux dans cette
> taverne et que, après s'être mêlé fiévreusement l'après-
> midi dans ce palais Renaissance qu'on appelle Palais de
> Justice, aux immenses escaliers de marbre, aux longues
> galeries qui donnent sur le fleuve, aux agitations de ces
> affaires publiques, comme deux Florentins du XVe siècle,
> ou comme deux Athéniens, comme tous ceux dont l'occupation
> ardente fut de s'occuper des affaires passionnées de la
> cité, ils venaient tous deux en discuter, en raisonner
> longuement, arrêter leur avis sur le lendemain. . . . Ainsi
> causaient le soir en vidant un bock, qui prenait de leur
> repos et de leur joie une douceur singulière, Jean et
> Durrieux. [*JS*:II,120-121]

Voici encore, massée sur les marches du Palais de Justice,
la foule qui attend le passage du chef d'État-Major:

> On était là, anxieux. Plusieurs étaient sans chapeau,
> venant de l'intérieur, tous massés en haut et le long du
> grand escalier. Un peu de soleil se posait sur les mar-
> ches. Ce ciel était bleu par places, blanc aux autres.
> C'étaient de ces heures immobiles où l'après-midi semble
> arrêté dans le ciel au-dessus de nous et avoir posé sur
> la ville ou dans les champs, ici de l'ombre, là du soleil,
> là du repos, ici du travail régulier, grue qui lance des

fers, laboureur qui pousse ses chevaux, mais comme en
dehors du temps, participant au même ralentissement où
la vie de l'après-midi semble dans ce retrait lent et
silencieux, . . . où il semble que la marée va s'arrêter,
où on entend distinctement la goutte d'eau glissant entre
les gouttes d'eau, et le sable entraîné avec les coquil-
lages. [*JS*:II,123]

C'est dans ce décor immobilisé que passe, disparaît, puis
repasse le général qui n'a pas, nous l'avons vu, pu té-
moigner. Alors, à ce second passage, "Déçue et délivrée
de son oppression, car cette parole toute-puissante le
chef de l'État-Major général ne la dirait pas aujourd'hui,
peut-être jamais, la foule massée dans l'escalier pous-
sait une immense acclamation" (*JS*:II,126).

Plus tard encore dans l'Affaire c'est la satisfaction
profonde d'un lecteur du *Figaro* que Proust évoque qui s'en-
dort le soir avec un sourire aux lèvres "en se disant: demain matin, qu'est-ce que va nous apporter dans notre lit,
sur le plateau, *le Figaro* aussi frais que le croissant
placé à côté, d'une essence aussi raffinée?"; lecteur pour
qui l'Affaire parce qu'elle est passionnante est "aussi
réconfortante, aussi salutaire que le café au lait bouil-
lant qui fume dans son bol" (*JS*:II,161). Nous sommes loin
des "clameurs" de l'époque.

Proust ne fait allusion qu'indirectement et de façon
très générale aux "passions" de ces spectateurs: aucune
allusion à la violence, aucune à l'antisémitisme. Jean
Santeuil, Proust l'affirme d'emblée lorsqu'il pose le premier jalon menant à l'Affaire, est dreyfusiste (*JS*:II,29-
35); mais c'est un témoin qui paraît infiniment plus dé-
taché que ne le fut Proust lui-même et qui fait par moments
figure d'une sorte de Candide qui va partout quêtant la
vérité. Et le narrateur, qui si souvent le "double," se
situe en apparence en dehors de toute passion partisane.
Le choix de cette optique ne peut être que délibéré.

Une autre question se pose: le découpage des événements et le choix des protagonistes. Une page (*JS*:II,
116-117), mal située dans le texte--M. Kolb l'a signalé--
semble indiquer que Proust aurait à un moment donné envi-
sagé d'incorporer à son roman une séance de la Cour de
Cassation,[17] plutôt que les scènes du procès Zola. En
tout cas du texte tel que nous l'avons, un schéma chronologique se dégage. L'Affaire se glisse d'abord dans les
conversations de Jean avec Rustinlor et Expert-Foutin (au
nom révélateur) à Réveillon; il s'agit alors d'Esterhazy.
Assez vaguement situées--introduites semble-t-il après
coup dans le texte--ces conversations précèdent l'époque
du procès. Il s'agit ensuite du procès Zola, au mois de
février 1898; puis de l'incident du *Figaro*, à l'époque
des délibérations de la Cour de Cassation; et enfin on
aboutit à une sorte d'épilogue, situé après la "liquida-
tion" du procès. L'Affaire s'annonce, s'impose au moment
du procès Zola, puis s'éloigne, toujours indéchiffrable.

Ce qui étonne cependant c'est le choix que Proust a
fait de ses protagonistes: Dreyfus n'est presque jamais
mentionné et dans ce procès "Zola," il n'est jamais question ni de Zola lui-même, ni de ses avocats, Labori et
Clemenceau, ni d'aucun magistrat. Les seuls protagonistes
sont les militaires. Mais Proust a éliminé--sauf en de
rares allusions--ces personnages curieux qui pourtant
jouèrent un si grand rôle dans l'Affaire et dans l'imagination du public--Henry, Esterhazy, du Paty de Clam,
les généraux de Pellieux et Gonse. Il évoque en une sorte
de triptyque trois militaires--le général de Boisdeffre,
le colonel Picquart (qui a la part du lion) et un certain
général T. qui, dans "l'épilogue," dans l'atmosphère paisible d'un salon mondain, entame comme un conteur balzacien le récit rétrospectif d'une obscure histoire dont il
détient la clé. Mais c'est un conteur qui coupe court son
histoire et se refuse à la terminer. Qui dans cette

affaire détient la vérité?   Voilà la question que Proust
semble avoir voulu poser.   La foule l'attend du général
de Boisdeffre; Jean, anxieusement, scrute Picquart et le
général-oracle à la fin ne se prononcera pas.[18]

En fait, dans le contexte, le personnage central et
unique que Proust cherche à éclairer, c'est Picquart.
D'autres éléments qui jouèrent un rôle dans l'Affaire sont
présents, mais faiblement esquissés: le peuple-chœur
massé sur les marches du palais, à l'extérieur; l'opinion
bien pensante formulée par un fantoche futur, le diplomate
Expert-Foutin; la presse politique représentée par un personnage grotesque, d'ailleurs Dreyfusard, Rustinlor, dont
les opinions sont faites d'avance et qui passe de "l'intérieur," de la salle d'audience à la galerie de Harlay,
menant grand tapage autour de l'Affaire, réitérant les
commentaires: "c'est une infamie, c'est une infamie . . .
c'est très grave, c'est très grave . . ."; Jean, le spectateur de la salle d'audience, au cœur même du procès, qui
cherche à discerner la vérité.   Un décor unique: le Palais
de Justice; mais à plusieurs compartiments: les marches,
la galerie, la salle des audiences; un "lieu" inaccessible
qui relie la galerie à la salle d'audience--la salle où
attendent les témoins, d'où surgira Picquart, le seul témoin amené à la barre par Proust.   L'optique théâtrale
apparaît nettement, la hiérarchisation et la simplifica-
tion.

Il n'est pas étonnant qu'en 1898-99 Proust ait placé
Picquart au centre de sa toile.   Il était en effet pour
les Dreyfusards le héros du moment, et pour les anti-
Dreyfusards le renégat par excellence--figure pour tous
énigmatique.   Pour les Dreyfusards il était victime de sa
probité même, déshonoré, mis en réforme, incarcéré par
les chefs qu'il s'efforçait de sauver du désastre.   En
1898 les portraits de Picquart se multiplient; les portraits, d'ailleurs, pendant l'Affaire pullulent, constituant

véritablement un "genre." Consternés par le sort de
Picquart, ses amis cherchent à créer de lui une haute
image--méritée semble-t-il--mais stylisée. Reinach[19]
le présente constamment comme "héros"--"le héros de la
justice et du droit": "Notre génération," écrit-il, "si
elle a assisté à d'inoubliables tristesses et aux pires
ignominies avait déjà eu ses grands hommes, qui étaient
son orgueil et sa joie: poètes, penseurs, citoyens,
savants. Il lui manquait un héros. Elle l'a" (p. 36).
Picquart, pour Pressensé (que Proust, Halévy en témoigne,
admirait), est l'homme à la conscience inflexible, irréductible, le "témoin de la vérité" qui lutte contre une
"bande de forbans."[20] Tout l'effort de Proust semble
avoir porté sur une tentative de "démystifier" l'Affaire,
de substituer à sa polarisation entre "héros" et "forbans"
le point de vue de l'observateur--artiste dont la joie
vient de la compréhension.

Proust était sensible, sa correspondance le montre, au
côté "balzacien" de l'Affaire: imbroglio sinistre de
louches intrigues, de déguisements, de meurtres masqués
en suicide; et très conscient de la pâture qu'elle offrait
aux émotions d'un public désœuvré qui la vivait sur le
mode qu'il qualifie plusieurs fois de "romanesque," essentiellement manichéen. "Romanesque," le comportement de
Rustinlor, grand "participant" de coulisse dont elle satisfait le goût pour le mélodrame, offrant chaque jour
une apocalypse illusoire mais sans cesse renouvelée. Pour
tous les participants-spectateurs, elle est d'abord une
porte d'entrée dans l'imaginaire: Jean et Durrieux se
prennent pour des Athéniens ou des Florentins de la Renaissance; Rustinlor se prend pour un augure et la "masse" est
soulagée de savoir que le "feuilleton" continuera demain,
comme d'ailleurs le lecteur du *Figaro* et les habitués du
salon. Ils sont pareils aux acteurs des coulisses de
l'Opéra-comique; l'Affaire leur a distribué des rôles.

Proust a tenté de se débarrasser de ces "faux montages"
"romanesques" auxquels se complaisent les spectateurs.
Pour tenter de rendre sensible la "vérité" sous-jacente
à l'événement, il a choisi d'éliminer la polarisation
"romanesque," optant pour la "vision" esthétique, en
artiste et non en partisan.

    Voyons d'abord l'épisode Boisdeffre.   Ce que Proust
a choisi de décrire, de cette suite de "coups de théâtre,"
c'est un non-incident.   Tout se passe à l'extérieur du
Palais.   Le général passe, disparaît, re-passe sans que
rien ne soit changé--prestigieux et accompagné de l'acclamation de la foule.   L'incident est emblématique.   Car,
en fait, dans la perspective rétrospective de l'Histoire,
son témoignage n'a rien décidé.   Il a retardé peut-être
mais il n'a pas influé sur l'issue de l'Affaire.   Ces
actions et paroles ont été frappées de nullité.   Proust
fait un croquis frappant en apparence objectif de cet
homme dont les contemporains--Dreyfusards--ont souligné
la médiocrité: "cette grande incapacité méconnue," écrit
Pressensé, "qui n'était devenu intangible que depuis la
fondation du complot contre la révision."[21]

    Dans son aller-retour Proust le met en mouvement comme
une poupée mécanique.   Le narrateur observe de l'extérieur,
comme un phénomène purement physique, "cette chose auguste
qui s'appelait le général de Boisdeffre."   Les traits observés reviennent comme un leitmotiv: très grand, très
long chapeau haute forme incliné sur la tête, long corps,
jambe raide; joues rouges--"revêtues d'une sorte de fine
lèpre rouge ou violacée comme sont la vigne vierge ou
certaines mousses revêtant les murs à l'automne"; yeux
clignants qui *semblent* fixés avec attention, mains qui de
temps en temps se lèvent pour tirer la moustache; pas raide,
paletot assez vieux et qui baille au cou; l'air très calme,
très lent; marche ponctuée de solennels coups de chapeau
que déclenchent les saluts des autres.   Ces traits

reviennent trois ou quatre fois mécaniquement comme une
sorte de ritournelle dans le développement de l'épisode.
La répétition, frappante, n'est peut-être qu'accidentelle
car nous nous trouvons peut-être devant plusieurs versions
d'une même scène. Mais ce sont en tout cas toujours les
mêmes détails que reprenait Proust: tout, le "long chapeau" sur le long corps, la démarche raide, les joues
comme peinturlurées, souligne le contraste ironique entre
la "chose" qu'est le général--assez clownesque--et l'ad-
jectif "auguste" qui lui est apposé. Le seul signe de
vie que manifeste cette chose est lié au cérémonial des
coups de chapeau. C'est la légère contrainte que l'ob-
servateur-narrateur note dans le salut "un peu forcé"
avec lequel le général rend celui du président du Conseil
municipal et le "petit tic" des yeux qui le termine. La
situation politico-sociale s'y exprime ainsi que le système de valeurs du général.

Le narrateur, cependant, doublant son rôle d'observateur sur les lieux mêmes par celui de médecin-moraliste,
déchiffre alors ces signes. Il lie les "particularités
habituelles" toutes physiques de l'homme à d'autres habitudes: à celle par exemple du cognac, bu le soir en
fumant des cigares, qui a "doré et rougi les joues"; à
celle aussi qu'à le général de s'objectifier, de se placer
à ce rang "tout à fait prépondérant" où la foule le situe,
ce qui lui fait trouver insolite, pensant à lui-même en
termes de son rang, un temps "où le général de Boisdeffre
devait comme tout le monde saluer le président du Conseil
municipal." Et en même temps qu'il semble accepter le
mythe du personnage prestigieux, l'auteur décrit le corps
sclérosé, la mollesse et la vanité d'un homme qu'étonne
un léger manquement au cérémonial social, l'inconvenance
d'un coup de chapeau par trop démocratique. Proust a
choisi fort bien le décor, le moment et l'optique. L'homme qui disparaît, entouré de ses officiers d'État-Major,

n'est qu'une sorte de solennel figurant. L'inutilité
de chercher en lui "cette pensée encore inconnue et déjà
réalisée qui allait soudain éclater, changer avec la vie
d'un homme et d'une famille le sort de l'Europe" paraît
flagrante. Ce n'est point un "moment historique" que vit
la foule mais l'hypostase d'une émotion insignifiante sur
le plan de l'histoire. Un "non-incident," une "non-
personne." Proust a déjà porté sur le général le regard
réducteur de l'historien. Et ce faisant a tracé le premier de ces grands portraits à la fois particuliers et
férocement révélateur--quasi-allégoriques--dont celui de
Charlus à Balbec, ou de Mme Verdurin dans son salon sont
des exemples bien connus. C'est si bien Boisdeffre qui
passe que l'historien emprunte à Proust ce portrait; mais
c'est aussi une époque qui passe avec son décor mensonger
et ses valeurs désormais inadéquates.

Le portrait de Picquart est plus développé et plus
confus, d'autant plus que le texte que nous avons est,
semble-t-il, un amalgame de deux rédactions--au moins.
Au Boisdeffre en civil a dû correspondre, à un moment
donné, un Picquart en civil, celui d'après sa mise en réforme. Proust a cependant esquissé aussi le portrait de
l'officier en uniforme du procès Zola. Mais dans les deux
cas il a noyé ces croquis dans de longs développements
confus et abstraits, essayant de "lire" les traits physiques observés, de dégager de la silhouette et du comportement de l'homme une présence intellectuelle et morale active et vivante. Dans les deux cas aussi le
schéma est le même: une salle d'audience, les rumeurs
du prétoire, l'attente de l'observateur pour qui le personnage, inconnu, est déjà symbolique, le contraste entre
l'homme qui paraît et l'homme imaginé, le rapport entre
l'homme et le rôle qui lui est dévolu. Dans ce portrait,
qui jamais ne se dégage avec la netteté de celui de
Boisdeffre, tous les traits physiques font contraste avec

ceux qui caractérisent le général. Tout est jeunesse,
rapidité, souplesse, mobilité, légèreté, concentration
d'un être mû de l'intérieur par une longue habitude de
la pensée.[22] "Debout, la tête dégagée des épaules, l'air
intimidé et libre dans son uniforme bleu devant les juges,
le colonel Picquart, à chaque question qu'on lui posait,
involontairement se mettait comme jadis comme toujours à
essayer de l'éclairer par la pensée. . ." (*JS*:II,142); dans
ce "grand cirque de la Cour d'Assises," il apparaît comme
"quelqu'un dont chaque geste n'a rien de formel et d'extérieur, mais déborde, comme sa marche, le port oblique
de sa tête, et tout à l'heure le son tout fin de sa voix,
d'une sorte d'élégante, fine et chaleureuse personnalité"
(*JS*:II,134). Proust, en face de l'homme-façade aux ré-
actions déclenchées de l'extérieur, a voulu explicitement
dégager le portrait du "philosophe," du "méditatif," de
l'homme moral et "libre" habitant d'un monde intellectuel
d'où rien ne peut le déraciner, pour qui "la richesse, la
gloire sont peu de choses" et "la vie n'ayant de prix que
parce qu'elle peut être consacrée à chercher la vérité et
à faire du bien aux hommes, ne peut valoir qu'on lui sa-
crifie ces deux fins" (*JS*:II,145). L'élève de Darlu apparaît ici, que l'amitié de Darlu-Beulier pour Picquart
a profondément influencé. Au décor du procès s'en sub-
stitue un autre, celui du *Phédon* et c'est une sorte d'é-
change et de symbiose entre Jean, "philosophe-disciple"
et témoin, et un Picquart-Socrate auquel nous assistons.
L'atmosphère aussi, surprenante, vient en droite ligne
du *Phédon* dont je voudrais rappeler l'ouverture:

> *Échécrate:* Te trouvais-tu toi-même Phédon, auprès de
> Socrate en ce jour où, dans la geôle, il but le poison?
> Ou bien quelqu'un d'autre t'en a-t-il fait le récit?

> *Phédon:* Je m'y trouvais moi-même, Échécrate.

Échécrate: Alors dis-nous donc quel fut avant sa mort,
le langage de notre homme.

C'est, témoigne alors Phédon, "un homme heureux qui se
présentait à moi."[23]   Et c'est un homme heureux devant
l'injustice même que Proust a voulu peindre, non son rôle
dans l'Affaire.   Il semble que Proust lui-même ait voulu
prêter à Jean l'optique du "poète-philosophe" socratique
capable, comme Picquart, d'une optique inaccessible à
l'homme moyen, et qui dispose des événements sur plusieurs
plans de signification: "car il sent à la fois le juge en
dehors de lui comme un homme réel qui peut lui faire du
mal, et en dedans de lui, dans le champ de son observation,
comme un personnage assez grotesque, comme au-dessus de
lui et plus fort que lui et très à redouter et important
à fléchir, et pourtant comme fort au-dessous de lui et
dont il dégage en ce moment même les traits pour un portrait littéraire" (*JS*:II,144).   C'est le problème de
l'artiste face à la réalité--celle des faits, celle des
autres--que Proust par le truchement de Picquart a fini
par poser; et c'est à cette question que se rattache l'essai assez confus sur le "formalisme" et la vie même de
l'esprit, destructrice et animatrice des "formes," qui
accompagne le portrait du personnage mis en question.

Il n'y a pas en réalité d'Affaire Dreyfus dans *Jean
Santeuil*; le thème essentiel est celui de la curiosité
de Jean devant les "mondes intérieurs" qui déterminent
les comportements extérieurs, les niveaux de conscience.
Qu'est-ce qui par exemple, parmi les "espèces" humaines,
distingue le monde intellectuel des hommes politiques,
des militaires, des artistes, des philosophes--celui-ci
devant tous les englober?   Il semble bien que sa partici-
pation à l'Affaire a dû rendre sensible à Proust la ligne
trop mince de son roman, son insuffisance humaine et
sociale.

Peut-on donc répondre à la question posée au début:
l'Affaire Dreyfus a-t-elle contribué à former son talent?
Sur le plan de l'engagement politique elle n'eut pour lui
qu'une importance passagère. Sa correspondance montre
combien dès 1899 il s'en détacha,[24] et certaines réflexions en 1906 révèlent une désaffection un peu dédai-
gneuse vis-à-vis de Picquart. Mais il semble cependant
que l'expérience l'a profondément mûri. D'abord elle l'a
obligé à affronter la question juive, absente ou à peu
près de *Jean Santeuil*, et qui est centrale dans *La Recherche*,[25] aiguisant sa perception des "lois" de fonctionnement cachées des valeurs sociales. Mais il semble
aussi que l'effort d'intégrer à son roman une réalité
aussi irréductible au thème social du monde tel qu'il
l'avait esquissé a modifié profondément non seulement son
optique sur son temps, mais l'idée même qu'il se faisait
de la relation entre l'œuvre littéraire et la réalité.
Le passage le mieux venu de toute cette section--peut-
être même de *Jean Santeuil* tout entier--est l'évocation
de Boisdeffre qui en une seule image unifiée et ordonnée
échappe au chaos des faits pour en refléter "l'essence."
Proust a pris la voie vers ce que Leon Edel appelle "the
turning inward," l'exploration des réfractions du monde
réel à travers "l'ambiance d'un esprit" ("the atmosphere
of the mind") d'où, selon lui naîtrait le "nouveau roman"
du début de notre siècle.[26] Le roman que Proust avait
mis sur pied avec son développement linéaire et anecdotique
était donc tout entier à refaire.

Quant à l'Affaire elle-même que dans *La Recherche* Proust
compare volontiers à un cyclone, l'opinion finale de Proust
est sans doute formulée en une image ironique--une sorte
d'hiéroglyphe--l'image du Prince de Guermantes qui, mû par
ses convictions dreyfusistes, gravit la côte qui mène à la
Raspelière. Mme Verdurin a beau être absente ce jour-là;

le mariage se fera qui "cimente" l'alliance nouvelle de deux couches d'une société sous l'égide de Mme Verdurin.

Plus personnellement, en ce qui concerne Proust lui-même, les limites de sa perception du drame vécu par un "autre," fût-ce Picquart même, et le danger de solipsisme qui le menaçait et dont l'art fut pour lui le seul antidote, s'exprime dans la lettre qu'il écrivit à Mme Straus en 1906, au moment de la réhabilitation de Dreyfus et de Picquart, peu de temps il est vrai après la mort de sa mère: "Il est curieux de penser que pour une fois la vie--qui l'est si peu--est romanesque. . . . Et pour aucun de nous ne va sonner une heure où nos chagrins seront changés en ivresses, nos déceptions en réalisations inespérées et nos tortures en triomphes délicieux. . . . Mais pour Dreyfus et pour Picquart il n'en est pas ainsi. La vie a été pour eux 'providentielle' à la façon des contes de fées et des romans feuilletons. C'est que nos tristesses reposaient sur des vérités, des vérités physiologiques, des vérités humaines et sentimentales. Pour eux les peines reposaient sur des erreurs. Bien heureux ceux qui sont victimes d'erreurs judiciaires ou autres! Ce sont les seuls humains pour qui il y ait des revanches et des réparations. . . ."[27]

Institute for Research in the Humanities
University of Wisconsin, Madison

---

[1]*Les Procès Dreyfus (Les Grands Procès de l'histoire de France,* sous la direction de Claude Bertin, tome XV)(Paris: Éditions de Saint-Clair, 1968), p. 86.

[2]*Le Procès Zola,* Compte-rendu sténographique "in extenso" (Paris: Stock, 1898), II, 117-125.

[3]*Ibid.,* p. 127.

[4]Marcel Proust, *Jean Santeuil* (Paris: Gallimard, 1952), II, 120-126.

[5]Son évocation de l'épisode du 17 février, présenté du point de vue d'un spectateur non renseigné, est dans son ensemble corroboré par le compte-rendu du procès et par les faits tels que les présente Reinach. Cependant Proust ne paraît pas avoir été témoin de cet incident. En effet, il le situe en plein milieu de la journée. En fait, c'est à trois heures que le général de Pellieux demanda à être rappelé à la barre et c'est à quatre heures que le Président leva la séance.

[6]Neuchâtel et Paris: Éditions Victor Attinger, 1932.

[7]C'est le cas de la solide thèse de Rae Winter, "Jewish Influences in the Work of Marcel Proust" (Maryland, 1965), qui fait état de *Jean Santeuil*.

[8]Jean-François Revel, *Sur Proust* (1960), p. 123. Cette vue d'ensemble est sans doute trop absolue; il y a de nombreuses conversations où il ne s'agit pas de l'Affaire. Mais il est vrai que l'Affaire est indirectement présente encore dans bien des propos, comme, Proust le dit lui-même, la houle après le passage d'un cyclone.

[9]Le volume de l'édition de la Pléiade en préparation a paru en juillet 1971, trois mois après le congrès.

[10]La description bien connue de Mme Verdurin commentant le désastre du Lusitania tout en savourant ses croissants et son café au lait est venue en droite ligne de *Jean Santeuil* et des pages sur l'Affaire (*JS*:II,161-162).

[11]Marcel Proust, *Textes retrouvés* (Urbana: University of Illinois Press, 1968), p.93.

[12]Cf. "Et avoir un corps, c'est la grande menace pour l'esprit, la vie humaine et pensante, dont il faut sans doute moins dire qu'elle est un miraculeux perfectionnement de la vie animale et physique, mais plutôt qu'elle est une imperfection, encore aussi rudimentaire qu'est l'existence commune des protozoaires en polypiers, que le corps de la baleine, etc., dans l'organisation de la vie spirituelle" (*RTP*:III, 1035). Cette optique est nettement apparentée à celle de la biologie génétique de notre ère. Voir aussi *JS*:III,324.

[13]*JS*:III, 330: "On dit que le colonel Picquart aura peut-être cinq ans de forteresse, dit M. Santeuil. . . ." Cette allusion semble bien appartenir à la série de "jalons" grâce auxquels Proust avait tenté d'intégrer l'épisode dans le roman en cours. Le thème individuel, distinct du thème social, en ce qui concerne Jean, est celui du "temps perdu" dans le monde "pendant ces quatre années qui avaient suivi son départ du collège" (*JS*:III,284).

[14]C'est Philip Kolb qui a fait le rapprochement Jaurès-Couzon.

[15]*La Revue Blanche*, XV, No. 114, p. 342. On peut aussi rapprocher l'épisode Boisdeffre par exemple, tel que l'évoque le jeune Proust, à sa reconstitution par Roger Martin du Gard dans *Jean Barois*. Nombreux sont les témoignages analogues dans la presse de l'époque.

[16]Proust a fait un "raccord" dans son texte, l'atmosphère de ces journées du procès rappelant à Jean celles des périodes d'examen, Durrieux remplaçant Henri.

[17]Elle reçut la demande en révision du procès Dreyfus fin octobre 1898 et prononça l'arrêt en faveur de cette révision le 3 juin 1899. Ce fragment commence par un bref et précis résumé des faits essentiels concernant "l'erreur judiciaire" de 1894. Suit une mise en scène de la petite salle d'audience où siègent les 15 conseillers chargés de se prononcer. C'est semble-t-il une "introduction" de l'Affaire, autonome, un essai auquel Proust est revenu par un autre biais avec l'incident du lecteur du *Figaro*, intégrant ainsi ce moment de l'Affaire dans le texte sans doute déjà rédigé qui se réfère au procès Zola.

[18]La page que Proust consacre aux témoignages des "savants" et à leur attitude suit de très près le compte-rendu du procès et celui de Reinach et porte sur la nature de la "vérité" scientifique. Vérité des faits, vérité des hommes, vérité de l'histoire: le débat sur les trois plans est, confusément, engagé par Proust.

[19]*Une Conscience* (Paris: Stock, 1898); ce volume rassemblait une série d'articles sur Picquart.

[20]Francis de Pressensé, *Un Héros* (Paris: Stock, 1898).

[21]Voir aussi Reinach, *Histoire de l'Affaire Dreyfus* (Paris: Charpentier et Fasquelle, 1929), I, 270-271: "Il s'y était logé [dans sa fonction] comme dans une prébende, passait quelques heures à peine dans son bureau, laissant sa besogne à des sous-ordres, tout entier à la vie du monde, aux plaisirs coûteux, à la représentation où il excellait, avec sa haute stature, l'air d'un gentilhomme militaire et diplomate, décoratif, avec quelque chose, dans le regard, de profond ou de sombre, qui donnait à penser." Il est, selon Reinach, "l'homme des jésuites." "Au scandale des vrais militaires, qui connaissaient son incapacité, sauf pour l'intrigue, il était devenu, sans que personne ait pu expliquer pourquoi, le chef indispensable et sacré. . . ."

[22]Comme d'autres contemporains, Proust a noté le "balancement du corps de droite et de gauche" (*JS*:II,135) dont la déposition du colonel était accompagné. Mais tandis qu'un journaliste hostile le compare à une "bayadère," Proust y voit le signe de ceux pour qui la "préoccupation n'est pas à l'extérieur mais à l'intérieur, et dont le corps et l'attitude" ne sont pas "réglés par la volonté et la pensée," trop engagés dans l'effort de "penser" les questions essentielles (*JS*: II,135). Voir aussi Reinach, III, 371-372 et 375, qui voit en lui "un méditatif, un artiste."

[23]Platon, *Phédon* dans *Œuvres complètes* (Pléiade), I, 765-766. L'allusion au *Phédon* réapparaît dans les discussions de l'époque; le dialogue n'était pas sans présenter aux partisans de Dreyfus quelque ambiguïté.

[24]Proust faisait partie de ce petit groupe de jeunes dreyfusistes de la première heure dont parle Halévy, intellectuels et aristocrates que les séquelles politiques de l'Affaire, la montée politique du parti radical et le snobisme aliénèrent. Bien plus tard, il prend une certaine satisfaction à rappeler son dreyfusisme, non-sectaire.

[25]Le jeune Proust semble n'avoir pas pensé à lui-même comme "juif," ni à son engagement initial en fonction de cette appartenance. "*La Libre Parole*," écrit-il en juin 1905 à Robert Dreyfus, "avait dit qu'un certain nombre de jeunes juifs, entre lesquels M. Marcel Proust, etc., honnissaient Barrès. Pour rectifier il aurait fallu dire que je n'étais pas juif et je ne le voulais pas" (*Correspondance générale de Marcel Proust*, IV, Paris: Plon, 1933, p. 199).

[26]Leon Edel, *The Modern Psychological Novel* (New York, 1964), pp. 11-12.

[27]*Correspondance générale de Marcel Proust*, VI (Paris: Plon, 1936), 48.

The Break with Realism

❖

DOUGLAS W. ALDEN

In his *Sur Proust*, Jean-François Revel, cited as some kind
of oracle at the recent Proust colloquium at Illinois, be-
littles Proust's poetic vision, calls his metaphors "bévues"
(1960 ed., p. 222), but extols his realism. "Quel lecteur
de Proust ne prend la fuite, aujourd'hui, quand il voit se
profiler . . . au coin d'une rue la silhouette menaçante
d'un impitoyable raseur, les accablantes et increvables
aubépines?" says Revel (p. 220). According to this critic,
Proust's pretense of using the subconscious is just another
hoax: "On se demande ce que ferait le moi créateur si le
moi quotidien n'était pas là pour le renseigner. Car ce
n'est pas du 'pays secret', vierge de tout contact avec
l'expérience, que le moi créateur proustien a tiré, je suppose, les calembours de Cottard, la démarche du baron de
Charlus, le rire de Mme Verdurin, l'éloquence de M. de Norpois, les cuirs du directeur du Grand Hôtel, et la description du salut des Guermantes" (p. 219-220).

Whatever our quarrel with Revel for his depreciation of
Proust's metaphorical style, one could hardly argue that
Proust was not a great realist. He was a realist in spite
of his elaborately defined intentions to be the exact opposite. In seeing *Jean Santeuil* only as an imperfect pre-
view of *A la recherche du temps perdu*, critics have overlooked the fact that the earlier novel is more closely

bound up with realism and that it was Proust's not-altogether-successful effort to put realism behind him which accounts for the true originality of the *Recherche*. Quite naturally, because of their prodigious interest for understanding the genesis of the *Recherche*, the auto-biographical elements in *Jean Santeuil* have attracted the most attention from critics. In fact, all of the elements of Proust's ultimate aesthetic and psychological system are also scattered through the early novel in episodes of involuntary memory and in those which clearly prefigure "Un Amour de Swann." One passage in particular, well along in *Jean Santeuil*, proves that Proust is already in posses-sion of his basic symbolist aesthetic:

> . . . il la retrouverait [cette autre réalité] à condi-tion de ne pas la chercher, dans le brusque rappel d'un coup de vent, d'une odeur de feu, d'un ciel bas, ensoleil-lé mais proche de pluie, au-dessus des toits. Réalité qui est celle que nous ne sentons pas pendant que nous vivons les moments, car nous les rapportons à un but égoïste, mais qui, dans ces brusques retours de la mémoire desin-téressée, nous fait flotter entre le présent et le passé dans leur essence commune, qui dans le présent nous a rappelé le passé, essence qui nous trouble en ce qu'elle est nous-même, ce nous-même que nous ne sentons pas au moment, mais que nous retrouvons comme un miel délicieux resté après les choses quand elles sont loin de nous, qui nous enchante en ce qu'elle est les choses et les différen-cie si bien à distance, et nous fait d'un Penmarch une chose si personnelle et que quand nous voudrions la revoir rien ne nous remplacerait, réalité que nous répandons tandis que nous écrivons des pages qui sont la synthèse des divers mo-ments de la vie.[1]

However, these remarks occur in one of the typical poetic digressions, which we shall discuss presently, and are not

an integral part of the total aesthetic theory of the
early novel.

The structure, or rather absence of structure, in *Jean
Santeuil* reveals Proust's curious habit of composing scenes
as the inspiration came to him, without any concern for a
basic plot. By providing a date of composition for many of
these passages, Philip Kolb's study of the manuscript underlines the sporadic nature of Proust's inspiration.[2]   In his
Marcel Proust romancier, Maurice Bardèche shows that the
Recherche was composed in exactly the same manner and that
Proust often wrote many versions of the same scene, long
before he knew how he was going to use it in his novel.
While this method of composition places a premium on inspiration and thus emphasizes the importance of spontaneity,
it also had the curious effect, in *Jean Santeuil*, of promot-
ing a system of realistic vignettes, as we shall see.   There
are antithetical forces at work in this novel; the aesthetic
of the *Recherche* is already in being, but Proust is thinking
in a different mold.

In choosing to relate *Jean Santeuil* in the third person,
Proust inevitably cast his novel in the realistic mold. As
a result of that decision, he feels authorized to indulge
in many of the idiosyncrasies of the traditional realistic
novel which, in terms of much twentieth century theorizing
on the novel, seem anything but realistic. Naïvely, he
sometimes lapses into the "dear reader" approach, as when
he says: "Ainsi chacun de vous voit déjà la vie que Jean
menait à Réveillon et se rend compte qu'elle le rendait
fort heureux" (*JS*:II,54).[3]   At no point can it be said that,
in setting his main character down on paper, Proust was an
accomplished realist.   As there is no architecture to his
novel, so there is no architecture to his character.   Nevertheless one has only to compare the scene of the good-night
kiss in *Jean Santeuil* with the same scene in the *Recherche*
to detect a difference in tone which is obviously due to a

desire in the earlier version to remain technically objective. After relating the episode somewhat circuitously
so as to register two points of view, that of the adults
in the garden and that of Jean in his room, Proust reca-
pitulates with a long "analysis" in the realistic manner,
of which we shall quote only a few lines to illustrate
the tone: "ces paroles qui, nous l'avons vu tout à l'heure,
firent tant de plaisir à Jean, en soustrayant à sa volonté
responsable pour l'attribuer à un état nerveux involontaire
les cris et les sanglots dont il avait tant de remords, ces
paroles lui causèrent plus qu'une joie momentanée, elles
exercèrent sur sa vie une influence profonde. Ce sentiment
tout nouveau de son irresponsabilité que sa mère venait en
face d'Augustin de reconnaître publiquement comme on re-
connaït un gouvernement nouveau lui apprenait ses droits,
garantissait son existence, assurait son avenir" (*JS*:I,71-
72). This particular analysis spreads over three pages.
Other lengthy analyses of Jean can be found, though they
are not abundant; for example the remarks on his transition
from an enthusiastic and tender schoolboy to an egotist
"assez vaniteux pour aimer à être admiré" (*JS*:I,115) or
those on the nefarious influence which Jean has on his
mother in his later years. This egotism and vanity can
doubtless explain the social climbing in which Jean in-
dulged when he became the darling of the noble family of
Réveillon, but the author seems to make no attempt to structure or explain this psychological development. Rather, if
we subscribe to Maurice Bardèche's view in this matter, this
part of the novel represents Proust's vicarious triumph over
the noble class which was not yet willing to accept him. In
any event, it is sufficient to our purpose to note that, in
an effort to disguise the autobiographical elements, Proust
kept up a pretense of the aesthetic distance which is a
necessary part of the realistic technique.

Jean Santeuil, of course, begins with a subterfuge
intended to provide a buffer state between the reader
and the allegedly objective character of Jean himself.
In an introductory chapter, the author, presumably Proust,
presents himself as a narrator who meets a writer named
C. who is the author of the manuscript which follows.
That already complicates the problem of who wrote about
whom. Bernard de Fallois, the editor of *Jean Santeuil*,
who gave a name to the novel and titles to somewhat ar-
bitrarily improvised chapters, might well have entitled
this introductory chapter "Qu'est-ce que le réalisme?"
This is really the question which Proust debates in these
pages. Quoting the text: "C. s'amusait à montrer à
Félicité quelque chose d'elle, la description de son bonnet, la transcription d'un de ses propos. Elle ne pouvait
pas le croire, demandait à voir, et comme devant un tableau pour lequel elle aurait posé, disait en se reconnais-
sant: 'Mais c'est bien cela tout de même. Et mon bonnet!
Qu'est-ce qu'ils diront en voyant cela, ils voudront la
connaître cette Félicité dont vous parlez tant, que vous
avez fait souvent enrager, on peut le dire'" (*JS*:I,47).
C. himself confesses to the narrator and his friend that
he is incapable of being anything but a realist:

> Nous savions par lui, et à n'en pas douter, que les choses
> qu'il écrivait étaient des histoires rigoureusement vraies.
> Il s'en excusait en disant qu'il n'avait aucune invention et
> ne pouvait écrire que ce qu'il avait personnellement senti--
> excuse bien plaisante car les événements de son roman sont si
> courants aujourd'hui, même dans ce qu'ils peuvent avoir en soi
> d'extraordinaire, qu'il n'y avait pas besoin d'un grand don
> d'invention pour les imaginer. Mais dans quelle mesure était-
> il dans ce qu'il avait écrit, avait-il connu le duc de Réveil-
> lon, pourrions-nous, en allant dans la Marne, voir ce moulin
> dont il parle, et dont la vigne vierge avait décoré et réduit
> à l'immobilité la roue? Et surtout ce Jean, qui, avec

> quelques-uns des défauts de C., plus de qualités peut-
> être, surtout de sensibilité et même de cœur, mais aussi
> une santé beaucoup plus chétive à la différence de C.,
> avait eu tant de malheurs et tant de talent pour aucun
> art? [*JS*:I,53-54]

In spite of this little game of hide and seek behind Jean
and the writer C. (for we recognize also that C. has many
attributes of Proust in him, perhaps even, as Bardèche
claims in citing the example of C. driving the geese into
the sea, a certain sadism), Proust has here defined the
relation of the realistic novelist with reality. In vain
does a voice, which inadvertently says "je" in the text of
the novel, protest that "Toutes les scènes que je vous raconte je les ai vécues" (*JS*:II,253); we have no reason to
take him literally, any more than we take the narrator of
the *Recherche* literally when he claims that he is telling
the story of his own life.[4] Although C. draws heavily on
reality, to the point where he thinks that he has no gift
of invention, he nevertheless transposes it into a novel
whose main character, Jean Santeuil, is very different from
him (Jean is a neurotic, whereas C. is vigorous and swims at
sea from an open boat). All of this is more than a trick to
deceive the reader about the autobiographical elements in
the novel; it clearly underlines Proust's intention to draw
largely on his personal reality and yet transform it into
fiction. With the hindsight now possible because of our
knowledge of Proust's biography, we perceive that the social
ascension and triumph of the hero are altogether imaginary.
If the *Recherche* succeeded where *Jean Santeuil* failed, it
may well be because the later text, despite its deceptive
form, was more truly a novel than the earlier one in the
sense that events and characters were logically structured
in a conscious imaginative process.

Of course, Proust's view of realism already alienates
him from the note-taking descriptive branch of realism

represented by Zola and company. Although Proust never
says so, one cannot help thinking that the prototype of
Jean Santeuil, which Proust mentions in passing (*JS*:III,
209) and for which he later expressed admiration,[5] is
Flaubert's *Éducation sentimentale*, a third-person realistic novel with autobiographical undertones registering
the banality of existence. Despite the lack of structure,
which sets it apart from the *Éducation sentimentale*, what
is *Jean Santeuil* but an attempt to record a banal existence?

In the introductory chapter of *Jean Santeuil*, one can
readily see the transition from a realistic to a more
Proustian aesthetic. Proust already has the notion that
the creative process, even in its simple form of transcription of reality, is an illumination, for he says of
the writer C.: "C'est qu'en réalité il n'aurait pu dire
à personne, à rien, depuis la Princesse jusqu'à Félicité,
depuis ses insomnies jusqu'à la plage: Vous êtes mon
livre. Car il sentait trop bien qu'eux-mêmes n'étaient
pour rien dans l'illumination qu'il avait eue souvent en
leur présence" (*JS*:I,44-45). Art is also transcendent and
universal: "Ainsi de son livre: C. pouvait le dédier à
un ami, il le donnait à tous les hommes" (*JS*:I,46). If
art is realism transcended, it is still based essentially
on reality for the Proust of this period. The most discussed author in this introduction is, appropriately,
Balzac. C.'s objection that "Balzac . . . c'est une puissance un peu matérielle" (*JS*:I,52), understandable though
the remark is in terms of *Contre Sainte-Beuve*, is not too
meaningful here in the light of the narrator's and his
friend's unbounded admiration for Balzac and in the light
of C.'s statement: "Cela a l'air d'une naïveté, les gens
à qui on demande ce qu'il faut lire de Balzac et qui disent: 'Tout'. Hé bien, c'est vrai, la beauté n'est pas
dans un livre, elle est dans l'ensemble" (*JS*:I,52).

In addition to this theorizing, Proust was also strug-
gling with the art of the novel on the practical level as
he wrote. His method of fragmentary composition caused
him to compose isolated scenes, and many of these he tended to conceive as short stories. The most clearly de-
lineated of these short stories have little or no connection with the main narrative, such as it is, concerning
Jean Santeuil. It is almost as though Proust, in these
stories, were practicing the art of the realistic novel
by developing traditional descriptive and narrative techniques and especially by seeking to create objective
characters, as though to offset what was technically too
simple in constructing the autobiographical character of
the hero. The name of Maupassant is never mentioned, but
there is in particular the chapter "Le Lycée Henri-IV"
which, although it is not structured like a short story,
has a neat Maupassant ending, reminding us inevitably of
La Maison Tellier. Proust's chapter ends thus (Rustinlor
has taken Jean to a brothel): "Voilà dès l'antichambre
douze femmes en peignoirs qui travaillaient à des chapeaux.
'Qu'est-ce qu'elles font?' demanda le grand au grand éton-
nement de Jean, qui croyait, sans comprendre pourquoi,
qu'il en était toujours ainsi. 'C'est pour les sœurs de
Saint-Jean', répondirent-elles toutes en chœurs [*sic*].
Jean crut à une plaisanterie ignoble. Il n'en était rien.
La mère Troncpoing (c'est ainsi que s'appelait la femme qui
était venue ouvrir) avait une sœur religieuse" (*JS*:I,131).
The first example, in the novel, of a fully structured
short story in the Maupassant manner is the first section
of Chapter V now bearing the title "Madame Lepic." This
lady lives and dies entirely outside the framework of the
novel; she is integrated into it only with the remark that
before her death, which preceded Jean's entry in college,
she and her husband were frequent Sunday visitors at the
Santeuils. This is one of the few examples of absolutely

straightforward linear narrative. The story is simple:
Mme Lepic was married to a man who was sensitive to the
point of insomnia whenever he heard a child being beaten
but who was despotic with his wife, stifling all artistic
talent in her and forbidding her even to see her friends.
His despotism was due in part to the hypochondria which
eventually killed him. Mme Lepic died ten days after her
husband, and Proust finishes the story as though writing
a pastiche of Maupassant: "Elle n'avait pu survivre à ce
mari exécrable et adoré. Sans doute aussi l'atmosphère
orageuse où elle respirait, après l'avoir à demi tuée, la
faisait vivre. Et comme un cormoran, un goéland, ou une
mouette qu'on capture, pour avoir trop longtemps vécu,
plané avec douceur au-dessus des lames furieuses, dans
l'étourdissement du tonnerre et de l'orage, elle n'avait
pu sans mourir changer contre le calme les tempêtes" (*JS*:
I,112). Even the sentence structure smacks of Maupassant.

Without attempting to see Maupassant[6] everywhere, we can
enumerate the following realistic tales without any particular relation to the novel: that of M. Duroc, the phenomenon who is always first in every *concours*; that of
Bonami, called Talondebois, whom the women love in spite
of, or because of, the absence of a member; that of Mme
Cresmeyer whose *chronique* in the *Figaro*, written by herself
about her own high-society reception, was printed with her
name completely misspelled so that an illustrious unknown
received credit for inviting her distinguished guests; that
of the sinful Religieuse Hollandaise who, in two episodes,
sinned with neither Henri nor Jean, who returned once again
years later and were obliged to weep on her grave when the
mother superior mistook them for relatives; and finally
that of Mme Closeterres who died of mortification even after
she had succeeded in effecting a marriage between her daughter and the daughter's lover. The characters involved in

these particular episodes appear once and then vanish
from the novel.

Although reappearing several times, Jean's high-
society aunt, Mme Desroches, is also a character with a
visible link to the realistic tradition. No sooner has
she been mentioned the first time than the author digresses
to explain her. Her husband's biography is then related in
the straightforward manner of traditional realism. From
it we learn how he climbed the social ladder, from the position of a poor artist befriended by a Second Empire
noble to that of a social lion, all because he built up
the legend of his wife's exclusiveness and caused her to
be sought after by the social snobs. In the midst of this
otherwise linear narrative, there occurs a long digression
in the course of which Lucien de Rubempré and then Rastignac
are invoked, and there is a blending of these Balzacian
characters with that of the modern Rastignac, Antoine Desroches. The story on two fictional levels is ingeniously
told. It continues into the next chapter, which begins
thus:

> La description de l'hôtel Desroches serait sans intérêt
> pour le lecteur. En un temps où les meubles entraient peu
> à peu dans une maison selon que celui qui l'habitait les
> trouvait utiles, les trouvait beaux ou savait que ses pa-
> rents, ses collègues, les gens de sa classe ou de sa for-
> tune avaient l'habitude de les trouver beaux et de les re-
> chercher, la nuance d'un rideau, la forme d'une chaise, les
> ornements d'une pendule n'étaient pas choses indifférentes,
> parce qu'elles semblaient choisies pour ainsi dire par une
> personne. . . . La maison n'était que comme un autre cos-
> tume, moins étroit mais plus durable, que moulait en quel-
> que sorte à sa ressemblance l'âme de l'individu avec les
> âmes plus vastes auxquelles elle participe. [JS:I,261]

It is difficult to say whether Proust is just amusing himself with this pastiche of the description in *Le Père Goriot* or whether he is polishing up his realism. If there were not so much visible realism elsewhere in the novel in the form of descriptions of places, descriptions of characters, character analyses, biographies, and directly reported dialogue, one would be less inclined to take him seriously.

As we have just said, there is a long digression in the interior of the story about Antoine Desroches. It begins in this manner: "Certains êtres humains désirent, parce que ne le connaissant qu'en imagination ils ne le connaissent qu'en beau, ce qui leur a toujours manqué. La courtisane désire le respect ou l'amour. Le domestique désire l'indépendance. Certains hommes, le chic" (*JS*:I,251). The digression continues for two pages more, accumulating examples to prove why men humble themselves in order ultimately to achieve privileges which are meaningless except to them. The demonstration is logical and couched in a very direct style. The model, of course, is to be found in any Balzac novel. Proust is not merely amusing himself with a pastiche, because he claims that he especially enjoys this kind of digression. Speaking of the youthful reading of Jean Santeuil, he says this concerning Gautier's *Capitaine Fracasse*: "Et chaque fois que, en dehors de la trame du récit, il y avait une de ces réflexions, de ces phrases qui n'avaient pas de rapport avec la contingence du récit, il était plus particulièrement heureux. Car un écrivain que nous adorons . . . comme une sorte d'oracle que nous aimerions à consulter sur toute chose et chaque fois qu'il prend la parole pour donner aussi un avis, exprimer une idée générale, parler, lui, de cet Homère, de ces dieux que nous connaissons, nous sommes ravis, nous écoutons bouche bée la maxime qu'il lui plaît de laisser tomber, désolés qu'elle soit si peu longue" (*JS*:I,178-179). In the introduction,

speaking of the writer C., the narrator says: "Souvent
son récit était interrompu par quelques réflexions où
l'auteur exprime son opinion sur certaines choses. . . .
Ces réflexions, souvent très ennuyeuses pour le lecteur,
pour qui elles coupent l'intérêt et ôtent l'illusion de
la vie, étaient ce que nous écoutions avec le plus de
plaisir . . ." (*JS*:I,53). Here is the proof that the
Proustian digression, which, in *Jean Santeuil*, was already
so characteristic of his manner, found its justification
in traditional realistic practices (we still say "realistic" despite the fact that *Capitaine Fracasse* manifestly
belongs to the romantic tradition).[7] Proust is not only
intemperate in his use of digressions, but, not assigning
to them, as he did later, an essentially metaphorical
function, he naïvely ended up in the worst banalities. In
the *Recherche*, he will often seek what he calls "laws."
He uses the word "loi" only once in this sense in *Jean Santeuil* and that comes about accidentally because he is speaking about the "loi du talion" (*JS*:II,127).

Another force which, in *Jean Santeuil*, tends to dislocate
the normal progress of the traditional realistic narrative
is the poetic digression. In the introduction, Proust several times refers to the writer C. as a "poète" so that
one concludes that the terms poet and novelist are synony-
mous. In *Les Plaisirs et les jours*, Proust had already
written a number of prose poems, such as that on the hawthorn entitled "Marine."[8] In *Jean Santeuil* there are innumerable poetic passages devoted to flowers and other
forms of vegetation. Little Jean Santeuil falls into ec-
stasy before a rosebush just as the narrator of the *Recherche* does later before the hawthorn. In these poetic passages, Proust simply let himself go, indulging in those
long sentences which often got him so inextricably involved
in syntax that the sentence trailed off in meaningless
spasms but which occasionally resulted in those harmonious

periods which were to characterize the polished style of
the *Recherche*. Particularly good in *Jean Santeuil* are
the passages on the noises of the country, which remind
one of the noises of the city in *La Prisonnière*, and the
passage in which, speaking of the sea, he pastiches *Oceano
nox* without telling us so. Being poets, the writer C. and
Jean Santeuil are dreamers. These dreams bring flashbacks,
memories accumulate, the mechanism of involuntary memory
gets into motion, and we have glimpses of what the *Recherche*
will ultimately become.

The poetic passages are generally related in some way
to Jean Santeuil, usually as happenings in his own life.
In a sense they are more motivated than the realistic digressions on abstract subjects sprinkled through the novel.
In spite of these nonrealistic interludes, where Proust is
more distinctly himself, it cannot be said that realistic
techniques are absent from the chapters in which Jean Santeuil has the leading role. In the beginning of the novel
especially, one has the feeling that Proust, seeking to be
more original when treating his autobiographical character,
has difficulty developing a new manner. Inevitably he falls
into the realistic rut. He tends to think that each chapter must have an introduction, a body, and a conclusion.
Traditional realism provided three solutions for the introduction: the narrative to situate the action, the description of the scene, or dialogue. The very first line of the
novel furnishes an example of the narrative of situation:
"J'étais venu passer avec un de mes amis le mois de septembre à Kerengrimen, qui n'était alors (en 1895) qu'une ferme
loin de tout village . . ." (*JS*:I,33). The first scene of
the novel proper, the one relating the good-night kiss, begins with the most banal conversation between Mme Santeuil
and her guests concerning the health of her son. The second
scene, where we encounter the parents and grandparents of
Jean Santeuil, begins with the narrative of situation, passes

on to a banal conversation which is interrupted by a long
biography of M. Santeuil, and then the banal conversation
resumes. The conclusion of these autobiographical scenes
(we must use the word autobiographical with some caution,
however) will be a jump ahead in the chronology in which
Jean, grown older, remembers nostalgically these moments
of the past. Most examples of involuntary memory are
found in these passages but they are, as it were, reduced
to realistic proportions so that one has more the feeling
that the passage was composed by Flaubert than by Proust.
It is also a curious fact that Proust, in the early parts
of the novel, looks upon each chapter as self-contained.
For example, in the chapter on the good-night kiss, he
points out: "Nous n'aurons plus à parler dans la suite
de ce récit de l'inquiétude de Jean au moment de s'endormir"
(*JS*:I,70).

If one adopts the point of view of the omniscient author,
it is permissible to know what goes on in the mind of any
character. However, the traditional realistic novelist of
the nineteenth century adopted more or less the convention
of a central intelligence which proscribed sudden jumps
into the skin of another character. *Jean Santeuil* was so
disjointed, and the hero was so often off stage, that Proust
concerned himself little with such a convention. In fact,
in the introductory chapter about the writer C., the question of optics becomes exceedingly involved. Because of
having a first-person narrator tell the story, Proust tended
more or less to present the writer C. from the narrator's
point of view, telling what he saw of C., what others said
about him, and also reporting what C. himself said. However,
the narrator-observer had the habit, from the start, of
assimilating vicariously all of C.'s emotions and reflec-
tions. For example, he and his companion (for the companion
also seems to have a role in this optical game) watch C.
walking on the cliffs, and then there occurs this transitional

sentence: "Et là, dans ce lieu véritablement sublime, il
suivait des yeux les nuages, examinait le vol des oiseaux
qui passaient sur la mer, écoutant le vent, regardant le
ciel, à la façon des anciens augures, non comme un présage
de l'avenir, mais plutôt a ce que j'ai compris comme un
ressouvenir du passé . . ." (*JS*:I,37).   This little "à ce
que j'ai compris" saves the day, aesthetically speaking.
A little further on, lapsing more and more into the point
of view of the omniscient author, Proust suddenly slips
into the third-person narrative a little "je m'imagine"
(*JS*:I,41) to remind us that the narrator is still there.
However, when he finally gets to the scene partially quoted
above, where Félicité marvels at finding herself in a novel
and where C. says: "Je vous aime bien Félicité" (*JS*:I,47),
we may well ask: Where is the narrator?   It is obvious
that Proust thinks so readily in the framework of the realistic novel that these recurrent lapses into a strict third-
person approach do not bother him in the least.   When he
takes up the text of the novel proper and adopts completely
the third person (we may well overlook those cases when he
forgets and says "je" instead of "il"), strangely enough he
is not especially concerned about the convention of a central intelligence, as we just said.   For example, in the
second scene of the novel proper, the chapter on the Santeuil family, after a few remarks on the grandfather, M.
Sandré, presented from the outside from the point of view
of the omniscient author, we suddenly find ourselves inside the old man, participating in his emotions (at the
end of the novel there is a recapitulation of this scene
when similar emotions are ascribed to Jean's aging father).
The most startling examples of this shift of optic from
the outside to the inside occur in two episodes which have
been much discussed because, precisely, Proust seems intentionally to have omitted them later from the *Recherche*,
which is surprising because they both seem to be the most

carefully developed parts of *Jean Santeuil*. The first is
the story of Charles Marie, the politician who gets involved
in the Gisors sugar scandal (identified by Painter[9] as an
allusion to the Panama scandal), a story which begins with
the typically Balzacian remark concerning "l'époque où
s'ouvre ce récit" (*JS*:II,74) and continues in a totally
realistic vein, the narrative being interrupted only by
these long generalizations which we previously identified
as typically realistic digressions. After the story has
been related objectively for several pages, there is a sudden shift of point of view when the name of Marie's son
Édouard is mentioned, and for a page or more we are suddenly
in the skin of the son to whom Proust seems to have be-
queathed some of his own neuroticism. Then we come back
to Charles Marie and, for some really masterful pages, we
are in the skin of a leading politician accused of bribery.
In the next chapter Jean Santeuil intervenes to defend
Marie and his own father who is implicated at least by
association, but momentarily the optic shifts again and we
feel things from the point of view, not of Jean, but of Couzon, another politician whose assistance Jean is seeking.
In keeping with his present habit of telling his "récit"
from beginning to end without spreading it, as most novel-
ists would do, along the main narrative (if, indeed, there
is a main narrative in *Jean Santeuil*), Proust relates the
full biography of Marie up to his death, stopping momentarily en route to shift the optic back to him as he describes how Marie's dead wife consoles him in a dream.

The second story which illustrates a shift of optic
follows immediately that of Charles Marie and occupies
thirty-three pages. Its subject is the Dreyfus affair and
it lacks the unity of narrative of the Marie story. Carefully written in an essentially realistic manner with complex but yet conventional syntax (that is to say, with no
lapses into the interminably long "Proustian" sentence

which one finds elsewhere in the poetic passages of *Jean
Santeuil*), this story begins with Jean's realistic impressions of the Zola trial, but these impressions are
interrupted by long digressions very subtlely woven into
the narrative to suggest the wanderings of Jean's thoughts,
perhaps as his attention wavers during the trial itself.
Then there is sudden action with the arrival of General de
Boisdeffre who is described in another magnificent passage
in which Proust is no longer mimicking the realists but is
showing graphically how he is a master realist himself.
But nothing happens that day because court is dismissed before Boisdeffre can testify. The next chapter begins with
seven pages of what we have previously called realistic
generalities, but they are so carefully written that once
more we seem to be in the presence of a mature Proust. In
the midst of these generalities the name of Picquart slips
in, and with that we are back to the Dreyfus affair. In
the next few pages, Picquart at the Zola trial is described
with the same vividness as Boisdeffre. Then there is a
sudden shift of optic and we seem to be in the skin of
Picquart who seems to be dreaming happy dreams about the
landladies of his garrison towns. But is it Picquart dreaming or is it Jean dreaming for him? Suddenly we come back
to reality in the courtroom where we find Jean listening
to Picquart saying gently: "Puis-je finir de parler de
cela maintenant?" (*JS*:II,147). But Jean continues to so-
liloquize, as transposed into the third person: "Il re-
connaissait ces petites habitudes en lesquelles ne consiste certes pas la pensée philosophique mais qui l'accompagnent souvent, comme deux grands lettrés prennent
plaisir à s'écrire une lettre en latin, ou deux musiciens
à transposer ensemble ce qu'ils jouent, divers accompagne-
ments de cultures très hautes et qui les décèlent joyeuse-
ment, comme certaines bonnes manières chez certain inconnu
révèlent une certaine éducation" (*JS*:II,147).

Thus, in *Jean Santeuil*, Proust never speaks ill of
realism but seems rather to be wrestling with the problem
of how one transposes reality into a novel. For him
reality encompasses more than objects or observed characters; it includes the whole gamut of sensations. The
break with realism occurred when he decided to write, as
he does in *Le Temps retrouvé*: "Seule l'impression . . .
est un critérium de vérité . . ." (*RTP*:III,880). And he
goes on to speak of "la fausseté même de l'art prétendu
réaliste . . ." (*RTP*:III,881). A few pages further along,
he says: "la littérature qui se contente de 'décrire les
choses', d'en donner seulement un misérable relevé de
lignes et de surfaces, est celle qui, tout en s'appelant
réaliste, est la plus éloignée de la réalité . . ." (*RTP*:
III,885). As for the sensations, he says, "je n'étais
pas libre de les choisir" (*RTP*:III,879). Hence the aesthetic of the work of art flowing from a cup of tea and
a madeleine which placed him in an awkward situation with
respect to reality and caused him to compose an introduction which, in spite of the fine writing, was as logically
indefensible as the introduction to *Jean Santeuil*. After
all his antirealism in *Le Temps retrouvé*, Proust defines
his true position as follows:

> Le littérateur envie le peintre, il aimerait prendre des
> croquis, des notes, il est perdu s'il le fait. Mais quand
> il écrit, il n'est pas un geste de ses personnages, un tic,
> un accent, qui n'ait été apporté à son inspiration par sa
> mémoire; il n'est pas un nom de personnage inventé sous le-
> quel il ne puisse mettre soixante noms de personnages vus,
> dont l'un a posé pour la grimace, l'autre pour le monocle, tel
> pour la colère, tel pour le mouvement avantageux du bras, etc.
> Et alors l'écrivain se rend compte que si son rêve d'être un
> peintre n'était pas réalisable d'une manière consciente et
> volontaire, il se trouve pourtant avoir été réalisé et que

l'écrivain, lui aussi, a fait son carnet de croquis sans
le savoir. [*RTP*:III,899-900]

Notebook or not, the result is undeniably realism, as any
reader of Proust will agree.

That Proust created a new art form disrupting conventional notions of chronology and narrative technique, and
juxtaposing sensations, objects, characters, and ideas in
what is intended to be a metaphorical pattern, is another
undeniable fact. But reality as we are accustomed to see
it with photographic or phonographic precision breaks
through all of this on almost every page. One does not
have to prove that Proust is a realist, in spite of everything, because it is so obvious and would require tomes of
learned studies to document properly. We shall limit our
final observations to the survival, in the *Recherche*, of
realistic habits contracted in the writing of *Jean Santeuil*.

In *La Prisonnière*, Proust discusses frankly with the
reader the problem of being simultaneously the main character, the narrator, and the author: "Mes paroles ne re-
flétaient donc nullement mes sentiments. Si le lecteur
n'en a que l'impression assez faible, c'est qu'étant narrateur je jui expose mes sentiments en même temps que je
lui répète mes paroles. Mais si je lui cachais les premiers et s'il connaissait seulement les secondes, mes actes,
si peu en rapport avec elles, lui donneraient si souvent
l'impression d'étranges revirements qu'il me croirait à
peu près fou" (*RTP*:III,347). He might have said that, in
writing *Du côté de chez Swann*, the problem was just as in-
tricate, if not more so, because the child's point of view
was sifted through that of the adult narrator-author. The
Combray which emerges from the cup of tea is as precise as
any realist could wish. "Ma tante n'habitait plus effectivement que deux chambres contiguës, restant l'après-midi
dans l'une pendant qu'on aérait l'autre. C'étaient de ces
chambres de province qui--de même qu'en certains pays des

parties entières de l'air ou de la mer sont illuminées
ou parfumées par des myriades de protozoaires que nous
ne voyons pas--nous enchantent des mille odeurs qu'y
dégagent les vertus, la sagesse, les habitudes, toute une
vie secrète, invisible, surabondante et morale que l'atmosphère y tient en suspens . . ." (*RTP*:I,49). If Proust
did not object to the comparison, one would be tempted to
add: signed Balzac. A few pages further along a dialogue
between Mme Octave and Françoise, covering two and a half
pages, occurs without the slightest suggestion that the
narrator is present. The narrator-author has no compunc-
tions at this point about becoming an omniscient realistic
author. Of course, these realistic scenes, unlike the
fragmentation of *Jean Santeuil*, are blended together in a
Proustian architecture which, defying the logic of chronology and sometimes following a pattern of metaphorical
association, is anything but realistic. As to be expected,
the two disruptive forces in *Jean Santeuil*, the "realistic"
generalization and the poetic passage, are discernible from
time to time but are far less frequent than elsewhere in
the *Recherche*.

"Un Amour de Swann," written, we are now told, not as a
prototype of the *Recherche* but rather as proof by Proust
that he could be a more conventional novelist in case his
reader thought otherwise after reading "Combray," belongs
to another branch of realism, the *roman d'analyse*. The elements of this technique were present in the fragments of
Jean Santeuil dealing with the love affairs of the hero and
seemed there to have their origin more in literature than
in life, since the source in Stendhal's *De l'amour* was explicitly indicated. Compared to the rest of the *Recherche*,
it is remarkable how direct this third-person narrative is
in "Un Amour de Swann" and how carefully the novelette is
structured around the curve of Swann's love. It is only
the absence of a timetable which marks the work as particularly

Proustian. Only one poetic digression occurs, the description of the grooms on the staircase at the Saint-
Euverte reception.

In *Jean Santeuil* we found Proust the realist slipping
into the skins of his characters with utter contempt for
the other convention of realism, the central intelligence.
It is therefore noteworthy that, in "Un Amour de Swann,"
he almost completely succeeds in keeping Swann on the level
of a central intelligence. But at one point we find Odette
saying: "Ça du moins, c'est vrai, se disait-elle, c'est
toujours autant de gagné, il peut s'informer, il recon-
naîtra que c'est vrai, ce n'est toujours pas ça qui me
trahira" (*RTP*:I,278). There is one other slip of this
type when the omniscient author says: "Ces paroles étaient
mensongères; du moins pour Odette elles étaient mensongères,
inconsistantes . . ." (*RTP*:I,296). Where the first-person
narrator of the rest of the *Recherche* is involved, the intervention of an omniscient author is even more vexatious.
Aside from the fact that one can never be sure in the ultra-
realistic scenes in "Combray" whether the little boy heard
or saw what the narrator-author reports, there are two
lapses into the omniscient perspective. In the midst of
a description of the narrator's grandfather, we are suddenly transported inside the grandfather with this remark:
"Brusquement le souvenir de sa femme morte lui revint, et
trouvant sans doute trop compliqué de chercher comment il
avait pu à un pareil moment se laisser aller à un mouvement
de joie, il se contenta . . . d'essuyer ses yeux . . ."
(*RTP*:I,15). When this phenomenon occurs elsewhere in the
Recherche, it is invariably more extensive. It is curious
also that these occurrences are frequently coupled with the
presence of a voyeur as at Montjouvain (*RTP*:I,159) or at
Jupien's brothel (*RTP*:III,816), or when the narrator is presumably listening around the corner at the first encounter
between Charlus and Morel (*RTP*:II,863). But there are other

instances when the omniscient author has clearly inter-
vened: the long analysis of Saint-Loup's affair (*RTP*:
I,782); comments on the Princesse de Parme (*RTP*:II,453);
Châtellerault and the groom (*RTP*:II,636); Verdurin's conversation with his wife about Saniette (*RTP*:III,324), in
spite of the narrator's comment on the next page that he
learned about it a few years later; Gilberte's conversation with the duchess (*RTP*:III,580); the last reception of
La Berma (*RTP*:III,998).

Numerous studies of Proust's style have been made, of
course, but no one has yet undertaken the Gargantuan task
of describing the total structure of the *Recherche*. We
venture to suggest that an initial study of *Jean Santeuil*,
in greater detail than has been possible in this paper,
will reveal the basic writing habits which are in the background of the *Recherche*. Our tentative conclusions have
been that there is a tendency to think in the realistic
mold but that there are disruptive forces present, the
poetic digressions or the "realistic" generalizations,
which often play havoc with the narrative processes and
give rise eventually to a manner of writing which Proust
himself defines as antirealistic. The remarkable thing is
that, throughout *Du côté de chez Swann*, these circuitous
tendencies have been disciplined into a careful artistic
pattern and have become a virtue rather than a vice. If,
for example, we are bothered by the fact that the narrator
is at one moment awaiting the good-night kiss and, at another, is discussing literature and women with Bloch, this
may be voluntary on Proust's part since it fits into his
frequently reiterated intention of transcending Time with
a capital T. But the structure of the novel changes with
A l'ombre des jeunes filles en fleurs. Proust then begins
to tell a story which unfolds gradually, with occasional
flashbacks and a few jumps forward (as in those conclusions
to the realistic vignettes noted in *Jean Santeuil*), but

which is essentially linear. Proust seems to indulge
more and more, however, in undisciplined digressions.
He is so conscious of this self-indulgence that he begins,
more and more frequently, to admonish himself to get back
to the main story. Here is the record of these admonitions.
In *Sodome et Gomorrhe*: "mais taisez-vous et laissez-moi
reprendre mon récit" (*RTP*:II,652); "Pour revenir en arrière . . ." (*RTP*:II,716); "je me contente ici, au fur et
à mesure que le tortillard s'arrête . . ., de noter ce que la
petite plage ou la garnison m'évoquent" (*RTP*:II,1076); "Mais
cela ne devait arriver que dans quelques heures" (*RTP*:II,
1125). *La Prisonnière*: "pour anticiper de quelques semaines
sur le récit que nous reprendrons aussitôt après cette pa-
renthèse . . ." (*RTP*:III,214); "Mais nous avons trop anticipé . . ." (*RTP*:III,312); "pour anticiper sur les jours
qui suivirent cette soirée à laquelle nous allons revenir
. . ." (*RTP*:III,318); "Pour revenir en arrière . . ." (*RTP*:
III,324). *La Fugitive*: "le récit va être repris dans un
instant . . ." (*RTP*:III,604). *Le Temps retrouvé*: "pour en
revenir à la scène de l'hôtel . . ." (*RTP*:III,823); "reve-
nons trois ans en arrière . . ." (*RTP*:III,952). The absence
of any such remarks in *A l'ombre* suggests that all of them
might have disappeared from the *Recherche* if Proust had
lived long enough to give the final touches to his manuscript. Yet their presence proves two things (as reinforced
by the example of *Jean Santeuil*): that linear narration is
not natural to Proust and that ultimately, if he succeeds
in removing all of these basting threads from his tapestry,
the artistic effect which is then produced is nevertheless
the result of discursive habits in his thinking processes.
The final question might be: Is realism natural to him?
That he is interested in real objects and real persons is
self-evident from the persistence of realistic scenes throughout the novel (in fact, the parts which Revel prefers come
after *Du côté de chez Swann*). But it also seems clear that

realism in the *Recherche* results from self-discipline.
When he writes or perhaps rewrites with particular care,
the consequence is a vivid realistic scene. In other
cases, particularly in the poetic digressions which he
has had time to rewrite, he seems to polish up what was
loosely written in the first place. The most awkwardly
written parts of *Jean Santeuil* frequently are those in
which he has let himself go with abandon, as though to
catch a fleeting sensation or inspiration before it got
away from him. When the rewriting is accomplished, the
result is some of Proust's most brilliant writing, whether
Revel likes it or not.

University of Virginia

---

[1] *Jean Santeuil* (Paris: Gallimard, 1952), II, 339-340. Subsequent
references to this edition, designated *JS*, appear within the text, as
do references to the Pléiade edition of *A la recherche du temps perdu*,
identified as *RTP*.

[2] "Historique du premier roman de Proust," *Saggi e ricerche di
letteratura francese*, IV (1963).

[3] To this must be added the example of the long apostrophe to the
reader in the Charles Marie episode. It begins: "Qui que vous soyez,
lecteur, dans quelque village ou quelque capitale que la vie vous ait
placé . . ." (*JS*:II,84), and continues for most of a page.

[4] Of course, Proust ultimately contradicts himself concerning the
veracity of his tale, for in *Le Temps retrouvé* he says: "Dans ce
livre . . . où il n'y a pas un seul personnage 'à clefs', où tout a
été inventé par moi selon les besoins de ma démonstration, je dois
dire à la louange de mon pays que seuls les parents millionnaires de
Françoise . . . sont des gens réels, qui existent" (*RTP*:III,846).

[5] "A propos du style de Flaubert," in *Chroniques*, pp. 193-211. We
note also the coincidence that the maid in the introduction to *Jean
Santeuil* bears the same name as the heroine of Flaubert's *Un Cœur
simple*.

[6] In his *Proust: The Early Years* (Boston: Little, Brown and Co.,
1959), p. 99, note 20, George D. Painter asserts that "the novelist
C. . . . closely resembles Maupassant in appearance and habits."

[7]Proust's predilection for the generalization is also evident in certain totally isolated texts of *Les Plaisirs et les jours* such as "Éloge de la mauvaise musique."

[8]Referring to the celebrated essay on the "clochers de Martinville," the narrator of the *Recherche* calls this attempt a "poème en prose" (*RTP*:I,475).

[9]Painter, *op. cit.*, p. 250.

Champs des signes / Chant du cygne

MARC HANREZ

On sait que Proust avait proposé à son éditeur d'imprimer
son texte sans ruptures typographiques autres que l'espa-
cement régulier des signes. Donc un texte, dans son apparence, aussi plein, aussi dense, aussi continu que le
champ de la mémoire en activité. Mais la mémoire, pareille à l'ordinateur dont les informations n'accourent pas
toutes ensemble au premier appel venu, fonctionne par
trains de choix et de combinaisons simultanés qui, lors du
passage de la pensée au discours, se convertissent en mots
successifs. Le manque d'adéquation d'un domaine à l'autre
nécessite, quel que soit le sens de notre démarche, un co-
dage et un décodage auxquels nous procédons même à notre
insu.[2] La plage ininterrompue que Proust souhaitait pour
son texte relève d'une superstition littéraire que la division de son œuvre en plusieurs volumes rend de toute
manière contradictoire. Il faut tenir compte, en effet,
de. cette contradiction essentielle qui relie sans les unir,
d'une part, les impératifs d'une chasse au bonheur qui
culminerait dans une *vision* unifiante de l'espace et du
temps et, d'autre part, les modalités du processus *visant*
à exploiter par dénombrement et organisation le répertoire
inanimé des souvenirs. La différence ou, plutôt, l'intervalle entre ces deux nécessités, dont l'exemple schématique
est fourni par la sonate de Vinteuil que Swann réentend au

concert--"le beau dialogue . . . entre le piano et le
violon": "ce monde fermé à tout le reste, construit par
la logique d'un créateur et où ils ne seraient jamais que
tous les deux,"[3]--cet intervalle est rempli justement par
l'œuvre dont le texte même, incarnation du jeu complexe
auquel se prête un système binaire originel, devient à la
fois le lieu et le moment. Mais le discours en tant que
continuum suppose ici une dialectique où le scripteur intervient comme moyen terme entre les éléments de cette
dualité. A l'échelon des lignes et des nœuds de signification privilégiés, c'est le cas, visiblement, de la
promenade type qui, en conclusion d'*Autour de Madame Swann*,
rapproche une fois pour toutes cette "heroïne" du narrateur (*RTP*:I,635-641).[4]

     L'intérêt, voire l'importance, de cette séquence[5] ré-
side en la synthèse qu'elle opère entre les différents
signes, réseaux de signes et systèmes desdits réseaux, que
notre lecture, en suivant depuis l'adverbe primitif le
circuit imprimé de la narration, n'a pu déchiffrer que
partiellement. La synthèse en question, par rapport à
toute l'œuvre, est bien entendu *transitoire*; et, pour la
simple raison que tout ensemble donné fait partie d'un ensemble plus grand, il conviendrait de l'y intégrer. N'empêche qu'elle est aussi *transitive*, en ce sens que, par sa
dialectique interne, elle constitue un modèle des relations
de l'œuvre à elle-même, autrement dit: de son fonctionnement. Ces éléments et groupes d'éléments sont plus ou
moins reliés dans le champ de la séquence: assemblage
éclairé à maintes reprises par les signaux de la narration
antérieure; si bien que la plupart d'entre eux relèvent à
la fois d'une synchronie et d'une diachronie. Impossible
donc de rendre compte d'une telle sous-structure au travail
sans épouser son dynamisme propre[6] ou sans la décomposer en
figures suspensives.[7] Cette dernière solution, à laquelle
nous sommes tenus, reproduit, sinon les conditions mêmes,

du moins des conditions analogues à celles de l'écriture,
en tant que structuration progressive du texte. Rappelons-
nous l'évocation des clochers de Martinville, où le narrateur associe soudain, mais encore inconsciemment, le plaisir
de sa découverte à celui de la composition que son enthousiasme lui commande (*RTP*:I,179-182).[8] Ainsi, dans l'expérience initiale comme après coup dans l'œuvre, la chose
écrite devient l'adjuvant *nécessaire* de la chose vue--et
réciproquement. Car, au point du texte où nous sommes, le
scripteur, qui se confond avec le narrateur et avec l'acteur,
institue, par son récit de la causerie ambulatoire, le support d'un plaisir désormais renouvelable, grâce à sa lecture
dirigée des souvenirs. En effet, si notre séquence résume
essentiellement la problématique en cours, la dernière
phrase, avec sa vision béatifique, en offre à son tour une
intégration qui, dans sa mouvance illimitée, est pour l'œuvre une condition *suffisante*.[9]

Voilà le cadre théorique où procéder à la démonstration.
Mais, avant tout, quels sont les événements? Le dimanche,
près de l'Arc de Triomphe, le narrateur guette l'arrivée
de Mme Swann, la rencontre et la salue; puis ils poursui-
vent côte à côte leur promenade. Mme Swann est entourée
de Swann et de quelques amis; le groupe croise des gens
plus ou moins familiers. Toute la séquence montre ample-
ment l'effet de Mme Swann sur le monde. Et le narrateur-
acteur, retrouvant son rôle de scripteur, transpose enfin
ses souvenirs. Ce résumé, pourtant exact, ne nous apprend
pas grand-chose, sinon que Mme Swann est l'objet de la
narration, tandis que son partenaire en est le sujet. Cependant leur conjonction forme, aux deux niveaux de la séquence, diachronique et synchronique, le dynamisme essentiel où convergent les autres facteurs et relations. Lesquels, pour ce qui est de Mme Swann, consistent en trois
systèmes imbriqués: terrestre, mondain, cosmique, aux signes agencés par réseaux,[10] et, quant à son partenaire, en

deux systèmes connexes: l'un égocentriste, à cause du
retour sur le sujet narratif de la narration comme objet, l'autre sémantique, par l'insistance de l'énoncé sur
tout ce qui concerne la vue;[11] systèmes auxquels se combine
incidemment le propre mouvement du narrateur par rapport à
Mme Swann et son entourage. Tel est schématiquement le
champ dialectique où nous entrons. Il ne s'agit pas d'un
repli sur la théorie, mais au contraire de l'introduction
appropriée au monde textuel qui, sous les yeux du scripteur, gravite "autour de Madame Swann." Passé notre lecture première, c'est en réalité le texte qui nous impose
une lecture seconde la plus *systématique* possible.

  Suivons d'abord Mme Swann. Avant de figurer "comme dans
une apothéose de théâtre, de cirque, ou dans un tableau
ancien" (*RTP*:I,640), elle apparaît et marche "avenue du
Bois, près de l'Étoile" (*RTP*:I,635): dans une perspective
linéaire que l'écriture--linéaire aussi--trace entre une
véritable scène ronde et une scène ronde imaginaire; mais,
par ses gestes avec son ombrelle et sa toilette, Mme Swann
déplace en même temps qu'elle une espèce de sphère charmante, où bientôt le narrateur se logera.[12] Par ailleurs,
si toute la séquence, hormis les unités d'ordre général,
ou contemporaines ou du moins proches de l'écriture, est
à l'imparfait historique (en corrélation avec la promenade type), l'énoncé se reporte, surtout dans sa deuxième
partie, aux sphères sociales, pour ainsi dire hors texte,
ayant intéressé, intéressant ou devant intéresser Mme Swann.
Sur la base d'une évolution localisée, le phénomène se
déploie dans toutes les dimensions du temps et de l'espace.
A tel point que, juste avant la conclusion, des cavaliers,
"comme cinématographiés au galop sur l'ensoleillement blanc
de l'avenue" (*RTP*:I,640), sont associés aux promeneurs,
ainsi qu'on le dit plus haut pour Mme Swann, "sur le sable
de l'allée" (*RTP*:I,636). Cette tendance est accusée encore
par le jeu des systèmes auxquels j'ai fait allusion.

Le système terrestre (ou originel) relie Mme Swann aux éléments fondamentaux de la vie; elle y gagne ses attributions naturelle et maternelle. En mai, mois de Marie, saison favorable aux bois, aux jardins, elle évolue dans un assortiment d'images florales, tout épanouie sous l'effet de ce réseau botanique, dont la première qualité est la fraîcheur.[13] Il faut tenir compte aussi de ce que ces fleurs, artificielles et de préférence mauves, composent en partie ou agrémentent la parure et, de ce fait, s'intègrent dans le système mondain: comme l'ombrelle, ici "bouquet de violettes de Parme" (*RTP*:I,636) aux yeux de Mme Swann, dans le système cosmique, en tant que soleil, ciel et bouclier.

Le système mondain (ou séculier) situe Mme Swann dans une société distribuée en cercles plus ou moins rapprochés; c'est le réseau social. Mais il décrit par ailleurs ce qui, dans sa toilette et son comportement, donne à Mme Swann une place et un rôle supérieurs; ce sont les réseaux vestimentaire et personnel. A noter que la première intervention du narrateur divise la séquence en deux parties consacrées respectivement à la toilette et à la société; ce qui est conforme à la stratification des catégories selon lesquelles on envisage Mme Swann. Si sa toilette, "toujours différente mais . . . surtout mauve," est "la plus élégante de toutes" (*RTP*:I,636), et son allure un témoignage de "l'argent malléable, poétiquement ciselé," c'est surtout par sa beauté que Mme Swann, "majestueuse, souriante et bonne," voit "comme Hypatie, sous la lente marche de ses pieds, rouler les mondes." A cette grâce universelle répond, par deux fois, "la gesticulation" presque mécanique de son entourage, "à commencer par Swann" (*RTP*:I,639). Sa femme, elle, est saluée tantôt par de jeunes inconnus tout éblouis, tantôt par des "hommes de cercle" (*RTP*:I,640) aux noms familiers. Nous avons là

tous les signes d'une promotion sociale particulièrement
réussie *et* méritée.

Le système cosmique (ou sublimatoire) est de loin le
plus important, car il transcende les deux autres. Du
reste, il se ramifie en trois réseaux sémantiques, dont
la morphologie commune tient soit du cercle, soit de la
sphère, suivant qu'il s'agisse d'un réflecteur ou d'un
milieu.[14] Dans le réseau solaire, Mme Swann est considérée
comme un astre à son apogée, lui-même--la promenade se faisant à l'heure de midi--sous le signe du soleil au zénith.
Bien entendu, apogée sidéral, succès social, épanouissement
floral composent, à l'échelon de la séquence, un seul et
même signifié. Autour du foyer mauve qu'est Mme Swann, son
mari et ses amis ne sont que des satellites: "noire ou
grise agglomération obéissante," et "les petits nœuds de
son corsage et de sa jupe" (*RTP*:I,636), des sortes de bala-
dins qui malgré tout suivent sa marche.[15] L'ombrelle, sur-
gie "au moment de sa plus complète irradiation" (*RTP*:I,636),
marque la transition du réseau solaire au réseau céleste,
car, pour le narrateur, elle représente "un autre ciel plus
proche, rond, clément, mobile et bleu" (*RTP*:I,637). La
voilà circonscrivant le monde que le narrateur, à sa grande
joie, occupe avec Mme Swann; mais finalement la voici "reflet
d'un berceau de glycines" (*RTP*:I,641), ce qui nous ramène au
système terrestre par le biais du réseau botanique.

Le retour au réseau céleste implique, dans le système mondain, une halte au réseau vestimentaire. En effet, ce sont
les détails de la jaquette que le narrateur compare à ceux
d'une cathédrale observée par un artiste qui se promènerait
"en plein ciel, pour dominer toute la ville, entre les deux
tours" (*RTP*:I,638). Dans un cas comme dans l'autre, mais
dans des sens opposés, on notera surtout le mouvement verti-
cal du regard, qui joint la terre au ciel, ou le primitif
au sacré, en passant par le monde, ou le profane.[16] Enfin
le réseau mythique corrobore ces données. Il est logique,

assurément, que Mme Swann se promène aux environs de l'Arc de Triomphe, puisqu'elle est promise à "une apothéose." Elle a bel et bien les attributs de la "déesse" qu'elle figure dans son "immense victoria à huit ressorts" (*RTP*:I, 638). Par sa "puissance presque guerrière" (*RTP*:I,636) et sa qualité de "grande prêtresse" obéissant à "une sagesse supérieure" (*RTP*:I,638), elle joue en quelque sorte le rôle d'Athéna, dont l'intérêt pour les arts *et la littérature* tempère l'esprit belliqueux; l'ombrelle ici devient donc un paisible et gracieux bouclier. Mme Swann est vénérée à ce titre non seulement par les jeunes gens, qui redoutent, en osant la saluer, de "faire descendre le châtiment d'un dieu" (*RTP*:I,640), mais encore par les hommes de son entourage, qui respectent "l'espace et la nécessité" (*RTP*:I, 637) de sa toilette.

On assimile aussi, rappelons-le, Mme Swann à Hypatie. En l'occurrence, que signifie cette vierge d'Alexandrie, célèbre auprès des étudiants pour sa beauté, son savoir et sa vertu, mais qui n'en fut pas moins déchiquetée par des moines fanatiques?[17] Certes, Mme Swann est belle, sa gloire même constitue un enseignement; quant à sa vertu, honni soit désormais qui mal y pense! Et ses admirateurs, si l'on veut, la dévorent des yeux à chaque sortie. . . . Toutefois, le point fort de ce rapprochement me semble être, paradoxalement, la virginité d'Hypatie. Entre la mythologie et le christianisme, on transfigure Mme Swann, dont le rôle maternel est d'ailleurs évoqué,[18] en mère d'autant plus exemplaire qu'elle dépasse les contingences de la maternité: à l'instar de la Vierge.

Même en se préoccupant de Mme Swann, il est impossible, nous l'avons vu, de négliger le narrateur. En fait, à deux moments, c'est comme acteur qu'il donne la réplique à Mme Swann, et ses interventions articulent la séquence autour de la comparaison avec l'artiste.[19] Mais leur cheminement se divise en trois phases successives[20] qui, dans

un autre ordre, correspondent à la dialectique implicite
entre les principaux agents narratifs.[21] Nous retiendrons
que Swann manque au dernier tableau, alors que lui, contrairement à Gilberte, participait aux promenades. Le discours
ici contient sa préhistoire en ce sens que la problématique
passée du narrateur relativement aux Swann est marquée par
la mise en scène. Ainsi les jeunes gens qui saluent de
loin Mme Swann se trouvent dans la situation du narrateur
avant son intimité avec Gilberte; et, comme pour accentuer
ce changement, son propre rôle de "salueur" individuel, au
tiers de la séquence, est repris, juste avant la fin, par
rien de moins qu'un prince, un "grand seigneur" (*RTP*:I,640).
Cela nous mène à considérer, dans cette préhistoire, les
éléments pertinents au dynamisme actuel. Non seulement ils
foisonnent tout le long des parties antérieures que notre
séquence intègre, mais encore aux quatre échelles respectives ils se combinent comme en prévision de sa structure.
Voici sommairement leur signification. Soulignons d'abord
que préhistoire dans le texte ne suppose pas chronologie;
aussi, pour ne pas devoir expliquer l'ordre même du discours jusqu'à la séquence,[22] je procéderai, comme auparavant, par systématisation, sans toutefois recourir aux
réseaux.

Le système terrestre (ou originel) s'appuie sur les
parents du narrateur: sa mère principalement, dont la
douceur et la beauté lui sont révélées au sortir de l'enfance. Il est question, presque d'emblée, de sa toilette
et des fleurs qu'elle comprend. A cet égard, la désinence
privilégiée, dans la première période, est le rose, valable
aussi pour les aliments.[23] Puis ce sont les aubépines de
cette couleur qui président à la rencontre du narrateur
avec Gilberte. Mais, lorsqu'il s'agit de sa mère, on passe
aux violettes, aux lilas, aux orchidées, aux catleyas, enfin, qui deviennent "synonymes" de l'amour, et du plaisir,
entre Odette et Swann.[24] Quant au narrateur, il associe

le nom de Parme, une des villes qu'il souhaite visiter,
à celui de Swann: la famille de Gilberte; admis dans
l'intimité de la jeune fille, il se dépouille pour pouvoir
la combler "de roses et de lilas": fleurs qui le rappro-
chent respectivement de sa propre mère et de Mme Swann.[25]
Gilberte, en effet, va perdre à ses yeux, comme Odette jadis à ceux de Swann, sa valeur absolue, et dorénavant c'est
Mme Swann qu'il fréquentera pour elle-même. Une Mme Swann
revêtue, dès lors, du double appareil de la virginité et de
la maternité, puisque, bien avant la naissance de sa fille,
elle a coutume d'appeler Swann "mon petit" (*RTP*:I,272,356).
Et lui, pour sa part, se considère en face d'Odette comme
un malade: somme toute pareil au narrateur vis-à-vis de
ses parents.

Sans la terminologie juridique, je dirais même: parents
naturels, car le système mondain (ou séculier) montre comment Swann et Odette, remplaçant peu à peu les premiers,
servent au narrateur, chacun à sa façon, de père et de mère
culturels, voire *spirituels*. Swann lui ouvre un monde qui
bientôt s'avère beaucoup plus vaste et varié que celui de
sa propre famille. C'est un homme raffiné, sensible, qui
choisit de créer dans la vie, avec Odette précisément,
l'œuvre qu'il renonce à poursuivre, en critique, au sujet
de Vermeer; il est aussi le père de la jeune fille avec
qui le narrateur découvre l'amour à leur niveau. Mais
Gilberte et Swann sont surtout les amis de Bergotte, le
maître écrivain qu'on oppose au diplomate Norpois.[26] Or,
pour le narrateur, malgré ses déboires et ses doutes, quoi
de plus important, au fond, que ses ambitions littéraires?
Tandis que ses parents le méjugent, le contrarient, les
Swann lui donnent l'occasion de connaître Bergotte et, par
conséquent, de se reconnaître en tant que futur auteur.
Pour se faire accepter par la haute société, Odette, avant
son mariage et même après, éprouve des difficultés analogues;
de sorte que, sur le plan social, elle aussi peut tenir lieu

d'exemple et d'encouragement.[27]   Bref, si leur fille est
indispensable pour permettre au narrateur de les aborder,
seuls Swann et Mme Swann sont en mesure de l'aider vraiment à s'épanouir.

Mais d'autres facteurs entrent en ligne de compte, qui
ressortissent au système cosmique (ou sublimatoire). Combray, déjà, ce n'est "qu'une église résumant la ville"
(RTP:I,48). Après un commentaire de Swann sur Bergotte,
le narrateur ne voit plus "l'image d'une des femmes" dont
il rêve "sur un mur décoré de fleurs violettes en quenouil-
le," mais "devant le portail d'une cathédrale gothique"
(RTP:I,90);[28] et, quand il pense à elle, il voit Gilberte
"devant le porche d'une cathédrale, [lui] expliquant la
signification des statues" (RTP:I,100). Ici, des végétaux
on passe aux minéraux comme, ailleurs, du plaisir érotique
au plaisir esthétique. Si les tours de Venise et de Florence doivent répondre aux clochers de Martinville, elles
n'effacent pas non plus "le point de vue qu'on a du clo-
cher" (RTP:I,105) à Combray. Tant il est vrai que plusieurs fois dans le texte on recourt à quelque voyageur
imaginaire--tel celui de la séquence--pour découvrir et
dominer le monde au sommet d'une église. A quoi nous pouvons ajouter les conseils de M. Legrandin au narrateur:
"Tâchez de garder toujours un morceau de ciel au-dessus de
votre vie. . . . Vous avez une jolie âme, d'une qualité
rare, une nature d'artiste, ne la laissez pas manquer de
ce qu'il lui faut" (RTP:I,68); et: "Que le ciel reste toujours bleu pour vous, mon jeune ami; et même à l'heure,
qui vient pour moi maintenant, où les bois sont déjà noirs,
où la nuit tombe vite, vous vous consolerez comme je fais
en regardant du côté du ciel" (RTP:I,120). Mais le narrateur, lui, fidèle à sa vocation croissante, emploie cette
dichotomie pour creuser sa dialectique, où interviennent
tantôt les fleurs, tantôt les habits, tantôt les œuvres
d'art, tantôt même toutes ces choses ensemble.[29] A cet

effet, son véhicule narratif privilégié, ce ne sont pas
les "jeunes filles en fleurs" près desquelles il reste
"à l'ombre": c'est la Femme, divinisée, sanctifiée, avec
laquelle il marche en plein soleil.

Nous retrouvons l'image ultime. Et que forme-t-elle,
sinon la cible vers laquelle, par le truchement du regard,
tout le discours est orienté? *Cible*, *regard*, *discours*,
sont mes propres termes; "en une sorte de cadran solaire"
et "me revoir causant ainsi avec Mme Swann," ceux de la
narration. Soudain la diachronie rattrape la synchronie,
ou celle-ci couronne celle-là, dans une dialectique minia-
ture intensifiée. D'une part, la conversation entre les
deux protagonistes est le résultat de leur rencontre au
tiers de la séquence et le développement de leur relation
antérieure: discours associant le passé réel au futur
idéal; d'autre part, les deux êtres en présence délimitent
pour ainsi dire un cercle--"les minutes qu'il y a entre
midi un quart et une heure"--et une sphère--"sous son ombrelle, comme sous le reflet d'un berceau de glycines"--
où paroles et gestes se meuvent, s'amplifient, se perpé-
tuent: comportement localisé, dont "le plaisir" qu'en
éprouve le scripteur, qui se révèle aussi lecteur, au-
delà des "chagrins [qu'il avait] alors à cause de Gilberte,"
est comparé à quelque paradis perdu.[30]

En projection verbale, on remarque un jeu de temps et
de modes qui corroborent ces figures. L'imparfait historique n'apparaît plus que dans un seul cas, évoquant le
passé continu auquel le scripteur se réfère. Après deux
passés composés intermédiaires,[31] c'est le présent de
"j'éprouve" et de "je veux" qui sert à l'énoncé de temps
axial: juste avant que le couple modal "me revoir causant,"
l'infinitif et le participe réagissant l'un sur l'autre, le
cristallise en l'équivalent linguistique, c'est-à-dire humain, du mouvement perpétuel. Par ailleurs, au niveau sémantique, ce mouvement, du moins son symbole, est le produit

d'une triple relation bipolaire entre les acteurs, soit
la dialectique déjà signalée,[32] où le narrateur-scripteur
tient le rôle initial et permanent, mais dont l'antithèse,
à savoir les rapports vécus du narrateur avec Mme Swann,
ici fait défaut, puisque c'est en fait la séquence, excepté
sa dernière phrase, qui la remplace.

Rien n'existe, aucun souvenir, aucun texte, aucun phénomène, sans différence entre deux éléments. Mais, comme
la sonate de Vinteuil aux oreilles de Swann, le discours
et, en particulier, son arrêt (provisoire) sur l'image
suggèrent que le bonheur consiste à les réunir *afin de les
voir réunis*. C'est pourquoi, si le narrateur, malgré son
système égocentriste, a besoin d'un partenaire, il ne saurait choisir qu'une personne avec qui ce bonheur est assuré.
Qui d'autre que sa mère, dont il est à peine séparé, qui
seule l'aime "sans la réserve d'une arrière-pensée" (*RTP*:
I,185), pourrait remplir cette fonction? Toutefois le
dynamisme de la vie l'éloigne de sa mère comme de son enfance. Il doit donc trouver--inconsciemment dans l'histoire et consciemment dans l'écriture--une solution de re-
change où fondre sa nouvelle problématique. Alors Mme
Swann, en raison de sa maturité, relaie Gilberte. Lié
avec cette femme qui transcende à la fois la mère et l'a-
mante, le narrateur n'a désormais que faire de Swann, qui
ne participe pas plus à leur intimité qu'un père ou un
mari. Voilà enfin la plate-forme sur laquelle, en pleine
possession de soi-même grâce à l'autre, le narrateur-
scripteur va développer son continuum logomachique: jusqu'à l'épuisement des "questions" et des "réponses," ou
le retour à sa propre "genèse" (*RTP*:I,351).[33]

University of Wisconsin, Madison

---

[1]Pour des raisons d'horaire, j'ai dû limiter mon texte à l'équivalent d'une lecture en quelque vingt minutes. C'est pourquoi, d'emblée,

il fallait recourir aux notes. Et puis j'ai compris qu'on pouvait
en faire un usage systématique: distribuer le commentaire au niveau
d'une glose discontinue comme au niveau d'un discours proprement dit.
Mes lecteurs auront donc sur mes auditeurs l'avantage de connaître mon
commentaire à plusieurs dimensions. Il leur sera peut-être utile, enfin, de savoir que je me place ici dans les auras de Georges Poulet
(*L'Espace proustien*, Paris: Gallimard, 1963) et, surtout, de Gilles
Deleuze (*Proust et les signes*, Paris: P.U.F., 1970).

[2] Ce qui explique, dans *Combray*, la fameuse irruption des souvenirs
à partir du goût (retrouvé) de la madeleine imbibée de thé. Le plus
remarquable n'est cependant pas cette résurgence pour elle-même, dont
la circonstance est plutôt banale, mais la phénoménologie où elle s'inscrit. Le *je* (car jusque-là c'est la seule référence axiomatique de la
narration) déduit de son expérience—laquelle consiste en "un plaisir
délicieux . . . sans la notion de sa cause"—une théorie de la connaissance qui, l'écriture et la lecture aidant (dont Georges Poulet a bien
dégagé les attributs et les rapports), va produire, développer, approfondir et sublimer *presque à volonté* "l'image, le souvenir visuel," où
à son tour se vivra "le Bonheur."

[3] Marcel Proust, *A la recherche du temps perdu* (Paris: Gallimard
[Pléiade], 1954), I, 351-352. Toutes mes citations étant tirées de
l'édition de la Pléiade, je donnerai dorénavant les références mini-
males.

[4] Promenade type, comme beaucoup d'événements dans la *Recherche*, parce
que superposant, de la mémoire à l'écriture, toute une série de promenades dominicales. Nous verrons pourquoi Mme Swann est "héroïne," au
sens (féminin) de la mythologie, plutôt que simple personnage ou protagoniste.

[5] Au sens du cinéma. Il s'agit bien d'un mouvement cinématographique,
avec le *travelling* de la marche des acteurs jusqu'à la dernière scène,
les *flashbacks* intercalés des récapitulations ou des résumés anecdo-
tiques, les *gros plans* de Mme Swann et les *plans rapprochés* de son entourage, la *caméra* que remplace à tout bout de *champ* le point de vue
narratif, etc. Le scripteur en est du reste conscient, qui décrit les
cavaliers "comme cinématographiés au galop sur l'ensoleillement blanc
de l'avenue" (*RTP*:I,640). A noter que cette écriture descriptive—cf.
la géométrie du même nom—pose un mode évolutif de figuration animé par
le dialogue, qu'on retrouve au niveau sémantique, entre un déplacement
corporel relativement linéaire et un déploiement cérébral relativement
sphérique. (Proust se révèle ainsi être non seulement au courant du
septième art, mais encore expert dans le profit que peut en tirer la
littérature.)

[6] Ce qui reviendrait, comme Barthes l'a pertinemment établi, à ré-
écrire le texte par une lecture assez pénétrante pour, en quelque sorte, s'y installer, puis le remplacer.

[7]Lesquelles, par attraction modale avec la narration, seraient à proprement parler des *arrêts sur l'image*. A cette différence près que, si le cinéma, dans son mécanisme interrompu, ne peut que répéter la même image, et donc perdre son caractère fugitif, le discours, lui, se fixe toujours en ses propres termes: image et termes auxquels seule notre lecture est susceptible, dans les deux cas, de fournir le courant psychique indispensable à leur prolongement.

[8]Cet épisode est capital à plusieurs titres. D'abord, il nous livre en effet le déclic qui va permettre au narrateur d'assumer sa vocation littéraire, longtemps hésitante et contrariée ("cette page," dès qu'il a "fini de l'écrire," le rend "si heureux": "que comme si j'avais été moi-même une poule et si je venais de pondre un œuf, je me suis mis à chanter à tue-tête"; la comparaison avec la poule, à mon sens, marque bien l'aspect organique de son activité). Nous sommes renseignés aussi sur la nature de "ce plaisir spécial," ou de "ce plaisir obscur": car, pour le narrateur, il y a "derrière cette clarté" un mystère que sa pensée n'arrive pas "à découvrir," mais dont par son écriture il est "débarrassé." Il s'agit enfin de ce mystère même. Aux "deux clochers de Martinville" s'ajoute "celui de Vieuxvicq," et leur combinaison, qui suggère "trois jeunes filles d'une légende" (vraisemblablement les *jeunes filles en fleurs* de la fiction à venir), se ramène à "une seule forme noire, charmante et résignée," qui s'efface "dans la nuit." On saisit mieux désormais en quoi consiste ce "plaisir": mot clé de l'œuvre où, tel quel (sans compter les synonymes), on le rencontre à tout instant. Cette unité existentielle à laquelle tendent ses sensations multiples, fugaces et souvent contradictoires, le narrateur la perçoit juste au moment où elle s'abolit "dans une solitude où tombait déjà l'obscurité." Comment la retenir au bord du néant, sinon par une pensée recréant les circonstances de son apparition? Et quel autre moyen de fixer cette pensée--"qui se formula en mots dans ma tête"--que de la mettre noir sur blanc? Ainsi le "plaisir" originel est relayé par une série d'états (de la vision réelle à son reflet idéal, en passant par la conscience, l'écriture et la lecture) qui non seulement assurent sa pérennité, mais encore--et surtout-- l'amplifie. Voilà dans quelle mesure on peut parler d'une narration à la fois immanente, répétitive et paroxystique.

[9]Autrement dit, une fois lancée, la narration évolue par condensations successives qui, chaque fois, renvoient aux phases dilatantes intermédiaires, aussi bien futures que passées, jusqu'à ce que, par entropie, elle épuise son sujet, qui est d'ailleurs son objet, au point de vouloir se régénérer en se bouclant sur elle-même. On pourrait voir dans la *Recherche* une espèce de continuum tautologique, si précisément un texte de René Daumal ("Une Expérience fondamentale," in *Chaque fois que l'aube paraît*, Paris: Gallimard, 1953, pp. 265-274) ne nous proposait une autre explication. A la lecture de ce texte, on apprend d'abord que, dès son enfance, Daumal s'est livré à "une série de tentatives pour faire l'expérience de l'au-delà": ce qui tente aussi Proust à sa manière, mais dont il tire une conclusion et un parti différents. N'empêche qu'on doit retenir le même esprit qui préside aux deux démarches respectives. Daumal décrit la sienne selon les

catégories de l'*espace*, du *temps* et du *nombre*; mais il s'agit toujours d'une même *certitude* où le *point*, l'*instant* et le *moi* s'amplifient jusqu'à l'infini, tandis que simultanément un élément identique repart à la conquête de la totalité. Daumal insiste sur le caractère *émotionnel* de son expérience, car il s'agit bel et bien de son "anéantissement perpétuel dans chaque instant." Il est remarquable par ailleurs que l'œuvre proustienne, ainsi que nous l'avons esquissé, fonctionne à grande échelle de la même façon, comme si la vie de Proust, tendue littérairement--et littéralement--vers cet objectif, n'avait été qu'une seule et même "expérience fondamentale." Mais, à la différence de Daumal, qui éprouve son moi pour ainsi dire *hors texte*, et dont l'écriture n'est que "le reflet" de sa certitude, Proust, lui, se prémunit contre "le vide" qu'*il est*--au sens où Daumal se connaît--en remplissant des tas de cahiers d'une substance où dorénavant son *je* est (peut-être) *un autre*, certes, mais en tout cas préservé; laquelle substance, à nos yeux, devient le champ d'une expérience pour son propre compte. C'est pourquoi, chez Proust, la conscience, au moins d'après l'œuvre, n'est pas à proprement parler transcendantale. Cependant, si le *je* narratif (dont nous savons qu'il recouvre plusieurs agents) reste enfermé dans l'immanence, il ressent maintes et maintes fois *sa* réalité--ou son reflet, mais toujours textuel--comme le dit Daumal dans son système de référence: "sous la forme paisible, pleinement heureuse et intensément lumineuse qui est la vision des êtres qui sont réellement transformés et peuvent la voir, cette réalité, face à face, sans en être détruits." (Marcel serait-il un "grand mystique" malgré lui--ou malgré Proust?)

[10] Il y a même des zones (la phrase finale en est une) propices aux transferts mutuels de signification: quand tel ou tel signe d'un système donné relève également d'un ou de plusieurs autres systèmes; zones que j'appellerai des *échangeurs*. En voici une demi-douzaine incontestable: 1) "Tout d'un coup . . . de sa robe" (*RTP*:I,636); 2) "sa toilette . . . des bois . . ." (*RTP*:I,637); 3) "je voyais . . . les deux tours" (*RTP*:I,638); 4) "D'ailleurs, les femmes . . . rouler les mondes" (*RTP*:I,639); 5) "D'ailleurs, à tout moment, reconnue . . . des noms familiers d'amis" (*RTP*:I,640-641); 6) "il leur a survécu . . . d'un berceau de glycines" (*RTP*:I,641).

[11] Tout le long de la séquence, on ne compte pas moins à ce sujet d'une trentaine de mots ou de locutions. Et le dernier cas: "revoir," sous sa forme indéterminée, est à la fois rétroactive et sublimatoire; ce qui est encore accusé par le signe originel, mais ici transcendant (par rapport à la réalité textuelle en question), du "berceau de glycines." Pour les différents points de vue attestés, hormis celui du scripteur-narrateur-acteur qui, bien entendu, les réfracte tous, il y en a de cinq catégories, plus ou moins proches du regard principal: 1) Mme Swann (ou Odette ou "une grande dame"); 2) son entourage (les "quatre ou cinq hommes de club," puis le narrateur), sauf précisément Swann; 3) Sagan et les "derniers cavaliers"; 4) les passants anonymes (des "pannés" aux jeunes gens); 5) la foule en général ("on," "un passant"). Bref, il s'agit bien du système sémantique par excellence, puisque c'est lui qui anime radicalement l'énoncé.

[12]Situation proprement filiale, voire pseudo-foetale, d'ailleurs
conforme à d'autres signes, tels que les sentiments de chaleur et
de fluidité que le narrateur éprouve auprès de Mme Swann.

[13]Si, pour le système cosmique, Mme Swann est appelée à rayonner,
au propre en soleil humain et au figuré en femme déifiée, on la montre
ici dans sa substance pulpeuse et liquide--"moiteur du cou et des poi-
gnets" (*RTP*:I,637)--donc périssable. La proposition qui souligne cette
précarité--"puisque avec l'âge [les femmes] ont, presque toutes, perdu
leur beauté" (*RTP*:I,639)--est du reste la seule unité de la séquence
au présent, sauf la dernière phrase qu'elle annonce en contrepoint.
Sans doute faut-il rendre Mme Swann mortelle d'un côté pour mieux la
rendre immortelle de l'autre.

[14]Le milieu est indispensable aux phénomènes en tant que tels, comme
on l'a vu pour les mouvements de Mme Swann, mais ces phénomènes s'inscrivent dans l'écriture, comme "en une sorte de cadran solaire" (*RTP*:
I,641), et là nous avons affaire au réflecteur.

[15]En fait, les "créatures" (*RTP*:I,636) de sa toilette ont encore
plus d'initiative et de latitude que les "petits personnages salueurs"
(*RTP*:I,640) de son entourage. Il y a chez Mme Swann une exigence implicite qui n'est pas sans rappeler les caprices d'Odette envers Swann.

[16]Cf. note 8 pour le symbolisme des tours. Ici la comparaison rapproche encore le narrateur de Mme Swann: contrairement au public, entourage compris, qui ne peut connaître en détail ni la jaquette, ni la
cathédrale, lui seul jouit de ce privilège au même titre qu'un artiste
qui dominerait le monde. Il existe donc en fait deux mouvements: ho-
rizontal, entre les passants et le narrateur, pour la toilette; verti-
cal, entre les gens et l'artiste, pour l'architecture. L'un dans le
réel, l'autre dans l'imaginaire, mais tous deux relatifs à quelque chose entre terre et ciel, soit la jaquette appartenant à Mme Swann, soit
la cathédrale ressortissant à la chrétienté.

[17]Cf. Hypatia ou Hypathie, *in* Royston E. Pike, *Dictionnaire des Re-
ligions*, adaptation française de Serge Hutin (Paris: P.U.F., 1954), p.
156.

[18]D'une part, son entourage lui reconnaît, "comme à une mère sur
l'éducation de ses enfants, compétence et juridiction" (*RTP*:I,637);
d'autre part, elle-même parle au narrateur de Gilberte et de l'influence qu'il avait sur elle (*RTP*:I,640).

[19]Cf. note 16.

[20]a) Le narrateur voit Mme Swann et sa suite avancer vers lui; b) Mme
Swann, son entourage marchant à l'écart, croise avec le narrateur toutes
sortes de gens; c) Le narrateur, malgré d'insignes rencontres, monopo-
lise Mme Swann.

[21]*Thèse*:   les rapports difficiles, à l'époque, entre le narrateur
et Gilberte (fille de Mme Swann); *antithèse*:   les rapports agréables,
toujours à l'époque, entre le narrateur et Mme Swann (mère de Gilberte); *synthèse*:   les rapports sublimés, dans le souvenir et dans
le texte, entre le scripteur et Mme Swann (débarrassée de ses liens).

[22]Il faudrait montrer, voire démontrer, que la premiére phrase de
Combray, puis le premier alinéa, puis le premier paragraphe, et ainsi de suite, engendrent déjà toute l'œuvre à partir de, et finalement jusqu'à, la nostalgie d'un bien-être hors de l'espace et du temps,
qui n'est peut-être que l'état fœtal: juste après les Ténèbres,
juste avant la Lumière.

[23]La grand-mère du narrateur arrache "subrepticement au passage
quelques tuteurs de rosiers afin de rendre aux roses un peu de na-
turel" (*RTP*:I,14).   Lui a "une envie irrésistible de baiser la main
de la dame en rose" (*RTP*:I,78).   Son grand-père lui dit: "Toi qui
aimes les aubépines, regarde un peu cette épine rose; est-elle jolie!"
Et le narrateur ajoute: "En effet c'était une épine, mais rose, plus
belle encore que les blanches."   Puis, plus bas: "Moi-même j'appré-
ciais plus le fromage à la crème rose, celui où l'on m'avait permis
d'écraser des fraises" (*RTP*:I,139).   Encore le grand-père (à la tante
Léonie):   "Si j'avais osé, je t'aurais coupé une branche de ces épines
roses que tu aimais tant" (*RTP*:I,143).   Etc.

[24]*Un Amour de Swann* est presque entièrement sous le signe du violet
ou du mauve.   N'empêche qu'à sa première visite Odette le reçoit "en
robe de chambre de soie rose" (*RTP*:I,220); et à sa seconde, "en pei-
gnoir de crêpe de Chine mauve" (*RTP*:I,222).   Odette *avant* Swann, comme
le narrateur *avant* Gilberte, se rattache au monde originel de l'enfance, au préamour qui est tout amour.   Bientôt, il y aura des catleyas partout: jusque dans son corsage; et Swann espère "que c'était
la possession de cette femme qui allait sortir d'entre leurs larges
pétales mauves" (*RTP*:I,234).

[25]Le narrateur se trouve à mi-chemin de son passé rassurant, tout
imprégné encore d'amour maternel, et de son avenir incertain, dont
Mme Swann est un bon signe.   Il essaie donc de gagner sur les deux
tableaux, en prêtant à Gilberte un rôle parallèle au sien, dans le
temps comme dans l'espace.

[26]A travers Norpois, ce sont aussi les parents qui, pour la première fois, sont quelque peu ridiculisés.   Selon un procédé dont le
scripteur use volontiers, le narrateur doit paraître d'autant plus
bête à Norpois qu'il paraîtra plus intelligent à Bergotte; lequel--
autre tic narratif--le met tout de suite dans sa confidence, et du
coup la vanité du jeune homme s'en trouve raffermie.

[27]Au point de vue mondain, le microcosme des Verdurin, avec son
médecin, son pianiste, son peintre, etc., annonce le macrocosme des
Guermantes.   C'est là qu'Odette de Crécy non seulement commence à
charmer Swann, mais encore fourbit ses armes pour d'autres conquêtes.

Comme dans une symphonie, tel thème de l'œuvre est d'abord présenté sous forme mineur pour être ensuite exploité fortissimo.

[28]Encore à ce propos: "Et comme le rêve d'une femme qui m'aurait aimé était toujours présent à ma pensée, ces étés-là ce rêve fut imprégné de la fraîcheur des eaux courantes; et quelle que fût la femme que j'évoquais, des grappes de fleurs violettes et rougeâtres s'élevaient aussitôt de chaque côté d'elle comme des couleurs complémentaires" (*RTP*:I,86).

[29]S'y combine du reste une dialectique des couleurs. Entre le blanc virginal ou marial et le noir originel ou mortel, il y a le rose de l'enfance et le bleu de la sublimation; lesquels, mélangés, donnent le violet ou le mauve du monde intermédiaire, composite, où Mme Swann participe à la fois de la terre et du ciel. Jusque dans sa coloration, le discours est parfaitement homogène.

[30]Ce n'est pas une métaphore abusive. *Paradis*, parce que "berceau de glycines" (or *glycine* dérive de γλυκύς, qui signifie doux, délicieux); *perdu*, parce que seulement "le reflet."

[31]Coordination renforcée, sur le plan syntaxique, par le double fait que "chagrins," complément de l'imparfait "j'avais," est aussi sujet du passé composé "se sont évanouis," et que "plaisir," sujet réel de "il leur a survécu," est aussi complément du présent "j'éprouve."

[32]Cf. note 21.

[33]L'éclipse de Swann, après son rôle d'initiateur du système binaire, est en quelque sorte un chant du cygne (comme par hasard, cygne en anglais, langue mondaine occasionnelle pour Odette, se traduit par *swan*); mais l'histoire de cette éclipse est aussi, pour tout dire, un champ de signes.

La Logique du texte dans
Le Côté de Guermantes

❖

MICHEL RAIMOND

On sait que Proust, dans sa correspondance, a insisté sur la rigoureuse composition de son œuvre. Il ne saurait aujourd'hui être question d'analyser la structure du *Côté de Guermantes*; je l'ai fait par ailleurs. Je voudrais seulement indiquer, en marge d'une étude de structure, les jeux d'opposition, de contraste, de symétrie, de renversement qui constituent la charpente visible du *Côté de Guermantes* et qui me font penser (c'est ce que je voudrais tenter de suggérer aujourd'hui) qu'il y a, sous le déroulement du récit, ce que j'appellerai une logique du texte proustien.

Le Côté de Guermantes, c'est l'histoire d'un jeune homme très intelligent qui, appartenant à la bourgeoisie aisée, rêve de fréquenter les milieux les plus aristocratiques, et qui, à la fin du livre, y parvient. Il recherche le monde tout en poursuivant Mme de Guermantes, car elle est pour lui comme l'incarnation quintessenciée du Faubourg Saint-Germain; au début, il n'est que son voisin; et il lui faudra un an pour passer de l'état de voisin à l'état d'invité. Sur le seul plan de cette histoire d'une invitation à dîner à quoi on s'en voudrait de réduire *Le Côté de Guermantes*, on trouverait bien des systèmes d'opposition, de renversement de symétrie. Dès le début, allusion est faite à une visite chez Mme de Villeparisis: invitation transmise

67

par la grand-mère, mais refusée par le père. Plus loin,
c'est le père qui est à l'origine de cette visite, et,
variations sur un thème donné, c'est la grand-mère qui
consent, bien qu'elle ait d'abord été défavorable. Ce
n'est pas seulement le père d'ailleurs qui l'introduit
chez Mme de Villeparisis; c'est aussi Robert. Cette double recommandation est en rapport étroit avec l'aspect
composite d'un salon où fréquentent à la fois l'aristocratie et la bourgeoisie intellectuelle. Autre point: le
"Sésame" de l'hôtel de Guermantes, que le Narrateur a en
vain demandé à Saint-Loup, c'est Charlus qui prétend le
détenir, se proposant de lui-même pour obtenir à son jeune
protégé des "avantages inappréciables," mais refusant de
favoriser son admission chez la Duchesse, et lui donnant
le conseil de ne pas aller dans le monde. Saint-Loup
voulait, ou disait qu'il voulait faire inviter son ami,
mais il ne l'a pas pu; Charlus dit qu'il le peut, mais il
ne le veut pas. Effets de symétrie qui ne sont pas l'or-
nement du discours proustien; mais, sans doute, le principe même de sa genèse. L'invitation aura lieu quand le
Narrateur aura cessé de la désirer, au cours de cette soirée chez Mme de Villeparisis, qui est comme un redoublement de la matinée; alors que jadis, il désirait tant être
admis chez les Guermantes sans y parvenir, ce sont maintenant les Guermantes qui insistent pour le recevoir, disant qu'il n'est pas un homme commode à avoir, craignant
qu'il ne fasse faux bond, le remerciant, à l'issue du dîner, des instants délicieux passés en sa compagnie. Renversement paradoxal: Saint-Loup (de la part de Charlus,
il est vrai) invite son ami à ne pas se rendre chez la Duchesse, lui qui devait être son introducteur auprès d'elle!
Et (dans une entrevue qui est un redoublement de la première), Charlus, qui déconseillait d'aller dans le monde,
relance le snobisme mondain du Narrateur en insinuant que
la Princesse est supérieure à la Duchesse, faisant encore

miroiter son Sésame, mais l'invitation chez la Princesse
viendra sans lui, malgré lui.

On trouverait aussi dans *Le Côté de Guermantes* des rapports entre le monde et l'art, mais inscrits dans des schémas ou des situations romanesques, et qui constituent ces
"points de suture du spirituel et du technique" dont parle
Jean Rousset. Il y a, dans l'épisode de la soirée à l'o-
péra, une imbrication des valeurs mondaines et des valeurs
de l'art. De façon significative, le Narrateur est situé
dans une sorte de plan moyen, ou plutôt dans un lieu géo-
métrique à égale distance du spectacle du monde et du
spectacle de l'art. Par rapport à lui, il y a une symétrie entre la Duchesse (ou la Princesse) et la Berma.
La "frontière invisible" qui le sépare du Faubourg Saint-
Germain, c'est l'équivalent des feux de la rampe, et les
baignoires sont comme un décor de théâtre. La Duchesse
fait son *entrée* au moment où commence la représentation
de *Phèdre*, les regards convergent vers elle comme vers
l'actrice qui tient le premier rôle, les salutations
qu'elle fait évoquent une révérence de théâtre. Et la
Princesse qui est comme le *double* de la Duchesse, est
elle-même, quand le spectacle commence, "comme une apparition de théâtre," "comme quelque merveilleuse tragédien-
ne costumée en Zaïre ou peut-être en Orosmane." On multi-
plierait les rapports réciproques entre le théâtre et le
monde: l'un et l'autre sont sous le double signe de la
facticité et de la *vérité*. Pour le Narrateur, l'art du
théâtre a quitté "le monde de l'absolu"; en revanche, son
entrée dans un théâtre où il pourra apercevoir le monde
du Faubourg Saint-Germain embranche sur "une vulgaire soirée de [sa] vie quotidienne un passage éventuel vers un
monde nouveau." Ce soir là, il est fasciné par la Duchesse, et il apprécie l'art de la Berma, bref le monde est
mythique, et le théâtre compris. Le tissage du texte est
si subtil que les gens qui entourent la Duchesse gardent,

dans les baignoires, un aspect irréel; en revanche, les
"artistes" lui paraissent être "des gens de même essence
que ceux qu'il connaît." Il y a mieux: le Narrateur comprend qu'il se trompait jadis quand il voulait immobiliser
les attitudes de la Berma, car le théâtre est un art du
temps; mais, dans cette soirée, c'est le "panorama éphémè-
re" du monde qu'il immobilise, "dans une espèce d'instant
éternel et tragique." Cette représentation à l'opéra, outre qu'elle est un redoublement de la première avec laquelle
elle est en contraste, a un écho à l'intérieur même du *Côté
de Guermantes*, dans l'après-midi où le Narrateur et Saint-
Loup accompagnent Rachel à son théâtre pour une répétition.
Il est inutile d'insister sur la série des oppositions:
soir/après-midi, soirée de gala/répétition, actrice célè-
bre/actrice débutante. Mais il n'est pas indifférent que
le Narrateur soit, cette fois, dans les coulisses, le spectacle étant vu sous un angle inhabituel, à l'opposé de ce
qu'on appelle l'optique théâtrale: l'art du théâtre subit
de ce fait une démystification supplémentaire. Sous les
acteurs jouant des personnages, le Narrateur perçoit des
personnes, et, grâce aux renseignements que lui donne Saint-
Loup, il voit "une autre pièce muette et expressive se jouer
sous la pièce parlée."

On trouverait l'exemple d'un renversement frappant dans
la façon dont le Narrateur envisage les Elstir: ils sont
d'abord utilisés comme un prétexte pour obtenir une invitation chez la Duchesse. Dans ce cas, les valeurs de l'art
sont subordonnées aux valeurs mondaines. Mais une fois invité chez la Duchesse, le Narrateur s'absorbe dans la contemplation des Elstir sans s'apercevoir du temps qui passe,
négligeant même les invités qui attendent: ce faisant, il
soumet en quelque sorte les valeurs mondaines aux valeurs
esthétiques. La contemplation solitaire précède la fête
mondaine: le Duc s'est effacé pour laisser le Narrateur
admirer tout à loisir, dans l'isolement d'une sorte de

sanctuaire. Au cours d'une conversation mondaine, le Duc
et la Duchesse parlent de l'homme qu'est Elstir; mais le
Narrateur, devant les toiles du Maître reconnaît qu'elles
constituent un univers "dont on n'eût pu soupçonner l'é-
trangeté tant qu'on n'aurait fait que connaître l'homme."
Dans ces conditions il est piquant que le Narrateur se dé-
sespère d'avoir évité Bergotte, le soir de *Phèdre*, à la
pensée que cela pouvait donner à Mme de Guermantes une mauvaise idée de lui; car il comprend son erreur quand il entend Oriane déclarer, chez la Marquise, que Bergotte est
bien la seule personne qu'elle ait envie de connaître. Elstir était conçu à tort comme un moyen de parvenir jusqu'à
la Duchesse; Bergotte est conçu à tort comme un obstacle.
Et si le Narrateur est quelque peu infidèle aux valeurs de
l'esprit en donnant ainsi une priorité aux valeurs mondaines, la Duchesse n'est pas entièrement fidèle aux valeurs
du monde quand elle considère Bergotte comme plus spirituel
que Babal: c'est là, nous dit l'auteur, un jugement déjà
subversif, "porté dans le monde par de rares personnes su-
périeures aux autres et qui dessinent les premiers linéa-
ments d'une hiérarchie des valeurs telle que l'établira la
génération suivante."

On trouverait des effets de symétrie et de renversements
dans les développements romanesques sur la relativité des
points de vue: le Narrateur comprend que, pour son ami Robert, seule Rachel a du prestige, "infiniment plus de prestige que les Guermantes et tous les rois de la terre." A
ce titre Robert s'oppose au Narrateur parce que, pour celui-
ci, Rachel (la Rachel à vingt francs) n'a aucun prestige,
alors que les Guermantes ont un prestige infini. Mais ce
système d'opposition se dédouble, puisque, ce matin-là, su-
bitement, Saint-Loup a le fugitif sentiment d'une "autre
Rachel, un double d'elle . . . qui figurait une simple petite grue." Il y a (c'est, je crois, un phénomène intéressant dans cette algèbre proustienne des situations) une

sorte de transfert d'optiques, Saint-Loup intériorisant
l'optique de son ami. Inversement, celui-ci adopte à son
tour l'optique de Saint-Loup: au théâtre, ayant pris quelque recul, et voyant Rachel non plus *de près* mais *de loin*
comme elle a "un de ces visages que l'éloignement . . .
dessine et qui, vus de près, retombent en poussière," il
la voit, comme l'a vue Robert pour la première fois, et
dès lors il peut comprendre l'illusion dont, à cause de
l'éloignement, son ami a été victime.

Telles sont les quelques observations qu'on peut faire
en marge d'une étude sur la structure du *Côté de Guermantes*. Dans ces perspectives, je crois qu'il y aurait intérêt à porter attention à ce que j'appellerai la *logique* du
texte proustien, logique qui pourrait bien être ce qu'on
appelle de nos jours une *loi de production du texte*. Les
exemples que j'ai évoqués jusqu'ici s'inscriraient dans
une *logique de la symétrie ou de la réciprocité*. Sans pré-
tendre donner un caractère par trop systématique à toutes
ces distinctions, je voudrais maintenant examiner ce que
j'appellerais une *logique des variations*.

Je prendrai un exemple: la scène de restaurant où le
Narrateur déjeune en compagnie de Rachel et de Robert. Res-
tituons d'abord la suite chronologique de cette scène:

--Robert se dispute avec Rachel au restaurant parce qu'elle regarde les hommes.

--Robert s'en va et le Narrateur reste seul avec Rachel.

--Robert faisant demander Rachel dans le cabinet particulier où il s'est réfugié, le Narrateur reste seul un moment.

--Le Narrateur est à son tour appelé par Robert, et il
trouve son ami dans le cabinet particulier, en train de caresser Rachel.

Il est facile de discerner à l'intérieur de cette *chronologie* la *logique* de la situation, que je résumerai dans le
schéma suivant:

A--Les trois personnages ensemble. Dispute.
    Restaurant.

B--Deux personnages ensemble: Rachel et le Narrateur.
    Restaurant.

    Un personnage seul: Saint-Loup.
    Cabinet.

C--Deux personnages ensemble: Rachel et Robert.
    Cabinet.

    Un personnage seul: le Narrateur.
    Restaurant.

D--Trois personnages ensemble. Réconciliation.
    Cabinet.

En A, le Narrateur est témoin de la dispute de Rachel
et de Robert.

En D, le Narrateur est témoin (voyeur), des caresses que
Robert prodigue à Rachel.

En B, entente entre Rachel et le Narrateur (intellectuelle).

En C, entente entre Robert et Rachel (physique).

En B et en C, un personnage exclu, Saint-Loup, puis le
Narrateur.

Ce que je voulais suggérer, c'est que, par cette logique
des variations, Proust, en quelque sorte, explore les pos-
sibles d'une certaine *donnée*. Tout se passe comme si, s'é-
tant donné trois personnages et deux lieux, il avait cherché
les *systèmes* qu'il pouvait obtenir. Il n'y a pas seulement
là des jeux de symétrie dans le discours narratif, mais peut-
être (et une minutieuse étude de genèse permettrait peut-être
de corroborer ces analyses) un ordre de production du texte.

L'exemple précédent fait intervenir trois personnages et
deux endroits. Il y a des schémas de variations plus simples:
prenons l'arrivée du Narrateur au restaurant où Saint-Loup
l'invite, le soir même où Mme de Stermaria s'est décommandée:

j'observe déjà au passage, du point de vue de la structure, que la soirée qui devait être consacrée à l'amour va l'être en fait à l'amitié. Mais regardons-y de plus près: parce que Saint-Loup s'occupe de payer le fiacre, le Narrateur entre seul dans le restaurant; entrant seul, il est *rabroué*, exposé au courant d'air, et il parle d'une "familiarité dont il était seul exclu." A ce premier *système* s'oppose un second système modifié par une variable: l'arrivée de Saint-Loup: le Narrateur est dès lors considéré avec respect par le patron du restaurant, la porte responsable du courant d'air est condamnée, et, chose radicalement opposée au sentiment qu'il avait d'être exclu, le Narrateur est même invité à la table du Prince de Foix!

Certains effets de variations sous-tendent la structure logique du texte: prenons la page dans laquelle Proust nous raconte les profonds sommeils qu'il connaissait à Doncières, après les longues marches qu'il faisait pour se rendre au terrain de manœuvres. Après ces sommeils profonds, il se réveille plein de forces, et il lui semble que la vie s'étend plus longue devant lui: c'est qu'il a reculé jusqu'aux bonnes fatigues de son enfance à Combray. Deuxième mouvement: la vérité banale qui est admise généralement, que dément l'expérience précédente: nous retrouvons un moment, prétendent les poètes, ce que nous avons été jadis en revenant dans telle maison où nous avons vécu. Pèlerinage hasardeux, dit Proust, car il faut non pas voyager, mais descendre en nous-mêmes pour retrouver les lieux que nous avons connus jadis. Troisième mouvement: "Mais on verra combien certaines impressions fugitives et fortuites ramènent bien mieux encore vers le passé que ces dislocations organiques. "Bref, une expérience, celle d'une saine fatigue dément une opinion courante sur le voyage, et annonce une expérience plus fine, celle de la mémoire affective. Et on perçoit mieux, sous cette démarche, parfaitement discursive, la série des variations, si on précise le *pivot* sur lequel tourne le texte: retrouver les jardins où nous avons été enfants: trois possibilités sont offertes: la fatigue, le voyage, la mémoire affective.

Cette logique des variations intervient souvent, comme la logique des contrastes ou des renversements, au sein d'une logique de la répétition. Au niveau même de la structure d'ensemble du *Côté de Guermantes*, de *Guermantes I* à *Guermantes II*, Proust procède par redoublement, reprise de thèmes ou de schémas romanesques. L'immense addition du chapitre II de *Guermantes II*, loin de constituer une digression, ou une suite de digressions, retrouve, sur une mise en acte romanesque plus serrée, les thèmes qui constituent *Guermantes I*: l'amour, l'art, le monde, Sodome (Charlus). Mais surtout Proust reprend les schémas romanesques: dans *Guermantes I*, la réception chez Mme de Villeparisis (le monde) est précédée par une séance au théâtre (l'art) et suivie par une promenade avec Charlus. Dans *Guermantes II*, le dîner chez Mme de Guermantes (le monde) est précédé par la contemplation des Elstir (l'art) et suivi par la visite rendue à Charlus. Outre le système des répétitions (avec des différences), il y a des redoublements internes--par exemple, le théâtre où répète Rachel est un écho à la soirée de l'Opéra.

On trouverait, au niveau même du texte, de nombreux exemples de *reprise* ou de redoublement: voyez les deux scènes où, dans l'après-midi qui précède la visite à Mme de Villeparisis, Saint-Loup perd son sang-froid; à deux reprises, il manifeste sa violence, en giflant un journaliste sur le plateau du théâtre et en boxant un "promeneur passionné." C'est un doublet: dans les deux cas la brusquerie du geste est la même, et il est précisé que, contrairement à ce que le Narrateur avait d'abord pensé, il n'y a pas de lien entre le second incident et le premier. Tout au plus peut-on soupçonner que ces deux explosions de violence sont le double symptôme

de l'agitation de Saint-Loup qui vient de se brouiller a-
vec sa maîtresse.

J'emprunterai à cette même journée de printemps, dont le
récit constitue presque tout *Guermantes I*, un autre exemple d'une triple reprise de la même esquisse: il s'agit
de la jalousie de Robert à l'égard de Rachel dans un lieu
public. Notons que le schéma est d'abord tracé *in abstrac-
to*; et ensuite *mis en acte*; de sorte que la première mise
en acte est déjà, en somme, une reprise d'une esquisse abstraite.

--Dès l'entrée au restaurant, Saint-Loup a aperçu Aimé,
il est devenu ombrageux, Rachel fixe Aimé, Robert la gron-
de et dénigre le maître d'hôtel.

--Toujours au restaurant, mais un peu plus tard, Rachel
fait de l'œil à un jeune boursier, Saint-Loup la rabroue,
Rachel proteste, exaspère Saint-Loup par sa réponse, et
Saint-Loup quitte la salle de restaurant.

--Un peu après, au théâtre où elle répète, Rachel con-
temple le jeune danseur "à la Watteau." Selon le même
schéma que dans les cas précédents, la brouille avec Robert survient. On a donc trois reprises de la même esquisse initiale, qui agit comme une sorte de principe généra-
teur, et trois reprises, notons-le, présentées selon un
ordre d'intensité croissante: dans le premier cas, la dispute à propos d'Aimé n'est pas suivie d'effet; dans le second cas, le coup d'œil de Rachel au jeune boursier aboutit
au départ provisoire de Saint-Loup, bientôt suivi d'une réconciliation; dans le troisième, il ne s'agit pas seulement
de la part de Rachel d'un jeu qui ne prétend que faire enrager Saint-Loup; elle s'offre bel et bien au danseur, en
faisant le projet d'une partie à trois; et Saint-Loup la
quitte définitivement, ou, du moins, le croit.

On trouverait, dans *Le Côté de Guermantes*, un autre exemple d'une triple reprise de la même esquisse; mais obéissant
moins à une loi d'intensité croissante qu'à un principe de

variations: il y a, successivement, trois personnes qui
se trouvent confrontées à un Norpois énigmatique et sybil-
lin: deux jeunes gens, Bloch et le Narrateur, et un vieux
diplomate, le Prince Faffenheim. Je n'ai pas le temps d'a-
nalyser en détail tous les jeux d'oppositions et de symétrie: le Narrateur, à la différence de Bloch, qui, lui,
demande un *avis*, sollicite, comme le Prince Faffenheim, un
appui pour une élection à l'Institut. Mais, là où le jeune
Narrateur échoue, le Prince réussit.

Voyez un phénomène de répétition fondé sur un jeu d'oppositions: la rencontre de Mme Sazerat. Page 289 (*RTP* [Pléia-
de]:II), le Narrateur aperçoit M. Bloch père qui "était en
train d'adresser à Mme Sazerat de grands saluts fort bien ac-
cueillis d'elle." Et il s'en déclare "surpris, car, jadis, à
Combray, elle avait été indignée que mes parents eussent reçu
le jeune Bloch, tant elle était antisémite. . . ." En revanche,
le père du Narrateur, pp. 151-152, rencontre Mme Sazerat qui
ne le salue qu'à peine; et cela l'étonne beaucoup, car, jadis,
à Combray, ils avaient l'un pour l'autre l'estime la plus profonde. Dans les deux cas, c'est l'Affaire Dreyfus qui est
responsable de ce double changement réciproque.

Je crois qu'on trouverait aussi, chez Proust, une logique
de l'inattendu--et une esthétique de la surprise. Ce qui me
frappe, dans *Le Côté de Guermantes*, c'est qu'en contraste a-
vec les grandes lignes de la structure (chaque épisode ou
élément d'épisode ayant une fonction structurale), il y a
toute une série de choses inattendues; et ces choses inattendues ne sont pas dues au hasard, ou à un caprice de l'inspiration; elles sont la conséquence d'un principe, et c'est
même sans doute un système de production du texte que cette
recherche de la surprise qui interfère ainsi avec une *esthétique de la reprise*. Il y a, chez Proust, beaucoup de choses qui tournent autrement qu'on ne s'y attendait, et, même,
raffinement suprême, des choses qui auraient pu tourner

autrement: il nous est suggéré qu'il s'en est fallu de
bien peu que le Narrateur ne tombe amoureux de Mme de
Stermaria plutôt que d'Albertine; elle ne se fût pas décommandée ce soir-là, et la face des choses eût été chan-
gée. Ou bien encore, et précisément ce soir où elle n'a
pu venir au rendez-vous, le Narrateur nous suggère que,
dans cette voiture qui le conduisait au restaurant avec
Saint-Loup, il eût pu avoir la révélation de sa vocation,
et s'épargner ainsi bien des tourments inutiles. Mais
très souvent, ce qui survient effectivement, c'est autre
chose que ce qu'on attendait; ce qu'on attend n'arrive
pas, du moins pendant qu'on l'attend. Toute la stratégie
du Narrateur pour parvenir jusqu'au salon de la Duchesse
n'aboutit pas au moment où elle est mise en œuvre. Et
c'est quand le Narrateur est devenu indifférent à son é-
gard qu'elle vient l'inviter à dîner. C'est quand il
s'est quelque peu dépris de l'art de Bergotte que Bergotte, pendant la maladie de la grand-mère, vient chez lui
tous les jours. C'est quand l'art de la Berma a quitté
pour lui le domaine de l'absolu qu'il est apprécié et compris. Le Narrateur peut embrasser Albertine quand il ne
l'aime plus, et au moment même où il rêve de posséder Mme
de Stermaria. Il est frappant que c'est pendant qu'il attend la réponse de celle-ci qu'Albertine arrive inopiné-
ment, de même que Saint-Loup survient à l'improviste à la
place de Mme de Stermaria. On n'en finirait pas de dé-
nombrer ces surprises: Mme de Guermantes, pour sa part,
a érigé l'inattendu en système, et elle s'applique à déconcerter, à surprendre "par des décrets inattendus," en
faisant ou en disant, à plusieurs reprises, le contraire
de ce que les autres disent, pensent ou simplement attendent. Mais l'auteur lui aussi se plaît à déconcerter.
C'est une surprise quand, le père du Narrateur s'attendant
à ce que son fils revienne de chez Mme de Villeparisis, avec
son élection faite, on voit Norpois refuser de soutenir sa

candidature, au nom même de l'amitié qu'il lui porte! C'est
une surprise, quand, après ce déjeuner mouvementé que Saint-
Loup a quitté après s'être disputé avec Rachel, le Narrateur
les retrouve l'un et l'autre, tendrement réunis, Rachel ri-
ant sous les baisers que lui prodigue Robert, tous deux "a-
yant l'air de ne garder aucun souvenir de la querelle qu'ils
avaient eue quelques instants auparavant." J'avoue être
frappé par ce double caractère du texte proustien: il comporte, d'un côté, quelque chose de régulièrement progressif;
de l'autre, quelque chose de discontinu et de déconcertant.
Peut-être cette impression tient-elle à la façon dont Proust
travaillait: il ne perdait jamais de vue un dessein d'ensemble, mais aussi il procédait à une sorte de travail au
jour le jour, par morceaux, procédant ensuite à une sorte de
travail de marqueterie.

Il resterait, je crois, à étudier les rapports de la logique et de la chronologie dans certains textes proustiens.
On pourrait utiliser à propos de Proust les distinctions
maintenant bien établies entre *histoire* et *discours*. Mais
je préférerais parler d'un discours narratif et je dirai,
sans oublier que Proust respecte presque toujours la chronologie, que le processus discursif vient investir la stricte *suivie* temporelle, autrement dit, une logique discursive
sous-tend, et parfois même remplace, une *logique du récit*.
Cela apparaît avec évidence dans certains exemples particulièrement significatifs: lors de la présentation du
Narrateur à la Princesse de Parme, l'auteur, après s'être
attaché à nous restituer l'expérience perceptive de son héros titubant dans l'obscurité mentale puisqu'il est salué
avec force sourires par cette personne qui paraît le connaître mais qu'il ne connaît pas, analyse en deux points
les raisons de son amabilité, et même, plus fidèle aux lois
de l'exposé qu'à celles du récit, remet à plus tard l'analyse du second point. Et dans la scène finale de *Guermantes*

II, c'est pendant qu'il guette l'arrivée du Duc et de la
Duchesse de Guermantes que le Narrateur, de son poste
d'observation privilégiée, aperçoit la rencontre de Charlus et de Jupien, mais il en remet le *récit* à plus tard,
car il préfère à l'ordre strictement chronologique un ordre qui réponde à la fois à un dessein esthétique et aux
lois de l'exposé.

Il s'agit là, comme on voit, d'exemples assez grossiers.
Mais on montrerait que certains textes, tout en respectant
l'ordre chronologique, laissent une logique investir cette
chronologie. Prenons, il est dans toutes les mémoires, le
paragraphe initial du *Côté de Guermantes*: il y a certes
un temps qui précède le déménagement, et un temps qui le
suit; bref, un avant et un après. Mais cet *avant* et cet
après s'inscrivent dans une série d'oppositions et de contrastes, soutenu par l'arsenal rhétorique des *certes/mais*,
si/en revanche, qui montrent assez que le romancier du
temps, loin de s'attacher ici à rendre l'écoulement de la
durée, met plutôt en évidence les contrastes qu'elle mé-
nage.

Envisageons, maintenant, le début de l'épisode de Doncières: la chronologie est respectée lors de l'arrivée du
Narrateur au quartier. Cette arrivée, un soir, à 6 heures,
est sur le mode, non de l'*itératif*, mais du *ponctuel*. A
ce premier soir que le Narrateur passe dans la chambre de
Robert, succède le premier matin; puis le second soir suivi du second matin. Mais précisément le schéma soir/matin
apparaît de façon symétrique le premier et le second jour.
Sous cette symétrie, il y a des effets d'opposition et de
ressemblance: le premier soir se déroule au quartier, le
second à l'hôtel. Dans les deux cas, le schéma reste identique: la crainte de l'angoisse nocturne est déjouée par
la présence amicale des choses; de même que la découverte
de la campagne environnante, le lendemain matin, s'opère
à partir d'une chambre douillette définie dans les deux

cas comme une sorte de *centre optique* qui permet d'ajouter
au plaisir du resserrement celui d'une vaste étendue que
le regard peut parcourir. Mais dans la suite de l'épisode,
on abandonne le *ponctuel* (sauf à le retrouver fugitivement)
au profit de l'*itératif*, d'où l'abondance des *souvent, parfois, certains soirs*, etc. Et, dans cette évocation de la
quinzaine de jours passés à Doncières, l'auteur procède à
une sorte de dénombrement logique: il y a plusieurs catégories d'après-midi ou de soirées. Et ce qui est frappant,
c'est qu'au sein de cette logique du dénombrement, l'auteur
retrouve une chronologie, puisque, *grosso modo*, il restitue
la journée type de Doncières en évoquant d'abord les matins,
puis les après-midi, enfin les soirées. C'est ainsi que le
processus du récit entre en conflit ou rivalise après les
progrès du texte.

Je voudrais proposer deux conclusions: la première, c'est
qu'on ne saurait, pour *Le Côté de Guermantes* comme pour tout
le reste de *La Recherche*, procéder à l'étude des structures
sans s'appuyer sur une étude de genèse minutieusement con-
duite; mais de même, je crois que l'étude génétique ne pren-
drait son sens qu'à la lumière d'une analyse des structures.
Ma deuxième conclusion serait pour demander que l'on veuil-
le bien excuser ce qu'il y a de sécheresse dans ces quelques
analyses: j'ai voulu suggéré que l'œuvre proustienne, comme
toute grande œuvre, comporte un ensemble de systèmes; bref,
elle a un certain mode de *fonctionnement*, comme l'on dit de
nos jours. Mais je n'ai garde d'oublier qu'on ne saurait la
réduire à cela: passerait-on quinze ans de sa vie à constru-
ire un système si on ne brûlait de l'envie de se délivrer? "Un
livre, disait Hugo, est quelqu'un." Et certes d'abord il s'a-
dresse à nous. "Et, en effet, ce n'est pas une chose, ajou-
tait Georges Blin. Ni une *figure*, à moins qu'on ne lève le
mot dans le sens splendide d'un visage."

Université de Paris, Sorbonne

The Coherence of *Le Temps retrouvé*

J. M. COCKING

I need hardly labor the point about the *incoherence* of *Le Temps retrouvé*. Can all its disconcerting features be put down to the lack of purely textual revision and technical craft, or had Proust not really thought his plan quite through to the end? Some of the well-known inconsistencies are due to the lack of textual revision, the failure to adjust details which could easily have been adjusted if Proust had lived longer. Thus Elstir is referred to as M. Tiche instead of M. Biche, and the narrator is surprised to find that Elstir is the painter of the Verdurin salon although he has already made that discovery at Balbec. Proust added a good deal of Elstir material to *A l'ombre des jeunes filles en fleurs* and forgot to make the adjustment in *Le Temps retrouvé*. Others are equally obviously due to Proust's failure to exercise the technical ingenuity he had shown in sewing in earlier interpretations, adjusting the new matter to the context and tidying up his seams. Sequences of thought are interrupted for paragraphs or even pages and picked up again later on after a double jolt. There is even one place where a sentence seems to have been split in two by ten pages of interpolation. The Pléiade editors note that on page 932 Proust has written "je n'aurais pas soin seulement de faire une place à ces altérations" without following it with the expected "mais aussi"; I suspect that that "mais aussi" is the one we find beginning a sentence ten pages later. The time scheme is dislocated; we move forward from the Guermantes reception to the writing of the novel and the race with death, and then back to the Guermantes reception.

All these examples are easily explained. More puzzling are the apparent contradictions in the thought itself. We need not cavil too much at the humanly understandable inconsistencies, some of which result from overstressing and consequently oversimplifying certain points. We may smile when we read that a work of art that contains theories is like an article on which the price-ticket has been left, because this work of art, and more especially *Le Temps retrouvé*, is full of theories. But we soon get to know what Proust means when he distinguishes theories of the type which Zola took over from scientific thought and applied to the novel and his own *vérités*, acquired from his own experience and, he is truly convinced, discoverable by us within *our* experience once he has handed us the optical system through which they can be descried. Again, he says the artist should not make notes and we know Proust made notes; but he is thinking of the kind of documentary note-taking of factual detail associated with Naturalism, distinguished from his own habit of X-raying the general anatomical patterns beneath the individual differences of the surface. These points are not always quite lucidly made, with the precise definition of thought that raises no further questions, but they are understandable enough.

We need not even be too bothered by Proust's tendency to write sometimes as if involuntary memory showed the narrator how to revalue his life and sometimes as if its only function was to help turn life into art. All through the novel, the emotions of the poet, the interest and curiosity of the observer, the wit and laughter, and the

satisfaction of understanding far outweigh the gloomy conclusions about love and friendship and ambition. But we
do note that the conclusions about life and art and the
way art is related to life do not always hold together in
a clear philosophical coherence. And what has always particularly caught my attention is the changing attitude to
intelligence, which involves us at last in what appears to
be a flat contradiction. On page 879, "l'instinct dicte
le devoir et l'intelligence fournit les prétextes pour l'é-
luder." On page 905, "Là où la vie emmure, l'intelligence
perce une issue. . . ."

One way of explaining this is to point out that Proust's
novel constantly broke out of the limits of the original
plan, in which the practice and the theory, the evidence
and the thesis, were neatly dovetailed. That this is part
of the explanation I have no doubt. As Proust added to the
substance of his novel, its structure became at once more
complex and less precisely architectural. The new parts
were linked to the existing parts through various kinds of
associations. One kind of association was through imagery
and poetic tonality. Another kind was through narrative
links--behavior or conversation interesting for its own
sake could be attributed to characters whose behavior in
other respects fitted into the existing pattern--just as
the naturalist Vington became at the proof-stage the musician Vinteuil and was used to demonstrate the thesis about
the difference between the artist and the man as well as
to become posthumously famous through the totally unexpected piety of his daughter's perverted friend.[1] The links
between all the features of the novel tended to multiply
and tighten as the matter proliferated. It is false to
say that Proust added indiscriminately whatever came into
his head. But the clear-cut simplicity of the original
design was overlaid. When Proust threw the arch of the
intervening sections across the two pillars of Combray and

the Guermantes party, his architectural style moved, as it
were, from the classical through the baroque and the roco-
co into the vegetative proliferation of *art nouveau*.

And Proust himself got older: at once more aware of human folly and weakness and misery, and more capable of de-
taching a part of himself from his own, more appreciative
of any kind of human solidarity when the ship of this base,
treacherous life goes down under us, and more contemptuous-
ly severe to those who manage to sail through without ship-
wreck and without regard for those who have already had to
take to the liferafts. And as well as getting older and
more sick, he lived, almost as vividly and painfully as if
he had been at the front, through the '14-'18 war.

And when he added to *Le Temps retrouvé* the long, more-
or-less self-contained section about wartime Paris, and
passages about his own struggle and race with death, and
all the shorter interpolations incorporating little separate insights as they occurred to him, he did not key these
into the rest, as he had managed to do earlier. Moreover
the neatly conceived overall theory destined for the novel's
climax itself proliferated into a discussion which is des-
ultory, repetitive, confused, and sometimes obscure.

Are we then to assume that it was an older Proust who
changed his mind about the value of intelligence to the
artist? That up to 1913 Proust thought that intelligent
appreciation of life was an escape from the artist's true
duty, and that some time later he came to view intelligent
understanding of human experience as a legitimate way of
rising above its fatalities and anxieties? Feuillerat
seemed to imply something like this when he speculated
about the way the novel came to be written; the first
Proust was a poet, and the later Proust became interested
in detached observation and the general principles of human behavior. Feuillerat's oversimple thesis was that the
spontaneous poet gave way to the disillusioned *moraliste*.

The evidence of *Jean Santeuil* and *Contre Sainte-Beuve*
showed that Proust's poetic writing was not spontaneous,
but highly elaborate. The latest news about the drafts
in Proust's *cahiers*, provided by Bardèche in the recently
published first volume of his *Marcel Proust romancier* a-
bundantly confirms this. Moreover, as F. C. Green pointed
out before all this evidence was known, Proust's declara-
tions to Élie-Joseph Bois and others in 1913 show that the
part of the novel which he associates with intelligence
was already clearly in his mind--he refers to his *psycho-
logie dans le temps*, and speaks of involuntary memory as
only the *support* of a novel which has other purposes.
Feuillerat was right when he said that the later writing
was less poetic than the earlier; but not because it was
more spontaneous--rather because it was less slowly and
carefully infused with images and sensations. And this
was what Proust meant when he said that his writing in
the later parts was "too dry." But not only did Proust
refer to the intellectual side of his novel in 1913; his
laws are discreetly planted from the beginning of the novel itself, in the remarks about the two kinds of memory,
in asides like "notre personnalité sociale est une création de la pensée des autres." When we change virtually
to third-person narration in *Un Amour de Swann*, the course
of Swann's love affair is clearly conceived in terms of
Proust's laws of love. We need to have the pattern established for us in a clear-cut way at this stage so that
we can sense the correspondences when Marcel falls in
love, expect the pattern to be completed in the same way,
and enjoy the surprise and understanding when it reaches
a different conclusion.

The tendency to generalize about human experience is
already present in *Jean Santeuil*. And Proust writes of
the novelist C. who is supposed to have written *Jean Santeuil*: "Souvent son récit était interrompu par quelques

réflexions . . . à la manière de certains romanciers anglais. . . . Ces réflexions . . . étaient ce que nous é-
coutions avec le plus de plaisir."[2]   But what he wrote
about the pleasures of reading--in *Jean Santeuil, Journées de lecture,* and *Combray*--shows that he saw the development of his own response to literature as a shift of
interest from content to style. If he approved of the author's interventions in English novels, he disapproved of
Balzac's: "au lieu de se contenter d'inspirer le sentiment qu'il [Balzac] veut que nous éprouvions d'une chose,
il la qualifie immédiatement. . . . [Il] se sert de toutes les idées qui lui viennent à l'esprit, et ne cherche
pas à les faire entrer, dissoutes, dans un style où elles
s'harmoniseraient et suggéreraient. . . . Il ne cache
rien, il dit tout" (*CSB*, pp. 208-210). Proust here is writing of prose style as the Symbolists wrote of poetry. And
when he wrote about Bergotte he ascribed to him phrases
typical of Leconte de Lisle and Ruskin, phrases like "l'inépuisable torrent des belles apparences" in which the author's
general emotional tone, the color in his vision of life, is
much more important than what he says. He does not, at this
stage, praise writers for teaching us to understand ourselves, for presenting us, as he later tells us he is trying to do, with an optical system through which we can see
deep into ourselves, and understand as well as feel our own
depths. The narrator thought that he was looking in books
for truth, but discovered he was looking for beauty. Proust
seems to be implying here what Baudelaire meant when he said
that "la poésie est philosophique, mais elle est *involontairement* philosophique."

Before he wrote *A la recherche du temps perdu,* Proust
had no place in his aesthetic ideas for intelligence. The
aesthetic of *Jean Santeuil* is a vague idealism with over-
tones of Baudelaire and Emerson. Ruskin taught him to discover this idealism in the beauty of particular things.

This led him into one kind of what he called idolatry--
having recourse to things described by Ruskin instead
of finding his own things to express his own idealist
vision of life. He later rejected his own and Ruskin's
"idolatry," and made a firm distinction between ethical
or religious and aesthetic experience. Jean Autret has
said that the whole of the aesthetic of *A la recherche
du temps perdu* is already to be found in Ruskin's writings; in the main one can agree. Right up to *Contre
Sainte-Beuve* he consistently maintained the anti-intellectual aesthetic of the Symbolist tradition: "Chaque jour
j'attache moins de prix à l'intelligence" (*CSB*, p. 53).
The preface to *Contre Sainte-Beuve*, which begins with
this statement, ends with the grudging admission that
only intelligence can discern its own limitations.

The anti-intellectual passages in *Le Temps retrouvé*
connect with some of his earliest pronouncements about
art. In *Jean Santeuil* Proust wrote: "Jean percevait confusément que ce qu'il y a de réel dans la littérature,
c'est le résultat d'un travail tout spirituel, quelque matérielle que puisse en être l'occasion (une promenade, une
nuit d'amour, des drames sociaux), une sorte de découverte dans l'ordre spirituel ou sentimental que l'esprit fait
. . ." (*JS*:II,29). The thesis is the germ of many passages in *Le Temps retrouvé*, and the examples ("une promenade, une nuit d'amour, des drames sociaux") are a sketch-
program for *A la recherche du temps perdu*. The role of
imagination in the experience of involuntary memory is
discussed as fully in *Jean Santeuil* as in *Le Temps retrouvé*. The idea that the artist can never depend on the insights of earlier artists but must start independently
from scratch is already in *Contre Sainte-Beuve*: "Un écrivain de génie a tout à faire. Il n'est pas beaucoup plus
avancé qu'Homère" (*CSB*, p. 134). Many of the abstract ideas
about painting in *A la recherche du temps perdu* are borrowed

straight from Ruskin. But the final attitude to intelligence in *Le Temps retrouvé* is nowhere to be found in earlier writings. The time has come to look at the various passages which lead up to it.

The bliss which accompanies the succession of involuntary memories at the beginning of the revelation leads the narrator to understand what Bergotte had meant earlier when he told the young man he was destined to enjoy "les joies de la vie spirituelle." If I thought meanwhile that Bergotte had made a mistake, he says, it was because I confused spiritual life with logical reasoning (*RTP*:III,871, 866). In fact the expression actually attributed to Bergotte in *A l'ombre des jeunes filles en fleurs* was "les plaisirs de l'intelligence" (*RTP*:I,569). So that what is implied by this backward glance in *Le Temps retrouvé* is that Bergotte did not mean by "intelligence" what the narrator thought he meant, and what most of us would take "intelligence" to mean; true spiritual awareness is a different kind of intelligence. Seven pages later intelligence comes into the picture in *Le Temps retrouvé*. First it is mentioned to be rejected; its truths are inferior to the truth of poetic impressions. "Car les vérités que l'intelligence saisit directement à claire-voie dans le monde de la pleine lumière ont quelque chose de moins profond, de moins nécessaire que celles que la vie nous a malgré nous communiquées en une impression, matérielle parce qu'elle est entrée par nos sens, mais dont nous pouvons dégager l'esprit" (*RTP*:III,878). What the narrator now goes on to call "laws" and "ideas" are not such as can be clearly grasped by abstract thinking. Significant thinking consists of interpreting what are felt to be significant sensations, whether these are involuntary memories or experiences like the sight of the Martinville spires. Art consists of the interpretation of these "signs." Interpretation is a painful effort, and a

creative effort; the emphasis changes now from interpretation to creation. It is at this point that the narrator
says: "Car l'instinct dicte le devoir et l'intelligence
fournit les prétextes pour l'éluder" (RTP:III,879). Yet
as long as fidelity to this mysterious inner truth is preserved, intelligence has its part to play. Proust conveys
this through an image: the significant impressions are
registered inside us like undeveloped photographs, and intelligence has to do the developing (RTP:III,895). Soon
afterward, intelligence is still further promoted. The
"vérités que l'intelligence . . . cueille à claire-voie,
devant elle, en pleine lumière" are mentioned again in almost identical words, but instead of being deprecated and
set aside they are admitted (RTP:III,898). Their value,
though less than that of impressions, may be great. One
cannot make a whole book out of impressions. And now the
narrator frankly admits what can be called abstract ideas,
general principles: "je sentais se presser en moi une
foule de vérités relatives aux passions, aux caractères,
aux mœurs" (RTP:III,898-899). The way is now clear for
Proust to discuss the objective side of his novel--and,
later, to write the prose-poem in praise of understanding:
"Mais à un autre point de vue, l'œuvre est signe de bonheur, parce qu'elle nous apprend que dans tout amour le
général gît à côté du particulier, et à passer du second
au premier par une gymnastique qui fortifie contre le cha-
grin en faisant négliger sa cause pour approfondir son
essence. . . . Certes, nous sommes obligé[s] de revivre
notre souffrance. . . . Mais en même temps il nous faut
la penser sous une forme générale qui nous fait dans une
certaine mesure échapper à son étreinte . . . et qui n'est
même pas exempte d'une certaine joie. Là où la vie emmure,
l'intelligence perce une issue . . ." (RTP:III,904-905).

This discussion is very difficult to seize in concep-
tual clarity. The concepts are shifting. The vocabulary

is sometimes Platonic or Neoplatonic--"idées," "formes,"
"figures." Sometimes Proust's "vérités" or "idées" seem
to be like the "idées" of Mallarmé--aesthetic essences.
Sometimes they seem to be like quasi-scientific generalizations about life. Exposition constantly shades into poetry,
concepts melt into images; sometimes we are invited to
think hard, sometimes lifted off our intellectual base.
Yet this language does communicate. And, now that we have
Bardèche's reconstruction of the sequence of drafts in the
early *cahiers*, what Proust seems to be communicating, as
clearly as he can, is his own experience as he came to put
his novel into its first shape. There is no doubt an element of *montage*, of arrangement, of what I once called intellectual conjuring. But, essentially, the passages about
bringing subconscious impressions into clear intellectual
focus, and reaching convictions about certain general principles, seem to correspond to the actual workings of Proust's
creative genius when he found himself really launched on the
composition of the novel we know.

Twenty years ago it seemed to me that the main difference
between *Jean Santeuil* and *A la recherche du temps perdu* was
one of structure. I saw the main elements of this structure
as: (1) the postponement of the main revelation through unconscious memory, and the sandwiching of the main narrative
between the madeleine incident and the climax, this providing the dramatic element and the basis for the *roman poli-
cier* side of the novel--the clues leading to an explanation;
(2) the separation of Combray into the two ways; the symbolic geography which prefigured the experiences of sexual
love and social ambition with all their associations; (3)
the attempt to relate these two kinds of poetic feeling to
basic emotional patterns laid down in the account of the
narrator's childhood. It was impossible to say how the material became organized in this way--the evidence was mis-
sing. When *Contre Sainte-Beuve* was published it answered

some questions and posed others. It suggested that the
passages Proust wrote in 1908 were an inexplicable confusion of autobiographical novel and philosophy of literature centered on the criticism of Sainte-Beuve. Somewhere in a chronological limbo were other early drafts
like the description of the two ways published in *La Table
Ronde* in 1945 and the notes and fragments included by Maurois in his book on Proust in 1947. There were also wrongly dated letters, like the one to Antoine Bibesco dated
1906, in which Proust spoke of the characters and ideas
inside him longing to come out in a novel. There was Fallois's description of seventy-five sheets of early drafts
dated by him 1904-08. There was the letter to Mme Straus
of August 1909 in which Proust wrote that he had just be-
gun--and finished--a long novel. This gave rise to any
number of conjectures. The two most elaborate hypotheses
were set out by Henri Bonnet and George Painter, leading
to different conclusions; Painter's included a "lost novel"
somewhere between Ruskin and Sainte-Beuve.

Philip Kolb put back the Bibesco letter to 1902 and
dated one of the episodes in Fallois's seventy-five sheets
as 1908. The sheets have since disappeared. But Bardèche
concludes that the other episodes in this group also belong
to 1908, and shows by a reconstruction of the order of
Proust's drafts in the early *cahiers* that when Proust said
in 1909 that he had begun and finished a novel he meant
what most critics had assumed--that he had written a beginning and an end and was about to fill in the middle.
And what Bardèche's reconstruction of the order of composition shows is that the novel began to grow out of
Proust's imagining of a bedroom meditation like that at
the beginning of the novel.

Bardèche suggests that Proust's curious project of
examining Sainte-Beuve's attitude to literature through
the account of a conversation with his mother "ne peut

s'expliquer que par le désir d'établir un échange continu-
el entre l'abstrait et le concret, d'illustrer en quelque
sorte la théorie qu'il professait en en montrant des applica-
tions" (Bardèche:I,168). He was trying, as it were, to
show in connection with his own spiritual life the kind of
awareness that he thought Sainte-Beuve failed to show of
the spiritual life of the authors he wrote about. The process landed him in too much complication, and the references
to himself grew in importance beyond any possible relevance
to Sainte-Beuve. After filling seven exercise books with
these confused drafts he abandoned the "narrative" version
of the Sainte-Beuve study and separated his drafts into
two lots, one being the gradually proliferating novel, the
other a straightforward essay on Sainte-Beuve "in the manner of Taine," as he put it.

The image Bardèche puts before us is that of Proust at
the center of the web he is spinning, like the sleeper at
the beginning of *A la recherche du temps perdu* at the center of a circle of which the whole of his past is the cir-
cumference; moving out from the center now to this part of
his life, now to that, capturing more and more elements of
his "impressions" of the different scenes he half remembers, half imagines. The narrator here, like the narrator
at the beginning of the final version, is between waking
and sleeping, darting about in time. Proust, says Bardèche, is following an instinctive mechanism which governs
the work of composition. "Un fil ténu, presque invisible,
ici ce rayon de soleil qui marque les heures de la matinée
comme un cadran solaire, relie et rassemble des fragments
ou des directions de rêverie qui n'ont entre eux aucune
autre parenté que la parenté factice que leur donne l'é-
crivain lorsqu'il fait d'eux les diverses manifestations
d'une même sensibilité" (Bardèche:I,204). Instead of
what Bardèche calls the "composition en *chapelet*" of *Jean
Santeuil*, we see "une composition *rayonnante* organisée

autour d'un lieu et aimantée par une série de réminiscen-
ces" (Bardèche:I,204).   And this is what Proust no doubt
had in mind when he talked about "composition en rosace."
The theme of time, not yet clearly realized and stated, is
implicit in this very method.   Shut away from present reality, Proust's imagination is freed.   He pursues his instinctive associations wherever they lead him, and having
selected them puts them into new relationships.   Gradually
his different "worlds" are built up.   Parts of his abortive
ideas from the seventy-five sheets of early 1908 now come
back and find a place.   The two "côtés" appear and soon begin to take on a symbolism which is constantly complicated
and enriched.   The famous set pieces, the prose poems, begin to take shape; to these, too, Proust constantly returns,
thickening and enriching their texture.   The sensation of
the paving stones at St. Mark's in Venice with its associated impressions of the past is mentioned in the early 1908
fragments; the madeleine comes later, and not until an early version of *Le Temps retrouvé* in 1910 or 1911 do we find
the association of the final revelation with involuntary
memories in a note which links the idea with Wagner: "De
même que je présenterai comme une illumination à la Parsi-
fal la découverte du temps retrouvé dans les sensations,
cuiller, thé, etc., de même . . ." (Bardèche:I,253).

   First a natural proliferation, then a structuring, a
multiplication of interrelationships already sensed in the
instinctively apprehended relationships which have gradually been brought to consciousness and clear awareness.
The process reminds me of how Valéry wrote his poetry, and
leads to some interesting comparisons.   On the surface
Proust and Valéry are very different in temperament and
in aesthetic doctrines and aims.   But the vegetative imagery which Proust's drafts suggest to Bardèche reminds me
of one of the expressions Valéry used of the composition
of *La Jeune Parque*--"Croissance naturelle d'une fleur

artificielle."[3] Valéry's flower grew more slowly, in this quite unlike Bardèche's description of Proust's "production monstrueuse, *anarchique*, d'impressions adventices, de 'cellules' nouvelles du souvenir qui prolifèrent, se reproduisent par simple contiguïté, envahissant le tissu du récit, le congestionnant, le gonflant, et créant ainsi, à partir d'une situation originelle, une infinité de branches, de pousses et de bourgeons, qu'une des principales tâches du romancier sera de contenir et d'ordonner" (Bardèche:I,210). Valéry, too, was looking for "les figures et les formes" and, though he rather scornfully said it would never occur to him to go in search of *his* lost time, he confessed that *La Jeune Parque* ended up as a kind of autobiography.[4] Valéry, too, found his "figures" and "formes" nearest the surface on waking from sleep. He, too, composed in fragments and consciously devised ways of knitting the fragments together. Both writers invite us to explore the interaction of conscious and unconscious elements in their writing and offer us their own self-analyses to consider.

This new evidence about Proust confirms the view put forward by W. S. Bell that "Proust's nocturnal muse" had its importance, that a good deal of Proust's atmosphere comes from the cultivation of dreamlike associations.[5] But these associations are cultivated, examined, multiplied, and arranged in the waking state. In them present impressions and impressions derived from literature and painting and music could blend with reminiscences. And Proust is again like Valéry in that he is interested in the process of association itself. But Valéry is trying to find the basic potentialities of his mind; Proust is trying to trace the roots from which his systems of associations grew. Through his effort of understanding, impressions give rise to ideas and principles. And this is the true coherence of the discussion of instinct and intelligence in *Le Temps retrouvé*. The novel is not an account of his life, but a

fiction which reflects the essence of his life as he be-
lieves it to be.   The theory of *Le Temps retrouvé* is not
a circumstantial account of how he came to write the novel,
but an attempt to tidy the process of creation as he experienced it into a system and to read it in terms of his
idealist preconceptions.   Impressions explored, scruti-
nized, organized, did give rise to understanding, or to a
set of relations which seem a possible, if incomplete, explanation of the growth of the narrator's mind.   Bardèche
emphasizes mainly the natural proliferation, and hardly
refers to the notes from the *cahiers* already quoted elsewhere which point to Proust's deliberate intentions, his
consciously formulated purposes.   "Ce qu'il a à dire 'fuse'
en lui, se presse, s'épanche en nébuleuses qui se décom-
poseront plus tard" (Bardèche:I,228-229).   The image Bardèche uses here is a particularly striking one because it
corresponds to one of Proust's own favorites.   Proust com-
plained that critics of *Du côté de chez Swann* talked of
his "microscopic" analysis, whereas on the contrary he had
used a telescope.   He turned his telescope, he said, on
nebulae situated far away in the past, and picked out the
separate worlds of which these nebulae were made.   The
content of the *cahiers*, as it is now arranged by Bardèche,
shows fairly clearly what Proust meant.

   It has often been said that before 1908 Proust had all
the materials for his novel; even that most of them were
already in *Jean Santeuil*.   But in *Jean Santeuil* Proust was
either trying to make literature out of what was then present experience or out of straightforward memories of Auteuil
and Illiers--what he called voluntary memories.   The isolated experiences of involuntary memory were noted, but
Proust could not express in terms of real experience what
they meant to him; he could only talk *about* them.   In the
creative effort of 1908 all the old material is drawn on
again, together with all Proust's intervening experience

of art and discussion of art; not rising ready made out of
the subconscious, as the myth of involuntary memory suggests, but in fragments of impressions associating in much
the same irrational, affectively dominated ways as do the
impressions of dreams. Then came the work of organizing
the associations in a rational and articulate way.

The various passages about instinct and intelligence
do, therefore, correspond to this crucial phase of Proust's
creative life. But they do not tell the whole story. If
Proust twisted the discussion in such a way as to admit
that "les vérités que l'intelligence . . . cueille à claire-
voie, devant elle, en pleine lumière" have their own value
and can legitimately take their place in a work of art, it
was because he had arrived at a good many convictions about
life and art, about subjects like homosexuality, which interested him particularly, about the kind of social behavior which he had had ample opportunity to observe. Herbert
De Ley has shown how Proust's interest in Saint-Simon grew
in the early years of the century, and particularly from
1904 onward.[6] Robert Vigneron pointed out in 1937 that
the homosexual scandal involving Prince Philip von Eulen-
burg and Count Cuno von Moltke probably turned Proust's
mind to writing about the psychology and sociology of ho-
mosexuals.[7] He already had a lot more to say than he
needed to dredge up from his subconscious; but he had to
find a way to say it. It was through this subconscious
dredging in the typical Proustian situation of the room
closed to all but memory and imagination that Proust began to see a way of presenting his experience of life in
accordance with his idealist preconceptions about the true
nature of literature.

What is furthest from the truth in his account derives
partly from his idealist convictions and partly from his
need to establish firmly the conviction of his own originality. The artist must not be an idolater, worshiping

the divine ideas which are the essence of art in the work
of other artists or in the people and places he falls in
love with or in the objects which have once seemed to incarnate these spiritual essences. The divine must be com-
municated with, not through idols, but directly and from
within the self. In *Contre Sainte-Beuve*: "Un écrivain
de génie a tout à faire. Il n'est pas beaucoup plus avancé qu'Homère." The same thought appears in *Le Temps retrouvé*; there is no progress in the truth of art as there
is in the truth of science (*RTP*:III,879-880). Every artist
is unique and original. A remark in a no doubt later passage in *A l'ombre des jeunes filles en fleurs* modifies
this; if it is often said, writes Proust, that there is no
progress or discovery in art (understood: as there is in
science) each new and original work "met en lumière certaines lois" (*RTP*:I,838). When, in his cork-lined room,
he explored the submarine life of his own mind, his intellect and imagination were applying themselves to that experience of the works of other artists which, by then, was
a very considerable part of his past life. At the crucial
stage, when he was working at the experimental presentation
of his views on Sainte-Beuve, he was drawing at once upon
impressions from his personal life and impressions of Baudelaire, Nerval, Stendhal, Balzac, and others. That there
was an imaginative interference between the two sets of impressions we can feel confident. "Allons plus loin que Gérard," he writes; but no doubt with *Sylvie* as one of his
guides (*CSB*, p. 36). The importance of this is implied in the
course of the novel, but not analyzed in *Le Temps retrouvé*;
and the separation of the notions "art" and "life" obscures
the fact that art was for Proust an important part of life--
that if life is the raw material for art, the experience of
art can deeply affect the way we experience life. If Proust,
in his first experience of effective creation, was recover-
ing his own past in a new way, the novelty was due partly to

the sharpening and sensitizing of his awareness through other people's art.

The new awareness to what was partly old experience was due also to other kinds of maturing, and notably detachment. The younger Proust put the spiritual self, as he thought of it, the artistically concerned idealist self, in a quite different compartment from the witty, knowledgeable socialite, the mimic, the creator of fun. Although Proust clung--for obvious reasons--to this idea of the separation of the artist from the man, in *A la recherche du temps perdu* the man handed over his wit, his humor and his mimicry to the artist. By now, moreover, detached from the anxieties of ambition, Proust could turn his wit, his mimicry, and his humor on himself. This very funny novel becomes deadly serious and earnest in *Le Temps retrouvé*. There is no explanatory theory of humor; the worship of divine essences does not include laughter. Proust writes, indeed, "Plus que tout j'écarterais ces paroles que les lèvres plutôt que l'esprit choisissent, ces paroles pleines d'humour, comme on en dit dans la conversation, et qu'après une longue conversation avec les autres on continue à s'adresser facticement à soi-même et qui nous remplissent l'esprit de mensonges . . ." (*RTP*:III,897). Fortunately he did not keep up this level of high seriousness, and the novel is the richer for it.

When he discusses the function of metaphor, too, what he says is determined more by the theoretical preconceptions of his idealism than by his practice. He writes of metaphor in the same spirit as Coleridge and Baudelaire, but his use of metaphor is so varied that it goes right outside his theory; notably, again, in connection with humor. For what many of his metaphorical conjunctions produce is not mystical rapture but a guffaw.

But, apart from these major omissions in the theory of *Le Temps retrouvé*, we can see that once Proust turned his

original creative process into a kind of revelation which
accorded with his idealism, he did his best to bring the
other aspects of his work into line. Given the richness
and many-sidedness of the novel, it is not surprising that
the theory is incomplete and digressive. To bring all these
aspects into unity it would be necessary to account for the
unity of the human mind in all its varied manifestations.
Valéry strove to do this, to account for the beauty of art
and the truth of science in terms of relationships, of *rapports*, which would be of the same kind in both cases. He
was trying to bridge the apparent gap between two functions
of mind, clearly distinguished in a dogmatic statement by
Manuel de Diéguez: "Il y a un divorce fondamental entre
la philosophie et l'esthétique: une philosophie ne consti-
tuera jamais un fondement valable de l'esthétique littéraire
parce que la philosophie est de l'ordre de la connaissance
et la littérature de l'ordre de la résonance."[8] For some
structuralist critics, such *rapports* must be the relationships of language--poetry and abstract thought are systems
of *signes*. But they do not seem to tell us why some systems of signs seem to us more beautiful or truer than others
Proust's comments on his own creative processes, if less
philosophically coherent, are more revealing. *Le Temps retrouvé* often baffles, but on the whole it does not disap-
point.

There is a good deal of very determined ratiocination--
probing, twisting, turning; sometimes finding its goal,
sometimes petering out in further conjecture; but always
drawing upon a wealth of subtle observations and combining
them into complicated intellectual patterns so that they
throw light on each other. There is psychological impressionism as well as clear thinking. There is a great variety of tones and attitudes. Shrewdness can become bitterness and bitterness can turn sour. The scalpel can become
a claw; a pussycat claw or something more disquietingly

cruel. Memories of Combray can turn to poetry and tender-
ness; the confrontation with death can turn the prose into something like a funeral oration by Bossuet (see *RTP*:
III,862). Humor can become wry, sardonic, sick, and then
escape into the facetious. We have a few more malapropisms
from the manager of the Grand Hotel at Balbec, and a few
more bits of dialect or mangled French from Françoise, a
few more specimens of the Duchesse de Guermantes's conversation. In the last encounter with Charlus and Jupien we
see them as a quite desentimentalized Darby and Joan, and
they take us into that outer country of a pathos and com-
passion beyond sentimentality, beyond good and evil, where
the wrecked are on the life raft and human beings cling
together in their ultimate fragility (*RTP*:III,859 ff.).
If this part of the novel is a confusion, it is a glori-
ous and fascinating confusion.

University of London, King's College

---

[1] See M. Bardèche, *Marcel Proust romancier*, I, 261.

[2] *Jean Santeuil* (1952), I, 53. Subsequent references to this edition, designated *JS*, appear in the text, as do references to *CSB*:
Contre Sainte-Beuve, suivi de nouveaux mélanges (1954), and the Pléiade edition of *A la recherche du temps perdu*, identified as *RTP*.

[3] Letter to André Fontainas (see notes to the Pléiade edition of
Valéry, *Œuvres*, I, 1622; see also p. 1624, letter to Gide: "une
fabrication artificielle qui a pris une sorte de développement na-
turel").

[4] Letter to Gide, *Œuvres*, I, 1624.

[5] W. S. Bell, *Proust's Nocturnal Muse* (1962).

[6] H. De Ley, *Marcel Proust et le duc de Saint-Simon* (1966).

[7] R. Vigneron, "Genèse de *Swann*," *Revue d'histoire de la philosophie et d'histoire générale de la civilisation*, 15 janvier 1937,
p. 75.

[8] M. de Diéguez, *L'Écrivain et son langage*, p. 160 (quoted by L.
Le Sage, *The French New Criticism*, p. 71).

The Goncourt Pastiche in
Le Temps retrouvé

❖

R. A. SAYCE

One of the most important contributions, among many, to
Proustian criticism in recent years is no doubt Jean-
François Revel's *Sur Proust*. Against a formidable weight
of critical opinion, and the even more formidable obstacle
of Proust himself insofar as he explicitly defines the
character of his own work, M. Revel affirms the realism
of *A la recherche* and sees its greatness in the exact depiction of social reality rather than in involuntary memory or aesthetic transcendentalism. In this he seems to
be fundamentally right, though in order to press his somewhat unfamiliar view he exaggerates, and neglects the coun-
terarguments: however much we distrust aesthetic theories,
we cannot ignore all that in Proust goes against the mere
reproduction of observed life. Among the many vital problems which are crystallized in the Goncourt pastiche, and
which I hope at least to touch on, this is the most central: there is perhaps no point in the whole novel where
the interplay of fiction and reality is so complex and so
surprising. We shall have to take into account two separate blocks of text, the pastiche itself and the commentary on it which follows: for the moment it will be enough
to say that the interpretation of the first is not necessarily determined by the second, a proposition which itself

involves serious and again highly complex difficulties in
critical theory.

But before we come to abstruse problems such as these
I should like to say something about the pastiche in its
own right, as an example of the assumption by one writer
of the literary personality of another. Here I have been
anticipated, of course, by Jean Milly.[1] He deals almost
entirely with *Pastiches et mélanges* and only very briefly
with the later and more finely elaborated exercise, though
naturally much of what he says about one applies also to
the other--not everything, however. To do the job thoroughly one would have to comb the whole of the Goncourt
Journal, which I have not done. Neither, I think, has
anyone else, though there are useful *rapprochements* in
Jean Mouton,[2] Walter Strauss,[3] and René de Chantal.[4] In
any case, M. Milly's remark that in *Pastiches et mélanges*
Proust drew mainly on the later volumes of the *Journal*[5]
is equally valid for *Le Temps retrouvé* (and is confirmed
by the fact that only Edmond is writing).

It is hardly necessary to stress the extent to which
the topics treated, the whole mood and atmosphere, are
assimilated to those of the *Journal*: in the allusions to
"ma tante de Courmont" or to the country house at Jean-
d'Heurs; in the vanity of the collector, "facture dont nous
sommes seuls, je crois, Verdurin et moi, à posséder une é-
preuve";[6] and above all of the author: "d'après qui j'aurais en Galicie et dans tout le nord de la Pologne une situation absolument exceptionnelle" (*RTP*:III,711). The
absurd localization of northern Poland marks an element
of caricature which is of course present in the whole pastiche. It is however much less of a caricature than the
parallel passage in *Pastiches et mélanges*, with the caviar-
eaters of Honolulu: "en mission chez les Honolulus où la
lecture de nos livres, à mon frère et à moi, serait la
seule chose capable d'arracher les indigènes aux plaisirs

du caviar, lecture se prolongeant très avant dans la
nuit. . . ."[7]   (This contrast applies to the two pastiches generally.)   It is indeed hardly more of a caricature than the *Journal* itself: "une lady, à l'air fort
grande dame, ma foi, mariée à un rajah de l'Inde, et
dont j'ai séduit la cervelle par la lecture de mes romans à Bornéo, à Bornéo!"[8]   Then there is the wealth of
often recondite references to art, especially to *japo-
naiserie* and *chinoiserie* and to the art, literature, and
life of the eighteenth century, Saint-Aubin, Diderot,
Gouthière, or Mme du Barry.   In this last category we
may note particularly the charming description of the
eighteenth-century shop, the Petit Dunkerque, with its
engraved billheads resembling "L'Huître et les Plai-
deurs" in the Fermiers Généraux La Fontaine.   This is
an error, since the Fermiers Généraux edition is of the
Contes, not the *Fables*.   Jacques Nathan comments suc-
cinctly "erreur de Proust,"[9] but it might equally be
the error of Goncourt, whom Proust elsewhere describes
as "aussi inexact que méticuleux."[10]   This trivial un-
certainty already serves to illustrate the difficulty
of disentangling truth and fiction in the pastiche.   Another typical Goncourt detail is the pearl necklace
blackened in a fire: in fact this comes straight from
the *Journal*, where also "les perles étaient devenues
toutes noires" (Goncourt:IX,125 [26 April 1893]).   But
in the *Journal* this happened to a Mrs. Henry Standish
in a fire near London.   In the pastiche the fire took
place at the Verdurins' house (it is the *sinistre* mentioned earlier by Brichot, *RTP*:III,201), the blackened
necklace belongs to Mme Verdurin and can be seen in its
pristine state in a portrait of Mme de La Fayette in the
collection of the Duc de Guermantes.   All this makes a
great difference, as we shall see.

Of course Proust's imitation of Goncourt is not just
a matter of allusions, incidents, and themes. Still more
impressive is the stylistic identification, the way he
captures the tone and texture of the writing. Here again
there is only time to indicate some of the most striking
features. Thus we find the rather affected pre-position-
ing of adjectives, "l'original Américain" or "un original
maniaque" (*RTP*:III,709,712; the second case is not quite
certain since either word might be noun or adjective, but
this ambiguity produces a comic effect in itself); in the
Journal "ses originales rédactions sur la vie médicale"
(Goncourt:VIII,53 [16 May 1889]). More surprising is "le
délicat plaisir . . . cette raffinée mangeaille" (*RTP*:III,
712), again paralleled in the *Journal*: "en interrogeant
les menteuses photographies et les incomplets dessins"
(Goncourt:VIII,176 [27 October 1890]). Even more characteristic of Goncourt is delayed apposition, with repetition of the noun and omission of the article, for example the pearls once again: "Swann me fait admirer le
collier de *perles* noires porté par la maîtresse de la
maison et acheté par elle, toutes blanches, à la vente
d'un descendant de Mme de La Fayette à qui elles auraient
été données par Henriette d'Angleterre, *perles* devenues
noires . . ." (*RTP*:III,715 [italics mine]). Clearly the
comic or caricatural effect depends on the quantity of
material that can be inserted between the two occurrences
of the noun. Yet when we look at the *Journal*, Proust
does not seem to have exaggerated so very much, for example: "un volume d'histoires, racontées par sa petite
fille à l'âge de cinq ans, pendant qu'elle était à sa
toilette: histoires . . ." (Goncourt:VIII,234 [25 April
1891]). Or there is what may be called the conditional
of allegation, which incidentally lends itself extremely
well to irony: "Mais sur un signe de Verdurin indiquant
le réveil de ces indignations comme malsain pour la grande

nerveuse que serait au fond sa femme . . ." (*RTP*:III,715).
Goncourt naïvely records what he is told, but we know the
"real truth" about Mme Verdurin's nerves, and the conditional exactly expresses the scepticism we share with the
novelist. A single example from the *Journal* will suffice:
"C'est d'Haïti, que viendrait cette poudre blanche, que
soufflent les voleurs dans une chambre, pour engourdir les
gens . . ." (Goncourt:IX,259 [24 October 1894]). The pastiche is crammed with these conditionals of allegation.
In fact, there is one more than we find in the Pléiade
text, which reads (in the description of Normandy): "ils
rentraient, à travers les vraies forêts en fleurs de tulle
rose que faisaient les rhododendrons . . ." (*RTP*:III,713).
But the manuscript reading, given in the Pléiade note, is
feraient, and in the whole context this must undoubtedly
be right. Another syntactic feature is the use of the
present participle where a relative clause or a gerundive
with *en* might be more normal, as with Mme Verdurin on her
relations with Elstir: "confessant que c'est elle qui a
donné au peintre l'idée d'avoir fait l'homme en habit
. . ." (*RTP*:III,715); or in the *Journal*: "confessant que
l'opium donne une certaine hilarité au bout d'un petit
nombre de pipes . . ." (Goncourt:VIII,70 [11 July 1889]).
But again Proust's use is marked by an irony absent in
Goncourt: Mme Verdurin's "confessing" means "boasting."
More remarkable than all these is a particular case of
inversion, the unforgettable opening sentence of the pastiche: "Avant-hier tombe ici, pour m'emmener dîner chez
lui, Verdurin, l'ancien critique de *la Revue* . . ." (*RTP*:
III,709). *Tomber* in this sense is a favorite word of
Goncourt and a number of examples could be adduced, two
being especially close: "Ce matin, dans ma toilette du
matin, tombe Réjane toute tourbillonnante dans une pelisse
rose" (Goncourt:VIII,133 [6 February 1890]); "Ce matin
tombe chez moi, envoyé par Daudet, Barié le bras droit de

Potain" (Goncourt:VIII,290 [19 December 1891]). The effect of this construction is to throw tremendous emphasis
on the long-delayed subject; curiosity about this as yet
unnamed person grows as the sentence progresses. In the
case of Barié, the result can only be disappointment; Réjane is better. But in Proust, "Verdurin" is enclosed
within commas, which produces an emphasis almost as strong
as that on "Immobile" at the end of *Booz endormi* and creates one of the most dramatic surprises in a novel that
is full of them. Whatever we might have expected to find
in an unpublished volume of the *Journal*, it was certainly
not this.

Among minor mannerisms or tics of Goncourt we might consider the use of *tout* for emphasis, as in (Mme Verdurin
again): "où se liraient toute la révolte contenue, toutes
les susceptibilités rageuses d'une amie outragée dans les
délicatesses, dans la pudeur de la femme" (*RTP*:III,715);
and in the *Journal*: "je me laisse aller à avouer toute
la révolte de la franchise de mon esprit et de mon caractère . . ." (Goncourt:VIII,21 [21 February 1889]). Proust
captures perfectly (and ironically once more) the sort of
self-satisfied exaggeration which the word expresses in
Goncourt. Similar is "c'est" or more characteristically
"et c'est," which may be classed as a vulgarism or at
least a colloquialism, intended to dramatize quite ordinary happenings: "et c'est Brichot, l'universitaire. . . .
Nous passons à table et c'est alors un extraordinaire défilé d'assiettes . . ." (*RTP*:III,711); and in the *Journal*:
Après la porte recommence le panneau, et c'est un bahut
hollandais . . ." (Goncourt:V,155 [14 November 1874]).
Variants for verbs of saying, especially *jeter* ("jette en
manière de conclusion la princesse," *RTP*:III,711), have
many parallels like "tout à coup s'élève la voix de Zola,
qui jette . . ." (Goncourt:VII,317 [19 December 1888]).
Odd words like *jolités*, recurrent interjections like *ma*

foi (three times in the pastiche) hardly require commentary, but they can of course be found in the *Journal*. Another favorite Goncourt expression is *là-bas*: in the pastiche: "des paysages et des fleurs de là-bas" (that is, in Normandy; *RTP*:III,714); in the *Journal*: "Raffaëlli, de retour de Belgique, où il vient de faire des conférences là-bas, et auquel quelqu'un demande ce qu'il est allé faire là-bas . . ." (Goncourt:VIII,22-23 [3 March 1889]). Again Proust seizes on the revealing detail. This word conveys the essential attitude of Goncourt: in spite of his exotic tastes, he regards Paris as the center of the universe and everywhere else is treated as a remote periphery.

However, all these details, and many more like them, are of small importance in comparison with the whole vocabulary and movement of the *écriture artiste* which Proust renders so well. To demonstrate this, one would have to quote very long passages and all of them would also raise problems of a different kind to which I shall return. Demonstration is indeed scarcely required. One factor which can be briefly indicated is the predilection for technical terms derived from the arts: *vignettées, silhouettées* (in the *Journal* "il me silhouette un de Moltke," Goncourt:VIII,44 [16 April 1889]), *crayonnage, frottis, patiné, pastellisés*. Particularly interesting is the treatment of cookery in terms of art: "un manger finement mijoté, tout un fricoté comme les Parisiens . . . n'en ont jamais dans les plus grands dîners, et qui me rappelle certains cordons bleus de Jeand'Heurs" (*RTP*:III,712), and the magnificent description which follows. Here the *Journal* again offers a close parallel: "La vieille Marguerite, la cuisinière épiscopale de mon oncle de Neufchâteau, est ici, et ses doigts de soixante-dix ans font réapparaître . . . les fricassées de poulets au beurre d'écrevisse, les salmis de bécasses, parfumés de baies de genièvre, tous ces fricots sublimes, que n'a jamais goûtés un Parisien" (Goncourt:V,141 [29 September 1874]); and Goncourt goes on to speak of "le respect qu'on a pour ces choses d'art."

We can sum up then so far by saying that Proust has reproduced the themes and style of the *Journal* with astonishing accuracy. This is not just a matter of details or even of the parody of the *écriture artiste*. It must be remembered that he avoided reproducing his models verbatim as far as he could.[11] If we look at Goncourt's conversation with Heredia (Goncourt:VIII,199-200 [7 January 1891]), we see that hardly anything is exactly the same but that the whole tone is similar. Proust grasps the fundamental rhythm, we might almost say the deep structure, of Goncourt. What is especially striking as one reads the *Journal* is the rarity of most of the features selected by Proust (for example the delayed apposition or the conditional of allegation). They are there, but it is necessary to look for them, sometimes quite hard. In the pastiche they are, as we have seen, packed into every sentence. A whole sentence, for a change (one of the major difficulties of stylistic analysis is the necessity for quoting detached phrases), may be quoted to show how it is done: "Là-dessus elle nous parle de l'admirable portrait [pre-position] qu'Elstir a fait pour elle, le portrait de la famille Cottard, portrait [delayed apposition] donné par elle au Luxembourg au moment de sa brouille avec le peintre, confessant [present participle] que c'est elle qui a donné au peintre l'idée d'avoir fait l'homme en habit pour obtenir tout ce beau bouillonnement [*tout*] du linge, et qui a choisi la robe de velours de la femme, robe [delayed apposition] faisant [present participle] un appui au milieu de tout le papillotage [*tout*] des nuances claires [terms of art] des tapis, des fleurs, des fruits, des robes de gaze des fillettes pareilles à des tutus de danseuses" (*RTP*:III,715). I very much doubt whether a sentence remotely like this could be found anywhere in the genuine *Journal*: it is just too

much.   It is in fact an example of what M. Milly calls
concentration, which he shows to be a fairly general
characteristic of Proust's pastiches and a principal element in the caricature of his models.[12]   In *Le Temps retrouvé*, however, the effect is not so much caricature as
revelation: almost like Spitzer, Proust picks on the
symptomatic mannerism and magnifies it by repetition until
we are forced to perceive its significance in relation to
the whole.   It is hardly necessary to stress the importance of the pastiche as internal criticism, which has so
often been pointed out, not least by Proust himself.[13]

But it is criticism that takes the form of a copy and,
as I have suggested elsewhere,[14] presents a close analogy
with a painter's copies.   In a great painter's copy of
the work of another artist, however perfect the copy, we
shall always detect the hand of the copyist.   It is here
that I part company with M. Milly.   He does not entirely
ignore the Proustian elements in the pastiches, but he is
far from giving them sufficient weight.   The concentration
and exaggerations we have observed already begin to dif-
ferentiate the pastiche from the original, but there is
more than this and it is time to have another look at the
écriture artiste.   The principal weakness of the pastiche
as pastiche is conveyed in a remark of F. C. Green: "Here,
indeed, we have one of those imitations of which Voltaire
used to say that they reveal how the original should have
been written."[15]   Proust does what Goncourt does but he
does it very much better, and he brings to bear on his imitation all his own imagination and sensibility.   When he
describes the towers of the old Trocadéro: "par un cré-
puscule où il y a près des tours du Trocadéro comme le
dernier allumement d'une lueur qui en fait des tours absolument pareilles aux tours enduites de gelée de groseil-
le des anciens pâtissiers" (*RTP*:III,709), he is no doubt
thinking of "de l'autre les minarets du Trocadéro, dans

l'azur d'édifices fantastiques de Contes de fées" (Goncourt:
IX,266 [10 December 1894]), but the image of the pastry-
cook's towers is bound to remind us of Albertine's famous
discourse on ices: even if it were to be found somewhere
in Goncourt, we should still have to say that it enters
perfectly into Proust's metaphorical system.   Food and
cookery play an even more important part in Proust than in
Goncourt: we have only to think of Françoise.   In the marvelous sentence which begins "Dans le verre de Venise que
j'ai devant moi, une riche bijouterie de rouges est mise
par un extraordinaire léoville . . ." (*RTP*:III,712), it is
easy to pick out any number of Goncourtisms (especially
the bathetic anticlimax of "du beurre à cinq francs la livre"),[16] but against them in counterpoint stands an essentially Proustian vision, an imaginative re-creation of the
visual and tactile impressions of food and wine.   The same
is true of the "extraordinaire défilé d'assiettes."   Parallels in the *Journal* are numerous but nowhere do we find
anything like this delicacy of detail and profusion of
vocabulary.   If we compare a brief sample: "des assiettes
de Sèvres engrillagées par le fin guillochis de leurs can-
nelures blanches, verticillées d'or" (*RTP*:III,711), with
a similar passage in the *Journal*:   "quand la vitrine est
à peu près garnie de Saxe, de Sèvres, de Saint-Cloud, de
ces blanches porcelaines à fleurettes, montées en or ou
en vermeil, de ces porcelaines si claires, si lumineuses,
si riantes . . ." (Goncourt:VIII,10 [24 January 1889]),
we see how relatively pallid Goncourt appears.   The flora
of Normandy inevitably recalls the garden and walks of La
Raspelière, and the sea itself is still more Proustian:
"où la lumière ne serait plus donnée que par une mer presque caillée ayant le bleuâtre du petit lait" (*RTP*:III,713).
Serait, ayant, bleuâtre are all Goncourt, but the total
effect is very close to that of the sea at Balbec: "celui qui en ce moment brûlait la mer comme une topaze, la

faisait fermenter, devenir blonde et laiteuse comme de la
bière, écumante comme du lait" (*RTP*:I,674).

The structure of the sentences which carry this vision
is more difficult to assess, indeed impossible without
very lengthy quotations. Walter Strauss speaks of "the
fondness both of the Goncourt brothers and of Proust for
long sentences split apart by parenthetical elements driv-
en into them like wedges."[17] But an examination of the
long sentences in the pastiche reveals a great difference
between the two. We might take one example, the sentence
beginning "Et la charmante femme . . ." (*RTP*:III,712-713).
In spite of all the Goncourt details, the deeper structure
based on the threefold repetition of "Normandie," the last
a distant echo, the three qualifying phrases ("à la fra-
grance de ses hautes futaies . . . au velours cryptomeria
. . . au chiffonnage de roses"), and the fanning out of highly complex and organized subordinates, seems to belong wholly to Proust. In a Goncourt sentence on the Musée Guimet
("Il avait fait venir un bonze de Ceylan, qui . . .," (Gon-
court:VIII,251 [6 July 1891]), one subordinate clause gives
birth to another on the principle of the house that Jack
built; there is no unifying organization. I am aware that
two examples cannot constitute proof, but I believe that
they would be confirmed by more detailed examination. Goncourt's long sentences have a *coupé* or jerky character; in
the pastiche, Proust seems to keep much closer to his own
natural rhythm.

So far I have treated the pastiche almost as if it
were in *Pastiches et mélanges*, as a gratuitous exercise
or game performed for its own sake. But, obviously, it
is not gratuitous. There is one element in the style of
the pastiche which is entirely Proustian and has nothing
to do with Goncourt at all. This is of course the recording in direct speech of the actual words of the characters
whom Goncourt meets. The vocabulary and phraseology

of M. Verdurin, Cottard, Swann, and Princess Sherbatoff
are those with which we are already so familiar. This
is above all the case with Mme Verdurin, whose remarks
occupy quite a large place in the pastiche. It is hardly necessary to quote, but one example will illustrate
what has often been called Proust's phonographic writing:
"Je lui disais: 'Mais dans la femme qui se coiffe, qui
s'essuie la figure, qui se chauffe les pieds, quand elle
ne croit pas être vue, il y a un tas de mouvements in-
téressants, des mouvements d'une grâce tout à fait léonardesque!'" (*RTP*:III,715). We may agree with Étiemble
that Proust is not really phonographic,[18] that in recording Mme Verdurin he follows the same principle of concentration, of exaggerated accumulation of characteristic
mannerisms, as he does in his pastiches. But the effect
on the reader is indubitably phonographic: we hear her
ipsissima verba. Incidentally the pseudo-Goncourt sums
up her linguistic character very shrewdly: "cette femme
qui . . . a gardé pourtant dans sa parole un peu de la
verdeur de la parole d'une femme du peuple, une parole
qui vous montre les choses avec la couleur que votre imagination y voit" (*RTP*:III,713), though he is no doubt mistaken in thinking that her vulgarisms are natural. All
this then is Proust. It is true that the real Goncourt
is in the habit of setting down people's conversations
verbatim and, confronted with Mme Verdurin, he would no
doubt have done the same. It is also true that we might
conceive of the conversation of the Verdurin circle being
subtly refracted through the style of Goncourt. This may
seem too diabolically ingenious even for Proust: but
there is some evidence of it, as we shall see at the end
of this paper.

   What happens therefore is that on the one hand a slice
of the Goncourt *Journal*, or what looks like it, has been
interpolated in Proust's novel; on the other hand, and

this is a little less obvious, the language of the novel
has been inserted in the *Journal*. Naturally not only the
language, but incidents, places, allusions of all kinds,
show that we are reading Proust rather than Goncourt. The
Petit Dunkerque gives rise to characteristic Goncourt re-
flections on the art of the eighteenth century but it also
recalls Brichot's earlier meeting with the narrator: "'Ce
n'est plus cette fois près du grand Cherbourg que nous nous
rencontrons, me dit-il, mais à côté du petit Dunkerque'"
(*RTP*:III,198). The pastiche is bound by a multitude of
almost invisible threads like this, not only to the whole
world of the Goncourts, but to the whole world of Proust.
As with the biological assimilation of a foreign body, the
Journal is absorbed into the substance of the novel.

This process is most evident in the case of the characters. Mme Verdurin and the rest are present not only in
their language, but in all their deportment and actions.
However, the angle of vision has changed, we see them not
as they have appeared hitherto to the narrator (and this
was already a most complex view, at least of the main characters), but in the eyes of a fresh and highly gifted, if
naïve, observer. Certainly our impressions of the characters are often confirmed, either directly or by irony.
There is perhaps no fiercer thrust at the *parvenu* vulgarity of the Verdurins than the conclusion of the description of the superb Sansovino well: "et qui servirait,
pour leurs invités, à jeter la cendre de leurs cigares"
(*RTP*:III,710). Brichot, talking condescendingly like a
schoolmaster to the boys of his class, is entirely in character, and important details are added to his physical description: "Un homme au menton et aux lèvres rasés, aux
favoris de maître d'hôtel" (*RTP*:III,711). Again we see
that the pastiche is part of the novel, no mere extraneous
amusement. When Mme Verdurin is described as "la charmante
femme" (*RTP*:III,712), the princess as "une intelligence

tout à fait supérieure" (*RTP*:III,711), Cottard as "un curieux vraiment pénétrant en toutes choses" (*RTP*:III,717)
(followed by the usual string of platitudes), the hilari-
ous irony is at Goncourt's expense as well as at that of
the characters.

But though this is important, it is not all. Some
things that we are told about the characters are completely new, which is not to say that they are true (but to
speak of the truth of fictitious characters shows what
deep waters we are now moving in). M. Verdurin is "l'ancien critique de *la Revue*," the author of a book on Whistler and of *Salons* which we may assume to have been something like Baudelaire's (*RTP*:III,709). These are presented as facts of public notoriety, it is virtually impossible for Goncourt to have been mistaken about them, and
they partly transform our view of M. Verdurin. But this
is nothing like so astonishing as the reference to his
marriage with the Madeleine of Fromentin. Taken in conjunction with "la famille de ma femme," this can only be
Mme Verdurin herself (the possibility of an earlier marriage can be excluded). Nothing earlier had led us to
expect this: it does not contradict the "d'une respec-
table famille bourgeoise, excessivement riche et entièrement obscure" (*RTP*:I,188) at her very first appearance,
but it sets it in a quite different light: Mme Verdurin's
family was friendly with Fromentin and she herself was the
inspiration of a minor work of art. Here Goncourt (or
Verdurin) may of course be wrong: any student of Proust
knows how difficult is the question of models and keys.
On the face of it, there is nothing whatsoever to link Mme
Verdurin with the shy and charming heroine of *Dominique*.
But two very Proustian answers can be given to this objection. One is the transformation of character by time; we
are reminded that Mme Verdurin need not always have been
the gorgon we know. The other is precisely the gap between

the model and the portrait or between the loved one and
the lover's image of her. Whichever answer we adopt, the
possibility (it is no more) is dangled before our eyes
that Mme Verdurin may have been intimately associated with
the creation of a work of art, and this theme is maintained
and amplified throughout the pastiche. Even the luxury of
the house and the dinner party, the superlative quality of
the food and the china, though not unprepared (we remember
the signs of Mme Verdurin's good taste in her alterations
at La Raspelière or Charlus's remark that it would be impossible to see finer silver and porcelain than at the
Verdurins'; *RTP*:III,226), come as something of a surprise.
The couple have been shown as so grotesque that it has been
easy to overlook the indications that their taste is not
just good but highly distinguished. Their artists' colony,
clearly suggesting Pontigny,[19] reveals an intelligent pa-
tronage for which there is other evidence but which again
we might well have missed.

Still more important is Mme Verdurin's account of her
relations with Elstir, an echo certainly of her earlier
expostulations in *Sodome et Gomorrhe* (*RTP*:II,938-943).
Now she says that she had taught Elstir to recognize flowers, even jasmin, which leads to Goncourt's reflection:
"Et il faut avouer qu'il y a quelque chose de curieux à
penser que le peintre des fleurs que les amateurs d'art
nous citent aujourd'hui comme le premier, comme supérieur
même à Fantin-Latour, n'aurait peut-être jamais, sans la
femme qui est là, su peindre un jasmin" (*RTP*:III,714).
This is absurd and Proust means it to appear so: Goncourt naïvely confuses the knowledge of the name of a
flower with the ability to paint it. Yet it is not wholly
false either. There seems to be a law of human behavior
and language which makes it impossible to deal with things
effectively until one has named them. The great novelist,
like the great dramatist, is not limited to a single point

of view. Through Goncourt Proust has given expression to
a conception of art very different from his own. The same
conclusions emerge from the picture of the Cottard family,
but wider problems are raised as well. We are inevitably
reminded (and if we are not, Proust reminds us a few pages
later) of Renoir's Charpentier family in the Metropolitan
Museum. Now it is not just that Mme Verdurin has suggested
to the painter the details that make all the difference
(and if we believe this, it affects our interpretation of
Mme Verdurin considerably), but that the picture itself
represents, apotheosizes, a society and a way of life:
"Passe encore que le salon qui, dans les musées, donnera
la plus grande impression d'élégance depuis les grandes
peintures de la Renaissance . . . un morceau de peinture
comparable aux plus beaux de Titien" (*RTP*:III,721-722; I
have left a lot out, as you will have noticed). This Ti-
tian is Elstir, or we might say Renoir, the society he en-
nobles is after all the "petit clan des Verdurin." As we
laugh at Proust's gallery of grotesques it is all too easy
to overlook the fact that the society he portrays so fero-
ciously produced some of the greatest works in the history
of human art (including his own). There are many hints of
this throughout the novel but it is only in the pastiche
that it is brought dramatically home to us in a reversal
of fortune, a peripeteia, comparable to that which over-
takes the poor music teacher in the notes of the sonata
and the septet.

Proust's commentary does not exactly support the interpretation I have outlined, and this forces us to consider
another most arduous critical problem. We have been taught
to beware of the intentional fallacy, we shall not judge a
work by the statements its author makes outside it. But
what happens when, as here, the critical statement is
built into the work itself? We cannot in that case dis-
miss it; it forms an integral part of our experience of

the whole work, but I do not think that means that we must
accept it as infallible. Here Proust makes things easier
for us by saying something which is obviously false: "Goncourt savait écouter, comme il savait voir; je ne le savais
pas" (RTP:III,721). There is no time to go into all the
qualifications which surround this remark, but it is clearly untrue of Proust and equally untrue of the narrator as
we have come to know him. He is not only equal to Goncourt
in this respect, he is far, far superior.[20] His disclaimer
is due not so much to modesty as to an aesthetic which
treats reality as inferior: "Exclus-en si tu commences/
Le réel parce que vil." It is almost as if he were ashamed
of the mastery of reality which constitutes one of his
greatest glories. We are not bound to accept this aesthetic: in fact I think we achieve a better understanding of
the novel if we do not. As far as our immediate problem
is concerned, the conclusion to be drawn is that, though
Goncourt seems to be intended to offer only a superficial
view of the characters, once incorporated in the novel he
assumes an autonomy like any other character, what he says
is at least partly valid, his view of the Verdurin circle
does not, could not, cancel out what we already know about
them, but he adds a new and astonishing dimension to them,
they cannot be the same again.

We are left finally with the most troublesome problem
of all, the effect on the novel of the introduction of a
long passage purporting to be from another work which is
not fiction but a chronicle of real events. I shall not
say anything about the place of the pastiche in the structure since it has been very fully treated by others: Ro-
land Barthes for instance convincingly assigns to it a
primordial position.[21] But the question is a wider one
than this and is best put by Gérard Genette in a passage
which deserves long meditation:

Il est encore, au cœur de l'œuvre, un autre lieu où se
concentre en quelque sorte son impossibilité: c'est le
pastiche des Goncourt. Que le narrateur, ouvrant le journal des Goncourt, y trouve le récit d'un dîner chez les
Verdurin, que les Verdurin, et Elstir, et Cottard, et Brichot, et par conséquence et de proche en proche tous les
personnages et le Narrateur lui-même s'échappent ainsi de
la fiction pour se glisser dans la chronique, voilà une
aventure sans doute plausible au niveau de la fiction, puisque celle-ci se donne elle-même pour chronique et ses personnages pour des personnes réelles qu'auraient pu rencontrer
les Goncourt,

(so far we can largely agree)

mais impossible au niveau de l'œuvre telle qu'elle existe
pour un lecteur, qui sait bien qu'il doit la prendre comme
une pure fiction, d'où ses personnages ne peuvent pas plus
sortir que les frères Goncourt, ou lui-même, ne peuvent y
entrer. Voilà pourtant ce que s'obstine à suggérer cet
étrange épisode, qui fait dans l'œuvre comme une porte donnant sur autre chose que l'œuvre, autre chose qu'elle ne
peut connaître sans se détruire elle-même, une porte qui est
là et qui pourtant ne peut être ni ouverte ni fermée.[22]

This has the great merit of drawing attention to the extraordinary character of the pastiche and the profound
disturbance it brings about in our notions of fiction and
reality. It also conforms to what is no doubt a methodo-
logically necessary principle in structuralist criticism,
the separation of the *signifié* from the referent and the
isolation of the work from the world. It is none the less
in the last analysis quite wrong. It may be doubted whether any fiction is "pure": Proust's certainly is not.
The pastiche is simply an extreme case of the incorporation in fiction of personages and events drawn from reality. When in *César Birotteau* the chemist Vauquelin

talks to Birotteau, essentially the same process is at
work, and almost any historical novel would furnish examples. It is no good saying that Vauquelin could not
have talked to Birotteau, who did not exist, or that he
could not have entered the novel: he does. In exactly
the same way Goncourt can be drawn into Proust's novel,
can meet the characters, and naturally will record his
impressions of them in his *Journal*. It is here that the
terrible complications begin. It is not just a personage
that is brought in but a work, and of all the *œuvres
d'art imaginaires* in the novel it is perhaps the most
dazzling because it is created and not merely described.
It is fiction, of course, because Goncourt did not write
it, but it is real because it introduces so much of the
Goncourt world. Yet the more we look at it, the harder
it becomes to tell where truth and fiction lie. In an
obvious sense, more or less that of M. Genette, the Proustian characters in the pastiche are fictitious and Goncourt, his aunt, Flaubert, and so on are real, they actually existed. On the other hand, it is equally possible
to argue that by this time the Proustian characters have
become the standard of reality for the reader and the
Journal is a fiction within the fiction, a stage further
away from reality. Proust, or the narrator, presents the
characters as they are, Goncourt presents them as they
are not (the intelligence of the princess, the penetration
of Cottard). We have seen that this last point is only
partly valid but it *is* partly valid. Whatever view we de-
cide to take of it, the pastiche remains the supreme example that shows how Proust draws reality into his work,
how when it is there reality is transformed, fictionalized,
absorbed in the whole fabric of the novel. A simpler instance, though obscured by textual difficulties, may help
to make this clearer, and that is the Tissot picture: "Et
pourtant, cher Charles Swann. . . . Si dans le tableau de

Tissot représentant le balcon du Cercle de la rue Royale,
où vous êtes entre Galliffet, Edmond de Polignac et Saint-
Maurice, on parle tant de vous, c'est parce qu'on voit
qu'il y a quelques traits de vous dans le personnage de
Swann" (*RTP*:III,200). This, clearly, does not make sense:
the first Swann should be Haas. But if we accept the text
as it stands, as I think we must do, a curious consequence
follows. Not only is Swann identified with a real person,
not only is a piece of reality (Tissot's picture) pulled
in like a *collage*, but the picture itself is fictionalized
if we assume that the man standing in the doorway is not
Haas but the lover of Odette, the father of Gilberte, and
the admirer of Vermeer. In the same way, but on a much
larger scale, the pastiche shows us a continuous interplay
between the world of Goncourt and the world of Proust.

Proust is a great realist, as M. Revel says. But his
depiction of reality is no simple one-to-one correspondence.
We do not find art on one side and reality on the other:
art is reality. "'Voyons, vous Goncourt, vous savez bien,
et Gautier le savait aussi . . .'" (*RTP*:III,709).[23] By
this time we are not in the least surprised to find M. Verdurin treated on the same level of reality as Goncourt and
Gautier, any more than with Elstir and Fantin-Latour or
Balbec and Venice. But before we reach this stage of identification between art and reality we have passed through
any number of reversals from one to the other, have followed
innumerable ramifying strands that link them. Reality is
not a simple thing and no artist more than Proust reveals
its complexity.[24]

Worcester College, Oxford

---

[1]"Les Pastiches de Proust: structures et correspondances," *Le
Français Moderne*, XXXV (1967), 33-52, 125-141; *Les Pastiches de Proust:
édition critique et commentée* (Paris, 1970).

[2] *Le Style de Marcel Proust* (Paris, 1948), pp. 45-47.

[3] *Proust and Literature: The Novelist as Critic* (Cambridge, Mass., 1957), pp. 138-140.

[4] *Marcel Proust critique littéraire* (Montreal, 1967), pp. 515-520.

[5] *Les Pastiches de Proust*, p. 23.

[6] *A la recherche du temps perdu* (Pléiade), III, 710. Subsequent references to this edition, designated *RTP*, appear in the text.

[7] *Pastiches et mélanges* (Paris, 1919, repr. 1948), p. 38.

[8] *Journal des Goncourt* (Paris, 1887-96), IX, 48 (22 June 1892). Subsequent references to this edition, identified by author (Goncourt), appear in the text, with the date of the entry following the page number.

[9] *Citations, références et allusions de Proust* (Paris, 1953), p. 99.

[10] Letter to Mme de Lauris, *A un ami* (Paris, 1948), p. 258. In the letter Proust is talking about Goncourt's inaccuracy in handling titles of nobility, which offers something of a parallel.

[11] Cf. Milly, *Les Pastiches de Proust*, pp. 29-30, n. 10.

[12] *Les Pastiches de Proust*, pp. 28-31.

[13] e.g. *Textes retrouvés*, ed. Kolb and Price (Urbana, 1968), p. 232.

[14] *Style in French Prose* (Oxford, 1953), p. 147.

[15] *The Mind of Proust* (Cambridge, 1949), p. 457.

[16] Cf. "qui coûtait, je crois bien, diable m'emporte, en ce temps-là, 2 500 francs," Goncourt, IX, 65 (30 August 1892).

[17] *Proust and Literature*, p. 139.

[18] "Le Style de Marcel Proust," *Les Temps Modernes*, May 1947, pp. 1489-96.

[19] Cf. George D. Painter, *Marcel Proust: A Biography* (London, 1959-65), II, 349-350.

[20] Cf. the shrewd observation of Robert Le Bidois, "Le Langage parlé des personnages de Proust," *Le Français Moderne*, VII (1939), 218.

[21] "Proust et les noms," *To Honor Roman Jakobson* (The Hague and Paris, 1967), I, 150.

[22]"Proust palimpseste," *Figures* (Paris, 1966), p. 61.

[23]It is here particularly that we may detect the influence of Goncourt on the speech of a Proust character: cf. (Coppée is speaking) "Comment, maintenant, vous Zola, vous vous occupez de la couleur des voyelles!"   Goncourt, VIII, 257 (15 July 1891).

[24]This paper was of course delivered before the appearance of Jean Milly's article "Le Pastiche Goncourt dans *Le Temps retrouvé*" in *Revue d'Histoire Littéraire de la France*, LXXI (septembre–décembre 1971), 815–835.   His approach is rather different from mine, but the article has the merit (not its only one) of pointing to Goncourt sources other than the *Journal*.   In particular he suggests that "léonardesque," spoken by Mme Verdurin, is a Goncourt word, which affords another instance of the intrusion of Goncourt's style even into the speech of Proust's characters.

Proust's Final Montesquiou Pastiche

❖

AGNES R. PORTER

Although increased interest in Proust's pastiche activity
has been occasioned by the appearance of a critical edition of the "Affaire Lemoine" group, so far there has been
little detailed study of pastiche as characterization in
A la recherche du temps perdu. There are various examples
of this technique; one of the most outstanding ones is
found in the language of the Baron de Charlus, which often
parodies attitudes or expressions of Count Robert de Montesquiou. Readers of Proust are familiar with the humorous description of Montesquiou found in the 1904 "Fête
chez Montesquiou à Neuilly," later incorporated into the
Saint-Simon pastiche published in 1919 in *Pastiches et
mélanges*. And most students of Proust are aware that
Proust did oral parodies of the Count during the 1895-1899
period. But the fact that the novelist's ultimate pastiche of the eccentric, versatile Count is to be found in
his major novel is less generally recognized.

The pastiche-characterization of the Count did not, of
course, spring fully formed from Proust's imagination.
The Montesquiou pastiche, unlike most of the others, can
be studied to some extent in its development. The history
of the novelist's friendship with the poet is of interest
because of the evolution of Proust's parodic technique during their years of association. Their acquaintance began

in Proust's youth; the young man met Count Robert de Montesquiou in 1893 in Mme Madeleine Lemaire's drawing room, and the two remained fairly close friends during the period when the Proust family was living at 9, Boulevard Malesherbes. In Proust's letters to the Count, we find words indicating that although impressed by Montesquiou, young Marcel was aware of his eccentricities. He speaks of the "rich music" of the Count's voice; and of the musical resonance of his verses. He praises the Count's magnetic presence: "A défaut de votre présence qui, par l'électricité du regard, le galvanisme orageux de la voix, les suggestions de la silhouette, excite plus violemment à penser encore, je consulte en toute occurrence vos écrits ou vos dits, dont j'entretiens soigneusement la flamme dans ma mémoire qu'elle éclaire."[1]

Proof of Proust's ambiguous feelings toward Montesquiou may be found in the oral imitations occurring within two years after their meeting. Fernand Gregh states that Proust often entertained his young friends with imitations of older, better established figures, among whom were Anatole France and Montesquiou.[2] Albert Flament tells us, in an entry in his diary, that after a dinner where Montesquiou was among the guests, Proust imitated the Count for his friends, including Flament: "Vers une heure du matin, dans l'antichambre, après nous avoir imité, avec virtuosité, pour Adeline et Marthe Allard, les cris perçants de M. de Montesquiou, qu'il étouffait dans la masse des manteaux et des pardessus, Marcel Proust offrit de me reconduire car, depuis bientôt des heures, un fiacre l'attendait."[3] Proust's hilarity and verve were nearly inexhaustible: "Dans le fiacre, aussitôt, il brosse, avec des 'revenez-y' amusants, le portrait des personnes ayant dîné, prenant souvent des intonations 'Montesquiou' et trouvant des épithètes qui révèlent une surprenante pénétration" (p. 42). Since Flament was writing of a dinner held on

December 12, 1895, we know that Proust was imitating Montesquiou at least as early as that date. Mme de Clermont-
Tonnerre rarely uses dates in her memoirs on Proust and
Montesquiou. She seems to have, in retrospect, a vague
idea of chronology. She felt, however, that Proust very
deliberately listened to the Count and made him talk, in
order to note his every word and mannerism and to imitate
him later.[4] She testifies to the accuracy of detail in
young Marcel's mimicry: "Proust imitait Montesquiou à un
tel point dans la voix et les manières, qu'il avait pris
son rire et la façon qu'avait celui-ci de se cacher la
bouche pour qu'on ne vît pas ses dents noires. Or Proust
avait un joli sourire blanc. Puis, il tapait du pied comme Montesquiou, ce qui était très laid, car il était petit"
(p. 34). She tells us that Proust's clothing and parapher-
nalia constituted a concrete parody of the Count's dress:
"Il portait toujours des gants blancs trop longs, et rem-
plaçait le magnifique foulard de soie du Comte par de
chauds passe-montagnes qu'il décrochait dans son antichambre avant d'aller faire le beau dans une soirée, ou qu'il
gardait par prudence ou étourderie" (p. 34).

The notoriety of Proust's imitations became at least
great enough that Marcel encountered the necessity of de-
fending himself to Count Robert against the accusation of
having caricatured him: "Si l'on vous a dit plus, et si
l'on a parlé de caricature, j'invoque votre axiome: 'un
mot répété n'est jamais vrai'" (*Cor*:I,20). The period of
oral imitations of Montesquiou belongs to Proust's youth,
the period when his health was still good enough to permit
him a full social life and enough vitality to carry out
this type of performance before friends. Interestingly,
the oral imitations were being done at the same time when
Proust was beginning to do written pastiche of a relatively informal type, in letters and in the "Portraits de peintres." He was simultaneously developing two types of

imitation which will later blend in the parody of living models in *A la recherche du temps perdu*.

Three documents originating between 1904 and 1910 testify to an intermediate stage of development between youthful mimicry and full novelistic characterizations. In a letter written in late February or early March, 1904, Proust imitates the Count's speech for Mme de Noailles's information and amusement. The content of this letter is not a pastiche, but a direct quotation of speech, interspersed with description of manner and gestures: "Ce soir, j'ai dîné avec Montesquiou qui, avec une exaltation presque maladive dans la voix suraiguë, soulignée de gestes qu'il faudrait imiter, a dit: *'L'Exhortation, ce n'est pas seu-lement sublime, merveilleux, ravissant, c'est la chose *la plus belle que j'aie jamais lue*; je vais pouvoir dire du haut de la compétence de mon goût et de l'étendue de ma culture que c'est exactement la chose *la plus belle qui ait été écrite'*. Et alors il s'est mis à la *réciter tout entière*, disant tout le temps: 'Quel génie! quel génie!'" (*Cor*:II,100-101). Gestures and actions are emphasized in the following lines: "Et en sortant avec moi dans la rue il s'arrêtait tout d'un coup, levait les bras au ciel et murmurait: 'Le ciel était ce soir d'une couleur que l'on ne peut dire', faisait arrêter les passants, et me faisant prendre une terrible grippe; et, électrisé par la violence du choc que lui causait cette phrase, il frappait le sol de ses pieds à se casser les talons, en se renversant en arrière" (*Cor*:II,101-102).

The type of description and quotation done here is basically a conversational procedure. Proust quotes Montesquiou's words because they are spoken in praise of Mme de Noailles's novelette, *L'Exhortation*. The three individuals concerned are all closely acquainted with each other. Although numerous examples of quotation of friends are found in Proust's correspondence with his mother, they are less

well developed and less striking than this one.   The piece
shows us that his imitation of a friend's language and
gestures is passing into written form, in the correspondence, at least.

On January 18, 1904, Proust published in *Le Figaro*, under the pseudonym of Horatio, the "Fête chez Montesquiou
à Neuilly, Extrait des *Mémoires* du duc de Saint-Simon."[5]
The style imitated is Saint-Simon's, certainly not Montesquiou's.   The polite tone of the seventeenth-century cour-
tier is well suited to making sly, double-edged remarks
about Montesquiou.   The portrait of him contained in this
"Fête" shows that Proust had retained many details of the
Count's appearance and manner which could form the basis
of a caricature.   These details are mainly those of gesture, general manner of speaking, and attitude toward
others.   For example, Proust calls attention to Montesquiou's posture, often seeming to lean backward; his proud
and haughty position, indicating intransigeance; his habit
of walking straight ahead without noticing whether anybody
was in his path; his speaking loudly and well and very wit-
tily; his verses, recited in noble salons; his poetic compe-
titions held at his home in Neuilly; his companion Yturri;
his habit of playing the king, dispensing favors and disgrac-
es (*Textes retrouvés*, pp. 140-141).   The style of expression
is an imitation of Saint-Simon; but the details of the description constitute a mild caricature of Montesquiou.   This
caricature is composed mostly of visual elements, besides a
few allusions to circumstances of Montesquiou's life.   But
these characteristics so mildly parodied here will recur
later in more developed form in the portrait of Charlus.
In this pastiche, there is no stylistic imitation of Montesquiou's language, although linguistic habits and psychological attitudes are mentioned which will later be shown
to the reader in action, in psychological depth, and in linguistic detail, in the novelistic portrait.   The "Fête chez

Montesquiou," published early in 1904, gives evidence
that at that time Proust was continuing to note caricatural details of the Count's manner and to make an attempt
to transpose them into a type of parodic portrait.

Another fragment of imitation of Montesquiou was published in 1955 in the *Bulletin de la Société des Amis de
Marcel Proust et des Amis de Combray* by Élisabeth de Gra-
mont, Duchesse de Clermont-Tonnerre. The "Prière du marquis de Clermont-Tonnerre, imitée de Robert de Montesquiou," was written in 1910, according to Mme de Clermont-
Tonnerre, who published this piece from her private archives
only a few months before her death. A few lines of this
brief poem suffice to give its tone:

> Je greffe les rosiers dont sont fleuris les marbres,
>
> Ceux de Paros 'mousseux' et du Carrare 'thé'
>
> Et, de ces rosoyants et ces blondissants arbres,
>
> Je sais tirer des chants inconnus d'Hardy-Thé.
>
> Mon pinceau fait courir au rinceau des abaques
>
> Cet or qui fait marcher, à ce qu'on dit, Cloton!
>
> Trianon, Véselay, ne sont que des baraques.[6]

The idea of a prayer evidently came to Proust from Montesquiou's *Les Prières de tous*, originally published in
1902 by Meunier. These prayers are not dedicated to specific individuals, but to general types, as "Prière de
l'homme," "Prière de la femme," "Prière des époux," "Prière de la rose," and the like.[7] We find nothing in the
volume exactly analogous to Proust's poem, however, and
we find a metric form different from that in Proust's
prayer. None resembles it closely in either form or content.

This pastiche is similar to the Baudelaire pastiche in
"Portraits de peintres" in that it imitates an actual form
created by an established poet. Its purpose, however,
must have been merely to serve as a private joke between

Proust and Mme de Clermont-Tonnerre, probably making fun
of the lady's husband and Montesquiou. Proust was apparently more concerned here with parody of the Duc de Clermont-Tonnerre than with stylistic imitation. This pastiche does not contribute materially to the study of the
development of pastiche technique, but attests to the novelist's continued use of that technique to represent Robert
de Montesquiou's manner.

Proust's attitude toward Montesquiou, as toward all
those whom he imitated, was ambivalent. However, he seems
to have seen him above all as a marvelous eccentric who
surmounted to a great extent the circumstances of his destiny to create a highly individual life and personality.
Proust would probably have agreed that Montesquiou's greatest artistic creation was himself. Paul Morand calls Montesquiou "une personnalité des plus curieuses, parce qu'entièrement factice, d'une époque de travestis éclatants et
de mensonges pieux ou impies. . . ."[8] Montesquiou himself
had probably realized that Proust had analyzed him accurately, for he wrote in his private notebooks: "un romancier prenant pour type un homme qui a *composé sa vie*, comme on écrirait un livre, peut et doit être accusé de pla-
giat."[9] We know from Proust's letters that he was intrigued by Montesquiou and had analyzed him carefully. As
early as 1906, Proust remarks that he has learned that Montesquiou knows that he is ridiculous and deliberately attempts to assume a certain role in life and to create certain effects on his acquaintances (*Cor*:IV,212). This mixture of lucidity and ridiculousness, which Proust pointed
out in one of Montesquiou's novelistic characters, must
also have been noticed by him in the Count (*Cor*:I,206).
Montesquiou's intelligence and lucidity, his awareness
that his unhappiness is comic to others, raise him to a
tragic level. His conscious effort to impose his will
upon his personality and his life gives him a dignity

greater than that of the average person who is submissive
to his destiny.

Proust had been seeking for years to capture the flavor
of Montesquiou's language, speech, and gestures. While
working on the "Affaire Lemoine" pastiches, in 1908 and
1909, the novelist wrote to the Count: "Au fond, le pastiche qui m'amuserait le plus à faire quand je pourrai
écrire un peu . . ., c'est le pastiche de *vous*. Mais,
d'abord, cela vous fâcherait peut-être, et je ne veux pas
que rien de moi [*sic*] vous fâche jamais, je vous aime
trop pour cela, et, ensuite, je crois que je ne pourrais
jamais, que je ne saurais pas . . ." (*Cor*:I,205). This
was fair warning to Montesquiou of Proust's intentions,
mollified with the usual compliments. In another letter,
Proust reflects further on the possibility of parodying
Montesquiou: "Mais j'avoue que pour un pastiche de vous
je ne vois pas trop quel il serait ce dessin, à moins
d'entre-croiser les fils en une véritable tapisserie, mais
ce ne serait pas aisé. L'extrême complication et l'extrême
nudité rendent les pastiches difficiles" (*Cor*:I,210). Imitation of Montesquiou's style was a challenge to Proust,
and a successful parody of the Count would be a summit of
his parodic art.

Proust assured Montesquiou that each of his characters
was a composite of several models and that Charlus was
largely invented (*Cor*:I,216). Certainly, many traits of
Charlus were not to be found in Montesquiou. However,
many characteristics of Charlus's language and style appear to be imitated from Montesquiou's. This fact sup-
ports Proust's own repeated statement that he admired
Montesquiou, for the best aspects of Charlus are those
imitated from the Count.

A good point of departure for comparison of Montesquiou's and Charlus's styles is Proust's own article on
the Count, "Un Professeur de beauté," which first appeared

in *Les Arts de la Vie* in August, 1905. The five main
characteristics which Proust finds in Montesquiou are:
love of words; virtuosity in adverse criticism, or the
role of "picador"; keenness and contemporaneity in artistic taste; fineness and exactitude of knowledge, an
aid in judgment of artistic techniques; and constant
movement toward a demonstration (*Textes retrouvés*, pp.
155-166). These characteristics may be found in varying
degrees in the expression of the Baron de Charlus. The
principal difference is that Charlus does not usually
direct these processes toward aesthetic criticism *per
se*; he applies them often, however, to purely social
situations.

The first point on which Proust praises Montesquiou
is his love of words, exact knowledge of their denota-
tions and etymology, and sensitivity to their connota-
tions: "Tous ceux qui l'ont vu s'arrêter et comme se
cabrer au moment de prononcer un mot (et de ceux qui
jusque-là nous avaient le moins frappé), comme dans l'ef-
farement d'avoir vu tout d'un coup béant l'abîme du passé
qui s'entr'ouvre sous ce mot dont l'accoutumance seule
nous dissimule les profondeurs, dans le vertige d'y a-
voir aperçu la grâce native de ce mot, penchée là comme
une fleur au bord d'un précipice . . ." (pp. 155-156).
This interest goes almost to the point of intoxication:
"tous ceux qui l'ont vu saisir un mot, en montrer toutes
les beautés, le goûter, faire presque la grimace à sa
saveur spécifique et trop forte, le faire valoir, le répéter, le crier, le psalmodier, le chanter, le faire servir comme un thème à mille étincelantes variations, im-
provisées, avec une richesse qui étonne l'imagination et
déconcerte les efforts de la mémoire pour les retenir
. . ." (p. 156). This fondness for words and emphatic
use of them may also be found in M. de Charlus. In a
different situation and for a different reason, we see

Charlus emphasizing each word carefully. In a scene of
Sodome et Gomorrhe II, we find the following description
of his manner of speaking: "Mais pour faire comprendre
au valet de pied le changement de sujet qu'il avait exé-
cuté si rapidement, M. de Charlus pesait tellement sur
chaque mot, et de plus, pour être entendu du notaire, il
les criait tous si fort, que tout ce jeu de scène eût suf-
fi à déceler ce qu'il cachait pour des oreilles plus aver-
ties que celles de l'officier ministériel" (*RTP*:II,988).
Although the context and motive are changed from those
mentioned by Proust with reference to Montesquiou, the
manner of insistence on each word certainly resembles the
Count's. Another example of this similarity between the
Count and Charlus is found in *Le Côté de Guermantes I*,
where Charlus shows an aesthetic appreciation of names
similar to Montesquiou's savoring of words: "Une heure
plus tard, Bloch allait se figurer que c'était par mal-
veillance antisémitique que M. de Charlus s'informait s'il
portait un prénom juif, alors que c'était simplement par
curiosité esthétique et amour de la couleur locale" (*RTP*:
II,190-191). Although this characteristic is seldom mentioned particularly with reference to Charlus, his long
monologues and his letters, as we shall see below, are
further examples of his love of words and appreciation of
them, which he holds in common with Robert de Montesquiou.

The second characteristic cited by Proust in Montesquiou is the love for playing the role of "picador," for
angrily criticizing another and perhaps goading him into
action. The outstanding example of this style cited by
Proust is Montesquiou's article attacking the American
painter John Singer Sargent.[10] The article is an interesting example of Montesquiou's biting irony and sarcasm
as applied to art criticism. Proust has mentioned Montesquiou's astuteness as a critic, and in the article on
Sargent we see this quality. Montesquiou has discerned

that Sargent possesses talent and virtuosity at least to
some degree, but that he lacks sureness of taste, perfec-
tion of technique, feeling, and perception. Montesquiou's
expression of the ideas is like salon sarcasm refined and
restrained by literary form. Superficial politeness and
feigned respect for Sargent are tools with which Montesquiou rips him to shreds almost completely. The article
might be a posterior distillation of a fit of anger; in
it we see a cold and controlled attack by subtle but effective means. Montesquiou often uses anecdotes about
other artists to describe Sargent. He relates that the
pianist Rubinstein had said of another pianist who showed
virtuosity but no feeling, "On ne peut pas tout avoir" (p.
333). He mentions Whistler's comment on another painter's
work: "Cela ressemble à quelque chose qui est très bien
. . ." (p. 337). With gleeful malice, Montesquiou suggests Sargent's shortcomings to the reader: "M. Sargent
n'aimerait-il pas les beaux objets; ne s'y connaîtrait-il
pas?--En un mot, manquerait-il un peu de goût?--Je le
crains quelquefois!--Bah! il lui reste tant de choses!"
(p. 339). Montesquiou uses his famous wit in the attack
when he criticizes a pose found in a Sargent painting:
"C'est, alors, qu'il lui arrive, sans s'en apercevoir, de
croire peindre une dame qui chante, tandis qu'il peint,
en réalité, une dame qui se gargarise" (p. 342). He becomes more openly biting when he states that reproduction
in black and white actually improves Sargent's paintings
(p. 343). The tone of the entire article is one often
found in Montesquiou as well as in Charlus, that of scath-
ing scorn for a worthless imposter, whose success rests on
the world's ignorance. The imposter, like Charlus's supposedly false friends, deserves total annihilation. The
spirit of this article is similar to that of Charlus's attacks on others; only Montesquiou's anger here is controlled

and directed by his intelligence, and the degree of distortion is less than in Charlus's *boutades*.

Another Montesquiou article, found in the volume *Têtes d'expression*, resembles Charlus's tirades in tone and general thought processes. The principal resemblances between "De l'arrivisme au muflisme" and Charlus's raging monologues are in the emphasis put upon the ingratitude of the object, and the scorn with which the object is verbally annihilated. The article is less vehement in tone than Charlus's attacks, perhaps because here the matter under discussion is slightly less personal. In it Montesquiou cites examples of a young musician and a young painter whom he had aided, who cut off relations with him once they had gained success. Let us point out, in the passage which we shall quote, the ironic treatment of the young painter, and the writer's withdrawal into haughty disdain behind which one can sense the smarting of wounded pride. Montesquiou had introduced the young painter into the salon of a princess who became his patroness. He relates the results of this introduction: "Je me crus tenu, en dépit de l'ennui, et durant un temps assez long, de ne pas apparaître négliger celle qui m'avait secondé dans mon bienveillant dessein. Au cours d'une de mes visites, et dans la chambre même où j'avais employé mon éloquence (il en avait fallu beaucoup) à persuader l'hôtesse de me prêter main-forte, je rencontrai celui qui *me devait d'être là. Il n'oublia que de m'y saluer*, ce que, sans contredit, il fallait faire, fût-ce comme on salue une croix ou un cortège au tournant d'un chemin. 'La jeunesse est légère'."[11]

A very similar type of attack, condemning a young person for ingratitude, may be found in the words of M. de Charlus. Probably the most notable example is the magnificent scene of anger in which Charlus reproaches the young narrator for accepting the Duchesse de Guermantes's invitation contrary to his advice. This scene of Charlus's rage, in which he heaps upon the narrator accusations of ingratitude, shows the same state of mind as Montesquiou's essay on the ungrateful young artist. The passage in the novel is far more vehement, dramatic, and colorful than Montesquiou's written language; yet it shows, to an exaggerated degree, the same process of denigration. Charlus reveals in it the extreme haughtiness shown by Montesquiou in his article. Although the scene in the novel is the world of high society rather than the artistic world, the situation of Charlus with respect to the narrator is analogous to that of Montesquiou toward his young artists, since Charlus wished to sponsor the narrator's entry into society and direct his progress in it. Charlus's haughtiness and denigration of the narrator, similar to Montesquiou's condescending attitude toward the young protégé, may be seen from the opening of the scene, in which he refuses to greet him, and imperiously orders him to sit down on a Louis XIV chair far from him. Charlus then embroiders on the theme of the narrator's ignorance of styles of furniture, mixing, as did Montesquiou at times, haughtiness with vulgarity. Like Montesquiou, Charlus sees himself as possessing an extremely high situation and great power, and as showing fathomless generosity and unselfishness in wishing to promote a young person's success. He says to the narrator: "Je ne vous cacherai pas que j'avais espéré mieux; je forcerais peut-être un peu le sens des mots, ce qu'on ne doit pas faire, même avec qui ignore leur valeur, et par simple respect pour soi-même, en vous disant que j'avais eu pour vous de la sympathie. Je crois pourtant que 'bienveillance', dans son sens le plus efficacement protecteur, n'excéderait ni ce que je ressentais, ni ce que je me proposais de manifester" (*RTP*:II,554). Further on in this same scene, Charlus reiterates his idea that his position is so high that what he showed the young man was pure generosity: "Comme dans les *Lances* de Vélasquez, continua-

t-il, le vainqueur s'avance vers celui qui est le plus
humble, et comme le doit tout être noble, puisque j'étais
tout et que vous n'étiez rien, c'est moi qui ai fait les
premiers pas vers vous" (*RTP*:II,555). And he develops
this theme further during his tirade, ending on this cli-
mactic statement: "Pensez-vous qu'il soit à votre portée
de m'offenser? Vous ne savez donc pas à qui vous parlez?
Croyez-vous que la salive envenimée de cinq cents petits
bonshommes de vos amis, juchés les uns sur les autres, arriverait à baver seulement jusqu'à mes augustes orteils?
(*RTP*:II,558). This last speech, certainly one of Proust's
masterpieces, is an expansion of Montesquiou's attitude
expressed in his article, where he says that the young artist owed him a salutation just as one feels obliged to
salute a cross by the wayside. Proust has here expressed
Montesquiou's attitude more brilliantly than Montesquiou
himself could have done it. In "la salive envenimée de
cinq cents petits bonshommes . . . mes augustes orteils,"
Proust expresses a typical Montesquiou idea and attitude,
but with even greater force and imagination than we find
in Montesquiou's written words. It seems that Charlus
shows here the same spirit of the picador which Proust
pointed out in his article on Montesquiou, and which Léon
Guichard described as "le goût de l'excommunication ma-
jeure."[12] Furthermore, in this scene Proust has woven
this parody, which contains its own comment, in with two
other points of view, those of the narrator and of the
author.

   There are other examples in the novel of parody of
Montesquiou in the role of picador or practicing venge-
ful social "excommunication." Proust mentions in his
correspondence with Jacques Boulenger a furious letter
from Montesquiou, who thought himself offended by someone. Although Proust wrote this letter in 1921, there
is no reason to suppose that it could not describe the

Montesquiou of an earlier period as well. Proust sends
Boulenger Montesquiou's letter, explaining: "Je venais
de vous écrire une très longue lettre, quand je reçois
celle-ci que je vous communique *confidentiellement*. S'il
s'agissait de quelqu'un d'autre, il y aurait indélicatesse
à vous la montrer. Mais dans sa folie (dont j'ignore la
raison contingente, vous devez savoir quel est cet homme
dont il se croit haï) je crois qu'elle vous amusera, qu'elle vous paraîtra belle et pittoresquement écrite. Elle n'a
pas le sens commun" (*Cor*:III,260). Proust continues to
justify his breaking of a confidence by the unusual character of the author of the letter, and its amusing contents:
"comme je sais qu'elle ne peut être pour vous une offense,
elle vous sera sans doute un divertissant régal. C'est
pourquoi je ne crois pas mal agir envers son auteur, dont
vous apprécierez davantage le talent insane, en vous la
communiquant. . . . Mais il me semble que je vous prive-
rais d'un amusement en ne vous l'envoyant pas, et que
d'autre part elle vous montrera mieux ce Saint-Simon ra-
geur. Il a dû y avoir dans *l'Opinion* des notes contre lui
que vous avez ignorées, car votre lettre parfaitement gen-
tille n'explique nullement cet 'accès'" (*Cor*:III,260-261).
The actual letter of rage written by Montesquiou has not
been published, and is not to be found in private papers
held by the Bibliothèque Nationale. But from Proust's description of it, we can see it as another example of Montesquiou's vituperations, expressed this time in epistolary
form, and carried to an extreme degree which approaches
madness.

The writing of a letter of rage and excommunication, re-
proaching the receiver for ingratitude and showing a very
unhealthy feeling of persecution, may be found in the characterization of M. de Charlus. It is his letter to the
maître d'hôtel of Balbec, Aimé. In it he, like Montesquiou,
proceeds by a long and unsound dialectic to "prove" that he

has been wronged by Aimé. The narrator of *A la recherche du temps perdu* introduces this letter as an "exemple de folie unilatérale chez un homme intelligent s'adressant à un imbécile sensé" (*RTP*:II,991). In it, Charlus takes the same position of a man of great merit and position who has been offended by a person of low estate and character. He openly insults the recipient, telling him that his face is antipathetic. Late one evening, Charlus had sent for the maître d'hôtel with the intention of sending him on an insane errand; he had been told that Aimé had retired. Charlus disbelieved this statement, and convinced himself that he had been offended by the headwaiter. He then "excommunicated" Aimé from a friendship of which the startled Aimé had never been aware. Charlus hopes that Aimé will feel remorse for having treated him so ungraciously. Like Montesquiou, he builds up an incident which was meaningless or nonexistent for Aimé into a great drama in which he, a good, generous, superior man, is badly treated by one to whom he had tried to show kindness. Although we cannot examine Montesquiou's letter of recrimination, we can find the same tone he took in "De l'arrivisme au muflisme" in such passages as this closing one of the letter to Aimé: "Adieu, Monsieur. Comme je crois que, ressemblant tant à l'ami que j'ai perdu, vous ne pouvez être entièrement stupide, sans quoi la physiognomonie serait une science fausse, je suis persuadé qu'un jour, si vous repensez à cet incident, ce ne sera pas sans éprouver quelque regret et quelque remords. Pour ma part, croyez que bien sincèrement je n'en garde aucune amertume. J'aurais mieux aimé que nous nous quittions sur un moins mauvais souvenir que cette troisième démarche inutile. Elle sera vite oubliée" (*RTP*: II,992). This letter shows the same emotional attitude and the same distorted perception of reality that are found in Montesquiou's letter and articles, and it is very likely that Montesquiou's personality and language inspired it.

The third trait of Montesquiou's writing pointed out
in Proust's article on him is the accuracy and contemporaneity of his aesthetic judgments (*Textes retrouvés*, pp. 159-
160). This is an aspect of Montesquiou's mind which is
greatly reduced in the portrait of Charlus. Charlus is
depicted as possessing more aesthetic sensitivity than
the average person, represented by his brother, the Duc
de Guermantes (*RTP*:III,206). However, Charlus lacks serious interest in literature and motivation to study the
arts; he is described as a dilettante for whom reading is
not a serious matter (*RTP*:II,567). In this he is opposed
to Montesquiou, who seriously wished to become a great
writer. Charlus directs what aesthetic sensibilities he
has toward the appreciation of those beautiful objects
which are social ornaments: *bibelots* and masculine and
feminine fashion. In this area, there is less resemblance
between Montesquiou and Charlus than in others.

The fourth characteristic pointed out in Montesquiou's
work by Proust is keenness of observation, accompanied by
detailed knowledge; these help him better to judge a painter's technique (*Textes retrouvés*, p. 161). This type of
knowledge and judgment is discernible in Charlus, but operates in the social rather than the purely aesthetic
realm. Two striking examples of this trait in Charlus
which were obviously modeled on Montesquiou have been pointed out by M. Guichard in his comments on Proust's article.
The first is the accurate naming by Montesquiou of a special variety of pears, called "bon chrétien," and the linking of them with Mme d'Escarbagnas (pp. 173-174; see *Textes
retrouvés*, p. 161). This incident is used in the novel in
a scene between Charlus and Morel, in which Charlus uses
the very words attributed to Montesquiou in Proust's article
(*RTP*:II,1010). A second incident pointed out by M. Guichard
is that of a pair of trousers accurately described in Balzacian terms by Montesquiou (pp. 173-174; see *Textes retrouvés*,

p. 161). This incident appears, with slight modification,
in the novel, where Charlus compares Albertine's costume to
one of the Princesse de Cadignan, thus showing a detailed
knowledge of both Balzac and fashion (*RTP*:II,1055). Another reminiscence of Montesquiou in the portrait of Charlus is the use of the language of flowers (*Textes retrouvés*, p. 161 ff.).

The fifth characteristic seen by Proust in Montesquiou
is a constant movement toward demonstration (*Textes retrouvés*, p. 165). Charlus shows this trait also, although the
objects of his "proofs" are usually taken from personal relationships, and his reasoning is not valid, even though
it may be elaborate. The narrator comments, in the midst
of Charlus's violent denunciation of him: "Mais de quelques belles paroles qu'il colorât toutes ses haines, on
sentait que, même s'il y avait tantôt de l'orgueil offen-
sé, tantôt un amour déçu, ou une rancune, du sadisme, une
taquinerie, une idée fixe, cet homme était capable d'as-
sassiner et de prouver à force de logique et de beau langage qu'il avait eu raison de le faire et n'en était pas
moins supérieur de cent coudées à son frère, à sa belle-
sœur, etc., etc." (*RTP*:II,555). M. de Charlus was so
eager to prove his own point that he sometimes carried on
a monologue, scarcely listening to his interlocutor and
always sure of winning the debate (*RTP*:II,639). His entire manner, and his habit of ignoring questions, arise
from the attitude that he must always be right, which is
a slight exaggeration, perhaps, of Montesquiou's point of
view. The narrator comments on this mannerism: "M. de
Charlus ne lui répondit pas, car il mettait un certain orgueil à ne pas tenir compte des questions et à marcher
droit devant lui comme s'il n'y avait pas eu d'autres
clients de l'hôtel et s'il n'existait au monde que lui,
baron de Charlus" (*RTP*:II,987). There are also some examples in the novel of Charlus's monologues which move

toward proof of some point, whether by sound or unsound reasoning. In *Le Temps retrouvé*, there are several long speeches by Charlus. His dogmatism seems to have become more pronounced with age. When the narrator encounters him one evening during the war, the two discuss the low level prevailing in journalism. Charlus effectively analyzes some newspaper writers, such as Norpois and Brichot, and demonstrates Norpois's bias as revealed in his language (*RTP*:III,778-787; an additional piece of evidence that this speech is a reminiscence of Montesquiou is the fact that during the war Proust and Montesquiou exchanged in correspondence lamentations on the poor newspaper writing of the time; see *Cor*:I,265). Later in the same conversation, Charlus delivers a monologue designed to prove that the loss of fine young men in this war is a great misfortune (*RTP*:III, 783-784), and a lecture on the point that Germany is a powerful adversary not easily to be overcome (*RTP*:III,794-799). It is evident that the desire to impose his own view is a trait which Charlus has in common with Montesquiou.

Apart from these five characteristics just discussed, we find a notable resemblance in wit between Montesquiou and Charlus. Louis Thomas has published a selection of *pointes* gleaned from Montesquiou's private notebooks. Thomas admits that many of Montesquiou's remarks have been lost because of never having been recorded.[13] Naturally, the lack of a complete record of these sayings is a handicap in studying the origins of M. de Charlus's language. But certainly this novelistic character plays in salons a role often played by Montesquiou, that of a witty and sarcastic judge of his contemporaries. Thomas comments on Montesquiou's wit: "Sauf quelques rares exceptions, les mots du comte sur ses contemporains sont autant de coups de couperet" (p. 7). And Thomas's collection gives abundant examples of the witticisms of Montesquiou the archer, as he calls him (p. 9). M. de Charlus was so happy in the role of "archer" that he

sometimes based his guest list on his available stock of
stinging remarks: "Quand il tenait sur quelqu'un, sur
quelque chose, un couplet tout à fait réussi, il désirait
le faire entendre au plus grand nombre de personnes possible, mais en excluant de la seconde fournée des invités
de la première qui eussent pu constater que le morceau
n'avait pas changé. Il refaisait sa salle à nouveau, justement parce qu'il ne renouvelait pas son affiche, et
quand il tenait dans la conversation un succès, eût au besoin organisé des tournées et donné des représentations en
province" (*RTP*:III,232). This attitude of Charlus is exactly that of Montesquiou's mot: "Les amis, ça ne sert
qu'à se brouiller avec" (Thomas, p. 36). Montesquiou's wit,
like Charlus's, is essentially precious and often consists
of bizarre and unusual comparisons. Sometimes Montesquiou
rearranged the terms of a usual comparison so as to throw a
new light on them, as for example in the statement, "Les bibelots sont les joujoux des parents" (Thomas, p. 57). Charlus goes beyond this technique to reverse the terms completely, in order to flatter Mme Verdurin: "Je crois, dit
M. de Charlus, que Mécène, c'était quelque chose comme le
Verdurin de l'antiquité" (*RTP*:II,953). Although exact reminiscences of Montesquiou are rare in Charlus's witticisms,
we can point out a similarity in thought processes. Charlus's speech seems to represent what Proust thought Montesquiou might have said in a given situation. In this sense,
Charlus's conversation is a higher type of pastiche, such
as Proust described in his letter to Robert Dreyfus on the
writing of the Renan pastiche.

However, Proust maliciously left here and there a few
exact reminiscences of Montesquiou's language in his portrait of the Baron de Charlus. These have been previously
identified. The phrase "Nunc erudimini," a favorite of
Montesquiou, is associated with Charlus (*Cor*:I,250; *RTP*:II,
559). Furthermore, Montesquiou and Charlus have a common

liking for Latin phrases in general. Another phrase called
by Proust one of Montesquiou's axioms was "un mot répété
n'est jamais vrai" (*Cor*:I,20). This phrase is pronounced
with slight variation by Charlus when he says to the narrator, "En principe, un propos répété est rarement vrai"
(*RTP*:II,560). Another direct reminiscence of Montesquiou
occurs in Charlus's statement to the narrator that his home
is ugly, since it is lacking in art objects (*RTP*:III,387).
The original form of expression of this idea has been lost.
But the idea itself, somewhat expanded, occurs in Montesquiou's notebooks, where he wrote: "De certains milieux
bourgeois sont si marécageux, stagnants et croupis, qu'une
âme noble y contracte la fièvre *paludéenne*" (Thomas, p. 105).
Certainly the spirit of Charlus's remark is identical to
that of Montesquiou's comment.

Montesquiou appears certainly to have been an inspiration for much of the speech of M. de Charlus, although
Proust was right in asserting that Montesquiou and Charlus
do not coincide and that the latter was largely fictional.
A study of Charlus's language as a parody of Montesquiou's
is made very difficult by the fact that we have no record
of Montesquiou's spontaneous conversation, always different
from written language. However, from the preceding survey
of the question we may see how many aspects of Montesquiou's
psychology and style passed into those of Proust's fictional
creation.

Proust had meditated at length on this pastiche; perhaps
the best confirmation of its authenticity is found in one
of his letters to the Count: "Moi je pense bien à vous et
je brode en pensée, pendant mes nuits d'insomnie et de fièvre, des variations sur votre thème qui, j'espère, un jour,
pourront comporter une transcription satisfaisante. Car je
vous connais mieux que bien d'autres" (*Cor*:I,176). The parody of Montesquiou's words found in the novel is a variation
on his speech and themes, and represents Proust's most

ambitious attempt in the realm of the pastiche characterization. The parody of Montesquiou treats him as he treated others, with a mixture of malice and kindness. It is
an admirable monument to him, for it captures the complication of his thought and language. Proust's identification of Montesquiou with Charlus and his underlying fondness for the irascible old man pierce through the veil of
fiction when he writes of the postwar Charlus, out of
style now and scorned by high society people: "En fait
ils étaient ingrats, car M. de Charlus était en quelque
sorte leur poète, celui qui avait su dégager de la monda-
nité ambiante une sorte de poésie où il entrait de l'histoire, de la beauté, du pittoresque, du comique, de la
frivole élégance" (*RTP*:III,766). The transcription of the
language of Robert de Montesquiou found in the portrait of
Charlus, the epitome of his class and generation, dominates
Proust's novel to a degree of importance second only to
that of the narrator himself. This is a masterpiece of the
pastiche, in that it is a variation on Montesquiou's complicated style and that it is woven so thoroughly into the
novel. Thus, in a paradox fitting to Proust and his century, parody and caricature succeed in forming a magnificent aesthetic expression of the life of a man who could
not create a great work, but who created a strangely great,
tragicomic life.

The pastiche of Montesquiou which forms part of the portrait of Charlus is the ultimate development of Proust's
talent for pastiche, and of his specific pastiche of Montesquiou. It shows how he was able to invent a fictional
language having a relation to a living model but containing
only a few exact expressions attributable to the model.
Thus it contains the highest degree of fiction and inven-
tiveness of any of the pastiches, while still belonging to
that genre. In it we see how a talent originally used for

amusement eventually came to be a useful part of Proust's novelistic technique.

DePauw University

---

[1] Marcel Proust, *Correspondance générale*, I (Paris: Plon, 1930), i, 8, 17-18, 20. Subsequent references to this and other volumes of the *Correspondance générale*, designated *Cor*, appear in the text.

[2] Fernand Gregh, *L'Age d'or* (Paris: Grasset, 1947), p. 157, and *Mon Amitié avec Marcel Proust* (Paris: Grasset, 1958), pp. 8-9, 37.

[3] Albert Flament, *Le Bal du Pré Catelan* (Paris: Arthème Fayard, 1946), pp. 41-42.

[4] Élisabeth de Clermont-Tonnerre, *Robert de Montesquiou et Marcel Proust* (Paris: Flammarion, 1925), pp. 32-33.

[5] This pastiche has been reprinted in Marcel Proust, *Textes retrouvés*, recueillis et présentés par Philip Kolb et Larkin B. Price (Urbana: University of Illinois Press, 1968), pp. 140-143; Herbert De Ley, *Marcel Proust et le duc de Saint-Simon* (Urbana: University of Illinois Press, 1966), pp. 123-125; and *Les Pastiches de Proust*, édition critique et commentée par Jean Milly (Paris: Armand Colin, 1970), pp. 241-246.

[6] Marcel Proust, "Prière du Marquis de Clermont-Tonnerre," presented by Élisabeth de Clermont-Tonnerre, *Bulletin de la Société des Amis de Marcel Proust et des Amis de Combray*, No. 5 (1955), p. 5.

[7] Robert de Montesquiou, *Les Prières de tous, suivies de Passaflora* (Paris: Richard, 1912), p. 12.

[8] Paul Morand, *1900* (Paris: Les Éditions de la France, 1931), p. 232.

[9] Louis Thomas, *L'Esprit de Montesquiou* (Paris: Mercure de France, 1943), p. 83.

[10] Robert de Montesquiou, "Le Pavé rouge: Quelques réflexions sur l'œuvre de M. Sargent," *Les Arts de la Vie*, juin 1905, pp. 329-348.

[11] Robert de Montesquiou, *Têtes d'expression* (Paris: Émile-Paul, 1912), p. 272.

[12] Léon Guichard, "Un Article inconnu de Proust: Marcel Proust et Robert de Montesquiou," *Revue d'Histoire Littéraire de la France*, XLIX, 174.

[13] Thomas, p. 13.

The Birth of Elstir and Vinteuil

PHILIP KOLB

The creative artist at work seldom fails to intrigue and
instruct us. When such an artist has the depth of a
Proust, when he has created a novel of the dimensions and
intricacy of *A la recherche du temps perdu*, we can scarcely hope to gauge the full significance of such a creation
without intent scrutiny of every angle in its relationship
with the author's experience in life and literature.

The unprepared visitor could scarcely hope to comprehend fully, at a single visit, the significance of all
that Mont Saint-Michel's architects have achieved in erec-
ting their magnificent fortress. It is the same with
Proust's novel. Much that might pass unnoticed may be un-
covered through a confrontation of the novel with what we
can discover of the author's ideas on technique, aesthetics,
hidden intent, and other aspects of his work as revealed in
his minor writings, his correspondence, and his notebooks.
What we glean from such subsidiary materials may throw
enough light on his novel to enable us to view it in a wider and truer perspective, thus to gain a clearer and deeper
understanding of the qualities of his work.

Elstir and Vinteuil are, to be sure, far too rich and
complex--not only in the way they are conceived as characters, but also in the roles they play in Proust's novel--
to be dealt with adequately in a short essay. All that can

147

usefully be done here is to focus our attention on certain facets of Elstir, Elstir's wife, and Vinteuil that seem to have escaped general attention. Although we shall be dealing first with the painter and Mme Elstir, then with the composer, we shall see how a curious relationship exists between these three that is of particular significance.

I

It is apparent that Elstir's works embody certain tenets of the art of painting that may be seen to have a hidden relationship with Proust's descriptive technique as well as with character portrayal. When Elstir paints what he sees instead of what he knows, he is, of course, applying a method used by Turner, as expounded by Ruskin.[1] For example, his painting of the Port of Carquethuit can be seen as a sort of metaphor, wherein the town is represented in nautical terms, the sea in urban terms.[2] But Proust takes inspiration from many models, combining the elements he derives from them to create his artist. Thus we can easily guess, when Proust speaks of Elstir's several periods, that his mythological manner is borrowed from Gustave Moreau; the period in which he underwent Japanese influence comes from Whistler, and his seascapes, from Jean Helleu.[3] But some of his paintings clearly suggest Manet or Claude Monet. Indeed Elstir is, for the most part, an impressionist painter. His name seems to combine the first syllable of Helleu's name with an anagram of Whistler's.

Actually we need to consider the character on two levels: Elstir the man, and Elstir the artist. When he makes an early appearance in Mme Verdurin's salon, where he is familiarly called "Monsieur" Biche, Proust may have been thinking of a certain painter named Albert Aublet (1851-1938), whom he must have met when he frequented Mme Lemaire's salon.[4]

It is indeed curious that the portrait of Mme Elstir, the painter's attitude toward his wife, and the role she plays in his life, should for so long a time have escaped notice. Actually Elstir's relations with his wife provide one of the rare examples of unambiguously heterosexual love in Proust's novel. Moreover, the author displays here a power to move the reader by a deep and sympathetic understanding of the special relationship existing between the artist and a woman whose beauty is an inspiration to him in his creative work.

As I have shown elsewhere, Proust has borrowed Mme Elstir's portrait from an episode in his early novel about Jean Santeuil, where he evokes a venerable old painter and his wife in strikingly similar terms. Apparently he had written the piece merely in order to note down his impressions about the couple, whom he had met at social gatherings, doubtless Mme Lemaire's. In this instance he was not particularly interested in the artist per se, since the latter was an academic painter of considerable reputation but little originality. Proust's intent was to show how a woman whom he had always considered boresome could suddenly become interesting to him through the sudden realization of the role she had played as an inspiration to her artist husband. Here is the portion of the early sketch that is relevant to our purpose:

> . . . Bertrand de Réveillon et moi nous allions à une pe-
> tite soirée chez sa tante la marquise de Réveillon, soirée qui
> à vrai dire nous ennuyait fort, et pour mon malheur je fus as-
> sis à côté de l'ennuyeuse Mme Martial. C'était la femme du
> grand peintre Martial qui *malgré ses quatre-vingts ans allait*
> *encore au théâtre, dans le monde, et exposait encore des toi-*
> *les admirées.* . . .
>
> Sa femme était une personne de près de soixante ans, *extrê-*
> *mement grande, extrêmement forte, extrêmement nulle, d'une*

majesté incessante, qui pouvait avoir été admirable mais on n'y pensait pas et seulement à son extrême ennui. . . . .

Quand je la rencontrais chez la marquise de Réveillon ou ailleurs, il fallait généralement la mener boire, lui chercher son manteau, et c'était une terreur de la rencontrer. Mais ce soir-là après l'avoir saluée, en écoutant de la musique tout d'un coup je pensai à elle et de cette façon: je pensai que quand Martial l'avait épousée, *la majesté absolue de son corps et de ses traits* alors qu'elle était dans la beauté de la jeunesse, avait dû faire d'elle pour Martial comme une sorte d'apparition de la beauté de son rêve, dont il allait chercher les traces dans les statues de la Grèce et les tableaux de l'Italie, qu'elle avait dû lui paraître *presque surhumaine,* qu'il en était devenu amoureux *comme d'une de ses statues* que seuls les artistes—les seuls vrais collectionneurs prodigues—payent des prix fabuleux, que ses épaules, l'attache de son cou, la ligne de son nez, la forme de son front, le regard de ses yeux étaient dans un rapport direct avec ce qu'il aimait, ce qu'il vénérait le plus au monde, et que d'avoir pu avoir cette statue à lui, et qu'elle fût en même temps une femme vivante et belle qui pût lui inspirer ce que son grand cœur triste était si capable de donner de l'amour, cela avait dû lui donner un bonheur qui touche au délire, quand nous voyons la beauté palpiter, ressentir notre caresse, et que le désir s'éveillant dans notre adoration sent que dans la beauté adorée il peut éveiller un désir. Et comme cette femme était excellente, fière de lui, très honnête, très fidèle, on comprend tout ce qui de l'âme infiniment délicate de Martial avait pu aller à elle, *vénération,* reconnaissance, attachement infini qui faisai[en]t d'elle pour lui le seul bien de la vie, un bien mille fois plus précieux que la vie. Combien de fois dans la vénération d'un vieux mari pour sa femme qui a vieilli auprès de lui, sent-on qu'une admiration infinie pour sa beauté en a été le point de départ, y est restée mêlée et que l'image éblouissante reste au fond

des regards les plus purs, les plus dévoués, les plus pleins
de sublime sacrifice.[5]

It seems obvious that Proust was working from a couple
of original models when he wrote this double portrait. We
shall return presently to the models. In adapting that
text to his novel for a scene in *A l'ombre des jeunes filles en fleurs*, he uses only the portrait of Mme Martial,
substituting Elstir for her husband. He describes Mme Elstir at the point where she enters the painter's studio,
interrupting a conversation between the latter and the narrator concerning the portrait of *Miss Sacripant*. Mme Elstir's description strikes a contrast with another portrait,
the studied description of the watercolor sketch immediately
preceding it, where Proust evokes in great detail the mysterious effigy of a young actress in a man's costume wear-
ing a derby hat. Elstir intrigues us further by evading
the narrator's question as to the identity of the woman he
had portrayed in so ambiguous a guise. Here is how Proust
presents Mme Elstir; he divides the sketch in two parts,
as is his manner:

Je la trouvai *très ennuyeuse*; elle aurait pu être belle, si
elle avait eu vingt ans, conduisant un bœuf dans la campagne
romaine; mais ses cheveux noirs blanchissaient; et elle était
commune sans être simple, parce qu'elle croyait que la solen-
nité des manières et *la majesté* de l'attitude étaient requises
par *sa beauté sculpturale* à laquelle, d'ailleurs, l'âge avait
enlevé toutes ses séductions. Elle était mise avec la plus
grande simplicité. Et on était touché mais surpris d'entendre Elstir dire à tout propos et avec une douceur respectueuse,
comme si rien que prononcer ces mots lui causait de l'attendrissement et de *la vénération*: "Ma belle Gabrielle!"

The second part of the portrait follows immediately:

Plus tard, quand je connus la peinture mythologique d'Elstir, Mme Elstir prit pour moi aussi de la beauté. Je compris

qu'à un certain type idéal résumé en certaines lignes, en certaines arabesques qui se retrouvaient sans cesse dans son œuvre, à un certain canon, il avait attribué en fait un caractère
presque divin, puisque tout son temps, tout l'effort de pensée
dont il était capable, en un mot toute sa vie, il l'avait consacrée à la tâche de distinguer mieux ces lignes, de les repro-
duire plus fidèlement. Ce qu'un tel idéal inspirait à Elstir,
c'était vraiment un culte si grave, si exigeant, qu'il ne lui
permettait jamais d'être content; cet idéal, c'était la partie
la plus intime de lui-même: aussi n'avait-il pu le considérer
avec détachement, en tirer des émotions, jusqu'au jour où il
le rencontra, réalisé au dehors, dans le corps d'une femme, le
corps de celle qui était par la suite devenue madame Elstir et
chez qui il avait pu--comme cela ne nous est possible que pour
ce qui n'est pas nous-mêmes--le trouver méritoire, attendris-
sant, divin. Quel repos, d'ailleurs, de poser ses lèvres sur
ce Beau que jusqu'ici il fallait avec tant de peine extraire
de soi, et qui maintenant, mystérieusement incarné, s'offrait
à lui pour une suite de communions efficaces! Elstir à cette
époque n'était plus dans la première jeunesse où l'on n'attend
que de la puissance de la pensée la réalisation de son idéal.
Il approchait de l'âge où l'on compte sur les satisfactions du
corps pour stimuler la force de l'esprit, où la fatigue de celui-ci en nous inclinant au matérialisme, et la diminution de
l'activité, à la possibilité d'influences passivement reçues,
commencent à nous faire admettre qu'il y a peut-être bien certains corps, certains métiers, certains rythmes privilégiés,
réalisant si naturellement notre idéal que, même sans génie,
rien qu'en copiant le mouvement d'une épaule, la tension d'un
cou, nous ferions un chef-d'œuvre; c'est l'âge où nous aimons
à caresser la Beauté du regard, hors de nous, près de nous,
dans une tapisserie, dans une belle esquisse de Titien découverte chez un brocanteur, dans une maîtresse aussi belle que
l'esquisse de Titien. Quand j'eus compris cela, je ne pus
plus voir sans plaisir Mme Elstir, et son corps perdit de sa

> lourdeur, car je le remplis d'une idée, l'idée qu'elle était
> une créature immatérielle, un portrait d'Elstir. Elle en é-
> tait un pour moi et pour lui aussi sans doute. Les données
> de la vie ne comptent pas pour l'artiste, elles ne sont pour
> lui qu'une occasion de mettre à nu son génie. On sent bien,
> à voir les uns à côté des autres dix portraits de personnes
> différentes peintes par Elstir, que ce sont avant tout des
> Elstir.[6]

As we can see, this portrait has a certain importance. In
the first place, it is almost unique in Proust's work as
an example of heterosexual love presented with no hint of
jealousy. Moreover it is love of a sort that can regener-
ate the artist's inspiration. Thus it foreshadows the narrator's love for Albertine. And finally, Proust takes this
occasion to introduce certain aesthetic considerations about
materialism in art which lend the portrait a more general
significance.

Proust's notebooks provide confirmation of his claim, in
Le Temps retrouvé, that his method of conceiving his characters was one of amalgamation. In a passage reminiscent of
Balzac's preface to *Le Cabinet des antiques*, he explains how
the novelist works: "il n'est pas un geste de ses personnages un tic, un accent, qui n'ait été apporté à son inspiration par sa mémoire; il n'est pas un nom de personnage
inventé sous lequel il ne puisse mettre soixante noms de
personnages vus, dont l'un a posé pour la grimace, l'autre
pour le monocle, tel pour la colère, tel pour le mouvement
avantageux du bras, etc."[7] He pieces together his recollec-
tions of persons, incidents, churches, musical compositions,
to compose his fictional creations. At times, too, he may
use some literary reminiscence.

Thus we are prompted to wonder what couple had posed for
the original portrait of Martial and his wife. The problem
is to find a married painter approximately eighty years of
age, still active in his work and socially, at the time when

Proust composed *Madame Martial*. This is one of a few fragments written by Proust at a time when he had abandoned work
on his unfinished novel about Jean Santeuil for the purpose
of devoting his energies to the study and translation of
Ruskin's works. Proust knew many painters, of course; Mme
Lemaire, an artist herself, customarily welcomed to her re-
ceptions the more distinguished members of the artistic
world along with her friends of the aristocracy. Identification of the painter in question depended, therefore, on
the date of the encounter. One aid in determining that date
was the fact that our fragment is joined, by the thread of
the narration, to that of a portrait of Bertrand de Réveillon. That portrait obviously takes as its model a new
friend of Proust, Bertrand de Fénelon, a fact that is attes-
ted in Proust's correspondence. The portrait is a first
draft of the famous scene in a Paris café where Robert de
Saint-Loup performs a feat of prowess in bringing a vicuna
cloak to the narrator's table.[8] Proust must have written
the early version of this episode in the summer of 1902,
when he felt the glow of maximum warmth in his new friendship for Fénelon. My dating is confirmed by the paper used
for the manuscript of the Fénelon portrait, which is the
same in quality, format, watermark, and wiremark, as that
of two letters addressed to Antoine Bibesco, which I have
been able to date respectively as of 28 April 1902 and 6
June 1902. The paper used for the *Madame Martial* fragment
is identical to that of letters I date as of June 1902 and
August 1902.[9] There appears to be no reasonable doubt,
therefore, that Proust wrote both fragments in the summer
of 1902.

The date of composition was essential, as I have said,
in identifying Martial, because his age is one of the few
precise indications given in his portrait. Proust specifically refers to the "grand peintre Martial qui malgré ses
quatre-vingts ans allait encore au théâtre, dans le monde,

et exposait encore des toiles admirées." It should be noted that the author expresses no admiration for the painter:
his canvases are "admirées," not *admirables*. Martial, despite his advanced age, still goes out in society. In 1902,
Proust himself might well have met such a distinguished artist in the salon of Mme Lemaire. He has, as we know, published his impressions of that salon, and he does, as a matter of fact, enumerate a few such painters. In his "Salon
de Mme Madeleine Lemaire" (11 may 1903), he lists such painters as Jean Béraud, Puvis de Chavannes, Édouard Detaille,
Léon Bonnat, Georges Clairin.[10] But all of them except one,
in August, 1902, were too young: Béraud, 52, Detaille, 54,
Bonnat, 59, Clairin, 69. That leaves Puvis de Chavannes,
who can be eliminated at once because he was not married,
and had died in 1898. But we have another evocation of Mme
Lemaire's entourage in the article Proust wrote about her
aunt, Mme Herbelin. There he mentions one painter who seems
to fit Martial's description: Ernest Hébert (1817-1908), an
academic painter who had done portraits of Princesse Mathilde
and Mme de Guerne, portraits that Proust mentions in his
articles describing the salons of those two ladies.

At the time when Proust was writing his portrait of Martial, in the summer of 1902, Hébert was eighty-four years
old, a member of the Institut, decorated with the Grand'croix
of the Legion of Honor, as we learn from the *Qui Etes-Vous?*
for 1908, where he is listed as: "Hébert (Antoine-Auguste-
Ernest), 3 novembre 1817." It will be recalled that the Marquis de Norpois, hardly a model of artistic taste, expresses
his enthusiasm for one of Hébert's numerous *Vierges* in pref-
erence to Elstir's paintings.[11] If Montesquiou devotes one
of his poems in *Hortensias bleus* (1896) to a painting by this
pontife, that fact, we are forced to conclude, was meant to
bespeak not the qualities of Hébert's art but the society he
frequented, and a debt to be acquitted.

Concerning Mme Hébert, Proust's portrait corresponds exactly to the brief evocation of the same lady which we owe to André de Fouquières. He describes her in these words: "il devait épouser une beauté, la baronne d'Uckerman, qui l'adora. Cet elfe devint *une grande et forte femme* qui veillait avec une maternelle douceur sur ce petit mari souffreteux, mais qui avait conservé un cœur d'adolescent."[12] But the evidence for our identification finds reinforcement, and an added interest, from another document.

When Proust was jotting down ideas for his future novel in a little notebook, in 1908, he must have remembered the impression Mme Hébert had made upon him. Actually it is probable that he already had in mind the passage he would write evoking Elstir's wife, the passage we quote above from the definitive text of his novel. At that time, however, he had not yet decided on the name he would give his painter. So he simply noted down the name of his model: "Femmes qui fréquentent le salon d'un homme qui a beaucoup aimé les femmes (Pozzi, Marchand, Stéph, Mr Bordas) peut'être rapprocher de la femme d'Hébert."[13] This mention of Hébert's wife, "la femme d'Hébert," is a clear indication that he intended to take Mme Hébert as the model of his painter's wife.

Still it might be asked what further proof we have to confirm all of this? As far as Hébert is concerned, the identification of the original sketch, where he is said to be still active despite his advanced age, finds verification in the wording of the necrological note devoted to him, at the time of his death, in the *Chronique des Arts* of 7 November 1908. At the age of ninety-one, he is reported to have died as the result of a cold contracted while taking sketches out of doors.[14] But Proust has decided to eliminate Hébert's portrait, retaining only that of his wife. Although the portrait is rewritten in its entirety, there remains enough of the original language

and the details of the portrait as well as the general
sense ("majesté," "beauté sculpturale," "extrêmement grande, extrêmement forte," as well as the narrator's feeling
of *ennui* in her presence until he realizes, from her husband's attitude towards her, how her beauty must have inspired him when she was young): "on était touché mais surpris d'entendre Elstir dire à tout propos et avec une douceur respectueuse, comme si rien que prononcer ces mots lui
causait de l'attendrissement et de la vénération: 'Ma belle Gabrielle!'"[15]

There can remain little doubt that Proust had heard Hébert saying those very same words, probably in Mme Lemaire's
salon. For we find, in the index to Robert Ricatte's edition of the *Journal des Goncourt*, that the maiden name of
Mme Ernest Hébert was, precisely: *Gabrielle* d'Uckermann.[16]

We have no way of knowing whether Hébert actually used
his wife as a model for his paintings, or whether she inspired him in the manner attributed by Proust to Elstir's
wife. We do know, however, of another painter's wife in
whose home Proust was received, whom he knew personally,
and who, he had every reason to believe, had played just
such a role in the life of her artist husband as Elstir's
wife does in his. That artist was Paul Helleu. Goncourt
evokes him in these words: "Helleu est avant tout, un
croqueur des ondulations et des serpentements du corps de la
femme, et il me disait qu'il avait chez lui, tout un arsenal de planches de cuivre, sa femme ne pouvant faire un mouvement qui ne fût de grâce et d'élégance, et dix fois par
jour, il s'essayait à surprendre ces mouvements, dans une
rapide pointe sèche."[17]

Montesquiou, in the volume that he devoted to the painter
under the title *Helleu*, ends his first chapter with this
statement, which evidently paraphrases Goncourt: "Et ne
sera-ce pas un bel éloge si l'on dit de lui, si l'on grave
sur son marbre: homme d'un seul dieu: *l'Art*; d'un seul

maître: *le Goût*; d'une seule femme: '*le charmant modèle*
qui prête la vie élégante de son corps à toutes ces compositions, ne pouvant faire un mouvement qui ne soit de
grâce et d'élégance, et que, dix fois par jour, le peintre s'essaie à surprendre' . . . la multiforme *Alice*, dont
la rose chevelure illumine de son reflet tant de miroirs
de cuivre?"[18] Antoine Adam quotes a passage that Albert
Flament devotes to Mme Helleu in *Le Bal au Pré-Catelan*;
according to Flament, for many years she was the exclusive
model of her husband. But the portrait of *Madame Martial*
was not available to M. Adam when he wrote his study of
Proust's *clefs*, inducing him to suppose that Proust had
an unfavorable opinion of Mme Helleu. In point of fact
the author had in mind an entirely different model: Mme
Hébert. In all probability, therefore, Proust has used
Mme Hébert as model for the physical description of Elstir's wife, and Mme Helleu for the inspirational role
played by the wife in the life and work of the artist.
It is a perfect example of the process of amalgamation
as practiced by Proust.

II

Attention has not, to my knowledge, been called to the
fact that Proust's friend Helleu has served him as inspiration for another episode in his novel. As we shall see,
the passage is remarkable in many ways. But here Proust
has executed a daring transposition. He has borrowed an
evocation of Helleu at work as the basis for a description
of his composer Vinteuil in the heat and at the height of
the creative process. We shall return to the model later.
The setting is Mme Verdurin's residence in Paris, where
the Baron de Charlus has organized a soirée featuring the
first audition of Vinteuil's posthumous masterpiece. The
narrator, hearing the great composer's *Septet*, comes at
last to the realization that great art surpasses ordinary

life, that it is therefore worthy of the sacrifices that
must be made in its creation. So the episode marks an
important step leading the narrator toward his ultimate
decision to become a writer, a major event in his quest
for a vocation.

But Proust imparts a sense of drama to the occasion in
another way. After the long description of the musical
masterpiece that brings the narrator to this important junc-
ture, Proust wishes to justify the narrator's decision by
conveying a sense of the composer's achievement, giving us
a vivid feeling of Vinteuil's creative powers. At the same
time, he wishes to surprise us, in order to make the moment
more dramatic, by a totally unexpected twist, revealing an
unsuspected side to Vinteuil's character, or rather, showing him to be an entirely different man from what Swann and
the narrator had supposed him to be. This revelation has
come to the narrator, as we said, while hearing the dead
composer's *Septet*. It is the musical composition that reveals the true inner nature of the composer. And it shows
him to have been exactly the opposite sort of person from
what his neighbors and friends had taken him to be. Instead
of being timid and sad, his music is marked with the antithetical traits of boldness and joyousness that express his
inner self. Proust succeeds in imparting these traits in
a most vivid manner by the broken rhythm and the irregular
syntactical design of two magnificent sentences:

> Ce Vinteuil que j'avais connu si timide et si triste, avait,
> quand il fallait choisir un timbre, lui en unir un autre, des
> audaces, et, dans tout le sens du mot, un bonheur sur lequel
> l'audition d'une œuvre de lui ne laissait aucun doute. La
> joie que lui avaient causée telles sonorités, les forces ac-
> crues qu'elle lui avait données pour en découvrir d'autres, me-
> naient encore l'auditeur de trouvaille en trouvaille, ou plutôt
> c'était le créateur qui le conduisait lui-même, puisant dans
> les couleurs qu'il venait de trouver une joie éperdue qui lui

> donnait la puissance de découvrir, de se jeter sur celles
> qu'elles semblaient appeler, ravi, tressaillant comme au
> choc d'une étincelle quand le sublime naissait de lui-même
> de la rencontre des cuivres, haletant, grisé, affolé, ver-
> tigineux, tandis qu'il peignait sa grande fresque musicale,
> comme Michel-Ange attaché à son échelle et lançant, la tête
> en bas, de tumultueux coups de brosse au plafond de la cha-
> pelle Sixtine.[19]

Obviously it would have been difficult to impart a sense
of the dramatic in describing a composer--whose work is
necessarily sedentary--in the act of composing. So Proust
has made a bold but necessary transposition. Thus he
calls upon Michelangelo to supply the heroic vision of a
great master in the fever and the fervor of his creative
activity. The result is one of the most powerful passages
in the novel, truly remarkable in its sense of the dramatic and in its irresistible movement, attaining a paroxysm
of emotion. It does indeed convey a "mouvement perpétuel
et heureux" fusing effects of sound, color, and motion.
And it imparts, at the same time, an understanding of a
quality Proust ascribed to Vinteuil, and which in fact we
find in his own work: "ce caractère, en apparence contradictoire et en effet trompeur, de durable nouveauté."[20]

The curious fact about this passage is that Proust, as
we intimated earlier, was taking as model for his composer
not Michelangelo but Paul Helleu. And it is indeed in-
structive to compare his marvelous prose evocation with
the passage from which he took his inspiration.

We know from the little notebook that Proust was using
while making plans for his novel, that he was rereading
the Goncourt *Journal*. In fact, he jotted down a number of
quotations from it in 1908 or 1909.

One passage that he must indeed have been acquainted
with, is the one noted by Goncourt under the date *Jeudi
31 janvier* [1895]:

[Chez la princesse Mathilde.]--A la fin de la soirée,
arrive Helleu, qui a passé toute la journée à peindre par
ce froid, les statues de Versailles, à demi ensevelies sous
la neige, parlant de la beauté de spectacle et du caractère
de ce monde polaire. Et sur la passion de la peinture de
Bracquemond fils, d'après des vitraux, il me confesse avoir
ce goût, et avoir travaillé à Chartres, à Reims, et à Notre-
Dame, à Notre-Dame, qu'il a habitée la matinée, presque deux
années, visitant tous les coins et recoins des tours, au milieu de ces anges suspendus dans le ciel, ayant comme des
mouvements de corps, pour se retenir et ne pas tomber en
bas. Et il nous parla d'une fête, où peignant au milieu des
chants, des roulements de l'orgue, du son des cloches en
branle, il donnait des coups de pinceau sur la toile, à la
façon d'un chef d'orchestre, complètement affolé.[21]

Just as Goncourt describes Helleu in Notre-Dame cathedral, perched amidst the statues of angels, trying to keep
from falling as he painted, while the choir, the organ, and
the bells excited him to strike the canvas, using his brush
as an orchestra leader does his baton--"il donnait des
coups de pinceau sur la toile, à la façon d'un chef d'orchestre, complètement affolé"--Proust, evoking Vinteuil in
similar guise and similar mood, but transcribing in inverse
fashion, compares his composer to a painter, Michelangelo--
"attaché à son échelle et lançant, la tête en bas, de tu-
multueux coups de brosse au plafond de la chapelle Sixtine."
But Proust orchestrates his version more fully by means of
his superior resources of imagination, vocabulary, and syntax. The analogy painter-orchestra-leader, composer-painter
is nevertheless the same, as is the excitement produced by
the music, culminating in the use, by both Goncourt and
Proust, of the word *affolé*. Proust adds "vertigineux," in
keeping with the position of the artist "au plafond de la
chapelle Sixtine," to provide a climax associating Vinteuil
with a truly heroic spectacle.

Actually, in the notebook Proust used while preparing
his novel, he does not refer to the particular volume of
the Goncourt *Journal* containing that passage. But even
if we assume he has forgotten Goncourt's evocation of
Helleu, we have evidence that he must have read it again
when he was reworking the portions of his novel that contain the Verduin reception at which Vinteuil's work is
first performed. For we know from his letters to Robert
de Montesquiou that he received and read the latter's
study on Helleu in a sumptuous illustrated volume early
in 1914. And there indeed, we find the very same passage
quoted by Montesquiou *in extenso*.[22] Thus little doubt
can remain that Proust has taken his inspiration from that
passage in writing the superb *morceau* in which Vinteuil
stands revealed in a new and brilliant light. If Proust
fails to mention the passage in writing to Montesquiou,
the reason he gives for not going into detail about his
correspondent's book is precisely that he has too many
things to say about it. "Celles que je voulais vous dire,
à propos du merveilleux *Helleu*, étaient si nombreuses, et
d'ailleurs j'avais tant à y joindre d'autres propos, ou
s'y référant, que j'ai attendu d'aller mieux, d'aller au
Vésinet, votre retour." And he adds: "N'importe, avant
de vous parler de tout cela bien longuement, je me rappelle si bien tout ce que vous avez toujours écrit d'Helleu, et d'ailleurs tout ce que vous avez toujours écrit."[23]
In all likelihood, he was already working on the volume to
be entitled *La Prisonnière*. And it would be fair to sur-
mise that when he came upon Goncourt's evocation of Helleu
painting ecstatically in Notre-Dame cathedral, as quoted
by Montesquiou, the passage sparked his imagination just
as he was absorbed in a revision of the later parts of his
novel.

III

As we know, Proust had early resorted to transpositions of the same order. We need only recall the scene of the narrator's and Saint-Loup's first meeting with Elstir at the sea-side hotel of Balbec. In the original version of *Jean Santeuil*, the novelist describes an actual incident in which he and Reynaldo Hahn first made the acquaintance of the American painter Alexander Harrison; but in the early novel, he and his friend send their letter to the writer C. When Proust came to compose his later novel, he used the same episode, but described the encounter as it had actually happened, with a painter (Elstir) instead of a writer.

Elstir, as we have seen, is an impressionistic painter whose works are modeled after those of a number of different artists. But our evidence points to the fact that, just as his treatment of mythology is borrowed from Gustave Moreau, and his misty cathedrals from Monet, similarly his aquatic scenes, his exquisite taste in furnishings and women's fashions, his love of the sea and his passion for yachting, all are taken from Paul Helleu. It is significant that Claude Monet considered Helleu's series of paintings of the *Régates de Cowes* to represent an important contribution to the evolution of impressionism.[24]

What has perhaps not yet been pointed out, however, is that Proust must also have recalled conversations with Helleu in describing Elstir's manner of speaking, his language, his conversation, his enthusiasm, his seeking of solitude. This we can deduce with a fair amount of assurance from the testimony concerning Helleu that another of Proust's friends has provided us. Jacques-Émile Blanche has drawn a portrait sketch of Helleu in which he gives a fund of specific information about him. He says, for example: "il nous semblait aussi intelligent que spirituel; nous étions subjugués par une sorte d'éréthisme verbal

qu'il avait, fait d'enthousiasme et de mépris; la sûreté
de son jugement en art nous attachait à ce fanatique de
la peinture."[25] It would be difficult to find in so few
words a more fitting appreciation of Elstir's tirades.
Flament, too, testifies to the fact that Helleu's conversation consisted in great part of *boutades*.[26] But Flament
did not know him as intimately as did Blanche, and he was
unaware of the more voluble side of Helleu's nature. And,
in all likelihood, there were reminiscences of others as
well.

One of the lessons of this study is the extraordinary
facility with which Proust transposes from one art to another. He does so, it seems, with the same ease with
which he finds so many curious analogies and synesthetic
images, and spins out his linked metaphors.

One final aspect of the Vinteuil passage remains to be
pointed out. This reversal of the narrator's previous
assumptions about Vinteuil's character comes as a sort of
coup de théâtre; that is Proust's method of presenting
his characters. He once referred to this process by speaking of his "prepared" characters, calling them thus because
he purposely presents them in a misleading manner, holding
in reserve a surprise for us in such unexpected revelations.
He considered such a presentation to be true to life as he
had observed it.[27] At the same time, such characters illustrate the theory of the multiple ego, a theory he has
adapted to his own purposes.

Considering this *morceau* on Vinteuil in relation to the
rest of Proust's novel, it helps us to see how he has in-
tertwined the novel's threads and its themes in an intri-
cate, complex pattern, adding to its beauty by reinforcing
the structure and the unity of the whole.

University of Illinois, Urbana

[1] In his preface to Ruskin's *La Bible d'Amiens*, Proust quotes Turner's words on the subject as reported by Ruskin in *Eagle's Nest*: "mon affaire est de dessiner ce que je vois, non ce que je sais" (Marcel Proust, *Contre Sainte-Beuve précédé de Pastiches et mélanges et suivi de Essais et articles, édition établie par Pierre Clarac avec la collaboration d'Yves Sandre*, Paris: Gallimard, Pléiade, 1971, V, 121).

[2] *A l'ombre des jeunes filles en fleurs*, I, 836; references to *A la recherche du temps perdu* are taken from the edition established by Pierre Clarac and André Ferré, Paris: Gallimard, Pléiade, 1954, in 3 volumes.

[3] *Ibid.*, p. 835. Professor Antoine Adam, in his remarkable study of "Le Roman de Proust et le problème des clefs," *Revue des Sciences Humaines*, 65 (janvier-mars 1952), 84-85, was the first to point to Helleu as Proust's principal model for Elstir the man. He did not attempt to study the sources of Elstir's aesthetic ideas, which would, as he indicates, require a much more extensive investigation.

[4] Marcel Proust, *Correspondance, Texte établi, présenté et annoté par Philip Kolb: Tome I, 1880-1895* (Paris: Plon, 1970), p. 294, note 2.

[5] First published in my edition of *Textes retrouvés, recueillis et présentés par Philip Kolb et Larkin B. Price avec une bibliographie des publications de Proust (1892-1967)* (Urbana: University of Illinois Press, 1968), pp. 35-36. The original manuscript of *Madame Martial* belongs to the University of Illinois. (The italics are mine.)

[6] *A l'ombre des jeunes filles en fleurs*, I, 850-851 (italics added).

[7] *Le Temps retrouvé*, III, 900; cf. also pp. 907-908 and 1034-1035.

[8] Marcel Proust, *Jean Santeuil précédé de Les Plaisirs et les jours, édition établie par Pierre Clarac avec la collaboration d'Yves Sandre* (Paris: Gallimard, Pléiade, 1971), IV, 447-455; cf. *Le Côté de Guermantes*, II, 411. See *Correspondance générale de Marcel Proust*, I (Paris: Plon, 1930), 281, letter CCXLVII to Robert de Montesquiou, which I date: *peu après le 18 avril 1921*.

[9] The original mss. of the Bibesco letters belong to the University of Illinois. See my "Historique du premier roman de Proust," in *Saggi e ricerche di letteratura francese*, NS V (1963), 264-266 and 272.

[10] Pléiade ed., V, 458.

[11] *Le Côté de Guermantes*, II, 223; cf. Pléiade ed., V, 449, 488, 506.

[12] *Mon Paris et ses Parisiens*, III (Paris: Éditions Pierre Horay, 1955), 228 (italics added).

[13]The passage is transcribed from the first chronologically of the small notebooks or *agendas* in the Bibliothèque Nationale, folio 4. My annotated edition and chronology of that notebook is to be published shortly.

[14]*Chronique des Arts* (7 novembre 1908), p. 354.

[15]*A l'ombre des jeunes filles en fleurs*, I, 850.

[16]Edmond et Jules de Goncourt, *Journal: mémoires de la vie littéraire, 1896, Avant-propos de l'Académie Goncourt, Texte intégral établi et annoté par Robert Ricatte*, XXII (Monaco: Éditions de l'Imprimerie nationale de Monaco, 1956), 271. *Le Tout-Paris*, 1904, p. 273, lists her as *née* B[ar]onne d'*Uckerman*.

[17]*Journal des Goncourt . . ., 1892-1895 . . .*, IX (Paris: Charpentier, 1896), p. 195, *Lundi 5 février [1894]*. We use the original edition, because that was the only text available during Proust's lifetime; it differs considerably from the definitive text published by Ricatte (cf. *op. cit.*, XIX, 228-229).

[18]Robert de Montesquiou, *Paul Helleu peintre et graveur* (Paris: H. Floury, 1913), p. 65.

[19]*La Prisonnière*, III, 254.

[20]   *Ibid.*

[21]*Journal des Goncourt* (1896), IX, 301-302; cf. Ricatte ed., XX, 301.

[22]Except for the inevitable slight interventions usual in Montesquiou's quotations; *Paul Helleu peintre et graveur*, p. 45.

[23]*Correspondance générale*, I, 234-235, letter CCXIII to Montesquiou, and p. 239, letter CCXVII.

[24]Jacques-Émile Blanche, *Propos de peintre: de Gauguin à la Revue Nègre, Troisième série* (Paris: Émile-Paul frères, 1928), p. 144, note 1.

[25]Blanche, p. 123.

[26]Albert Flament, *Le Bal du Pré-Catelan* (Paris: Arthème Fayard, 1946), p. 181. Flament speaks at some length of the importance of Mme Helleu as her husband's model.

[27]Writing to René Blum on 23 February 1913, Proust stated: "il y a beaucoup de personnages; ils sont 'préparés' dès ce premier volume, c'est-à-dire qu'ils feront dans le second exactement le contraire de ce à quoi on s'attendait d'après le premier. . . . Au

point de vue de la composition, elle est si complexe qu'elle n'apparaît que très tardivement quand tous les "Thèmes" ont commencé à se combiner" (*Comment parut "Du côté de chez Swann": Lettres de Marcel Proust, Introduction et commentaires par Léon Pierre-Quint*, Paris: Kra, 1930, pp. 44-45). Cf. Marcel Proust, *Choix de lettres présentées et datées par Philip Kolb, Préface de Jacques de Lacretelle* (Paris: Plon, 1965), p. 286.

Proust and Giotto: Foundations for an Allegorical Interpretation of *A la recherche du temps perdu*

❖

J. THEODORE JOHNSON, JR.

Speaking about Proust is always a difficult matter, for his work is so vast that an apparently modest subject such as "Proust and Giotto" might seem insignificant, and moreover exploration of such a subject could mean running the risk of idolatry as Proust had defined it in his preface to *La Bible d'Amiens*: "le fait de servir avec le meilleur de nos cœurs et de nos esprits quelque chère ou triste image que nous nous sommes créée."[1] The purpose of this paper, as the subtitle indicates, is to explore some of the foundations for an allegorical interpretation of *A la recherche du temps perdu* suggested in that evocative title announced in 1913 as a subsection of *Le Temps retrouvé*: "Les 'Vices et les Vertus' de Padoue et de Combray."[2] As for my critical approach, I shall attempt to use Proust's own method of trying to "reconstituer ce que pouvait être la singulière vie spirituelle" of Proust and Giotto, specifically their particular vision of certain "réalités si spéciales," their talent to recreate these realities in a work, and their "moralité." In brief, how did Proust come to discover in Giotto a kindred spirit, and how did Giotto's art influence Proust the novelist?

The broad sections of the paper are as follows: Giotto's frescoes at Padua, Proust's introduction to Giotto's work, an analysis of Proust's texts about Giotto, an attempt

to establish Proust's awareness of allegory and psychomachia (the struggle between Virtues and Vices), an analysis of some of Proust's drawings relevant to medieval
allegory, his attempts to create Giotto pictures both in
drawings and in fiction, and finally a brief glance at
some of the Giotto material Proust eventually did not use
in his novel. The thesis of this paper is that there are
very real and hitherto insufficiently explored connections
linking what Giotto did in the Arena chapel to what Proust
has done in a novel he more than once referred to as a
cathedral.

In 1300 Enrico Scrovegni of Padua purchased land that
included an area formerly a Roman arena. On that land he
built a palace and a chapel, called variously the Arena
Chapel or the Scrovegni Chapel, dedicated to the Virgin
of the Annunciation. James Stubblebine, in his recent
study of the Arena Chapel,[3] points out that considerable
wealth had been amassed by Enrico's father, Reginaldo,
that indeed Dante singled out Reginaldo as the arch usur-
er in the *Inferno*, and that Enrico had erected the chapel
as a means of expiating his father's sin of usury. A most
compelling hypothesis is that the painter Giotto was in-
strumental in the planning of the actual fabric of the
building, for the fenestration on the south side floods the
north wall and the entire chapel with warm light. Rarely
has a painter of frescoes had such a perfect support for
his art, and as Professor Stubblebine suggests, the chapel
is a veritable viewing box. In *Giotto and His Works in
Padua*, Ruskin describes the chapel in these terms: "the
walls of the chapel are covered with a continuous medita-
tive poem on the mystery of the Incarnation, the acts of
Redemption, the vices and virtues of mankind as proceeding
from their scorn or acceptance of that Redemption, and
their final judgment."[4] The entire program is at once visible upon entry. The triumphal arch shows God the Father

dispatching Gabriel, and below, the Archangel Gabriel and the Annunciate Virgin. On the walls the narrative runs from left to right, beginning at the top with the story of the Virgin's parents, Joachim and Anna and the early life of the Virgin; the life and Passion of Christ occupy the middle and lower bands; below these are found the six Virtues and the six Vices. These last are the frescoes to which Proust gave considerable attention in his own work, from the inclusion of a reproduction of *Charity* at the outset of his article on John Ruskin in the *Gazette des Beaux-Arts* of August 1900 to that evocative title he had planned to give to a part of *Le Temps retrouvé*, "Les 'Vices et les Vertus' de Padoue et de Combray." These frescoes, monumental monochromatic figures at the base of the narrative frieze, visually support the entire fresco program above. These latter narrative frescoes flow sequentially across their two-dimensional space. They belong neither spatially nor temporally to the world of the viewer. The narrative tensions are between the panels; the viewer is a privileged observer of the workings of divine order, both of time past in the biblical events and of future time with the Last Judgment. On the other hand, the space of the Vices and Virtues is that of the viewer, for the struggle between them--the psychomachia-- takes place in the space between the walls through which the spectator passes as he moves down the chapel, and indeed, the struggle or tension really takes place within the spectator. The Virtues and the Vices are of this world and are therefore on our level in the chapel. As the spectator leaves the chapel, he must move between these figures and pass under the Christ Judge of the Last Judgment. Following the traditional iconographic pattern, the Vices and Hell are on Christ's left, or in this chapel, the windowless north wall; the Virtues and Heaven are on his right, the south wall whose light illuminates the chapel.

In turn, these frescoes should illuminate the spectator,
or at least cause the spectator to examine his own conscience. Of the many Virtue and Vice cycles of the Middle
Ages, Giotto's are clearly distinctive, for onto this fairly standard iconographic program, Giotto has projected a
personal vision. Giotto's conception of these allegorical
figures differs from his contemporaries principally in that
his function simultaneously as "real" figures having indi-
vidualities and substance, as integral parts of a larger
whole, for these monochromatic paintings set in illusion-
istic panels imitating marble form part of the architec-
tonic whole of the chapel, and finally these are allegorical figures, concrete representatives of abstract notions.
Using Proustian terms, entering the Arena chapel means entering the Giottesque vision of things, for these allegorical figures and the panels above are fragments or projections of a unique vision. Essentially these frescoes form
a whole similar to the one produced by the paintings in
Elstir's studio, or as in the following passage, the Elstir
paintings hung together in the gallery at the Guermantes,
for either in the studio or in the gallery the paintings
are fragments of an inner world: "aux couleurs inconnues
qui n'était que la projection de la manière de voir par-
ticulière à ce grand peintre et que ne traduisaient nullement ses paroles. Les parties du mur couvertes de peintures de lui, toutes homogènes les unes aux autres, étaient
comme les images lumineuses d'une lanterne magique laquelle
eût été, dans le cas présent, la tête de l'artiste et dont
on n'eût pu soupçonner l'étrangeté tant qu'on n'aurait fait
que connaître l'homme, c'est-à-dire tant qu'on n'eût fait
que voir la lanterne coiffant la lampe, avant qu'aucun verre coloré eût encore été placé."[5] This passage undoubtedly
derives principally from personal experiences and writings
from the period 1898 to 1900 and frequently reconfirmed:
the visit to Gustave Moreau's house after his death in 1898,

the trip to Amsterdam to see the enormous Rembrandt exhibi-
tion in the same year, or the Monet fragments of the same
period (cf. *CSB*, pp. 397-400; *JS*:III,281-283, and an unpublished fragment at the Bibliothèque Nationale). The
visit to the Arena chapel in the spring of 1900 undoubtedly reinforced what by then had become a Proustian motif:
access into the artist's inner world (as well as our own)
is gained when we have before us a second work by that artist; entering a room full of an artist's work is a privi-
lege tantamount to possessing his personal vision.

Proust discovered Giotto through the writings of John
Ruskin. By the time he published his second article, "John
Ruskin," and with it a reproduction of Giotto's *Charity*,
Proust had already read about the Tuscan painter in *Pleasures of England*, for he quotes the following passage in his
text: "'Tandis qu'à Padoue la Charité de Giotto foule aux
pieds des sacs d'or, tous les trésors de la terre, donne du
blé et des fleurs et tend à Dieu dans sa main son cœur en-
flammé, au portail d'Amiens la Charité se contente de jeter
sur un mendiant un solide manteau de laine de la manufacture
de la ville.'"[6] Proust knows *Giotto and His Works in Padua*,
and he refers to it in a note to the text in *La Bible d'A-
miens*: "Mais cet avenir que les hommes ne voient pas, est
déjà contenu dans leur cœur. Et Ruskin me semble ne jamais
l'avoir exprimé d'une façon plus mystérieuse et plus belle
que dans cette phrase sur Giotto enfant, quand pour la première fois il vit Florence: 'Il vit à ses pieds les innom-
brables tours de la cité des lys; mais la plus belle de toutes (le Campanile) était encore cachée dans les profondeurs
de son propre cœur'" (*La Bible d'Amiens*, p. 227, note 1).
Could the same statement apply to the future author of France
great cathedral novel when he came into contact with Ruskin
and Giotto? It would seem so. Apparently incapable of developing *Jean Santeuil* further, Proust puts away that novel
to work on the translations; then at the the end of his Ruski

period he writes to Marie Nordlinger that he is too weak
to begin the "traductions" of himself. But he will begin
those translations soon thereafter, and Ruskin and Giotto
will have helped him considerably in establishing a structure for them. Through his work on *La Bible d'Amiens* Proust
came to know at first hand the complexities and economies of
gothic symbolism which form an integral whole in the fabric
of a cathedral. The cycle of the Virtues and the Vices
plays an important part in that structure, so much so for
Proust that through his footnotes to Ruskin's already detailed text the section on the Virtues and Vices swells to
occupy a full fourth of the entire text devoted to an interpretation of Notre-Dame d'Amiens (*La Bible d'Amiens*, pp.
289-306).

In addition to the Ruskin texts mentioned above, Proust
also read about Giotto's Virtues and Vices in *The Stones of
Venice* and in Émile Mâle's *L'Art religieux du XIIIe siècle*.[7]
Through Mâle and Ruskin he became more than aware of the
existence of literary counterparts of allegorical frescoes
and statuary in Dante, St. Thomas, and Spencer. The extent
to which Proust took material from, or relied upon, the
writings of Ruskin and Émile Mâle has been indicated by Professor Autret in his works on the subject.[8] Proust most
probably saw the chapel himself in May of 1900, and he later
could have refreshed his memory with the plates of Anger,
Despair, Faith, Folly, Fortitude, Inconstancy, Infidelity,
Prudence, and Temperance in the Library Edition of *Giotto
and His Works in Padua* that appeared in 1906, or Injustice,
Charity, Hope, and Envy in the Library Edition of *Fors Cla-
vigera* of 1907.

Charity is the allegorical figure to which Proust refers
most often. Readers of *Combray* are familiar with the parallel Swann makes between this figure and the kitchen-maid, to
the point of idolatry, when he asks: "Comment va la Charité
de Giotto?" (*RTP*:I,80) and with the narrator's reaction:

"la pauvre fille, engraissée par sa grossesse jusqu'à la
figure, jusqu'aux joues qui tombaient droites et carrées,
ressemblait en effet assez à ces vierges fortes et hom-
masses, matrones plutôt, dans lesquelles les vertus sont
personnifiées à l'Arena" (*RTP*:I,81). Much later, *now*, the
text reads, the narrator discovers that the real beauty in
the frescoes in Padua, and in the kitchen-maid in Combray,
stems from a particular conjunction of reality and symbolism, and that neither the figure who is Giotto's Charity
nor the kitchen-maid seems aware of her symbolic burden.
Indeed they are too involved in such down-to-earth tasks
as trampling grapes, standing on sacks and handing things
from a basement window or peeling asparagus and killing
chickens: "l'étrangeté saisissante, la beauté spéciale
de ces fresques tenait à la grande place que le symbole
y occupait, et que le fait qu'il fût représenté, non comme un symbole puisque la pensée symbolisée n'était pas
exprimée, mais comme réel, comme effectivement subi ou
matériellement manié, donnait à la signification de l'œuvre quelque chose de plus littéral et de plus précis, à
son enseignement quelque chose de plus concret et de plus
frappant" (*RTP*:I,82). We shall see shortly the use Proust
will make of symbols and attributes when we discuss his
drawings in his correspondence with Reynaldo Hahn.

As in typical psychomachy representation, opposite the
Virtue Charity in the Arena Chapel stands the Vice Envy,
and of this figure Proust writes: "le symbole tient tant
de place et est représenté comme si réel, le serpent qui
siffle aux lèvres de l'Envie est si gros, il lui remplit
si complètement sa bouche grande ouverte, que les muscles
de sa figure sont distendus pour pouvoir le contenir, comme ceux d'un enfant qui gonfle un ballon avec son souffle,
et que l'attention de l'Envie--et la nôtre du même coup--
tout entière concentrée sur l'action de ses lèvres, n'a
guère de temps à donner à d'envieuses pensées (*RTP*:I,81).

For the young narrator who has not lingered over these reproductions, Envy looked like a plate in a medical book
illustrating the compression of the glottis or uvula by a
tumor in the tongue or by the introduction of an operator's
instrument.

In Combray, the kitchen-maid and Françoise have allegorical dimensions unknown either to them or to Swann. In her
failure to serve hot coffee or bring hot water, the kitchen-
maid assumes the function of *Error*; her function within the
cycle of the Virtues and Vices of Combray is to set off and
enhance the triumph of *Truth* (Françoise), and this regard-
less of who the kitchen-maid of any particular year might
be, for essences undergo metempsychosis as easily as Golo
undergoes transvertebration, and variations as to their appearance are due to their particular support of the moment.

This homely material--the regular maid who alone is able
to prepare coffee or a hot-water bottle, who kills chickens
and who torments the kitchen-maid--was present in *Jean Santeuil* (*JS*:I,140-142). In *A la recherche du temps perdu*
(*RTP*:I,82-83), not only has Étreuilles become Combray, Er-
nestine become Françoise, and the kitchen-maid retained her
anonymity, but through the lessons of Giotto and the Virtues and Vices of Padua, these places and characters have
acquired allegorical dimensions and have become part of the
cycle of the Virtues and Vices of Combray.

There is a fundamental difference between Giotto's Virtues and Vices in the Padua Chapel and Proust's in his cathedral novel, and this difference stems from the medium.
Working in a two-dimensional medium, Giotto can only suggest a third dimension, volume, through "trompe-l'œil"
techniques. Judicious placement of the allegorical figures
within the three-dimensional structure of the chapel creates a psychological tension within the spectator. However, the image of each figure is fixed rigidly in place.
Proust's allegorical figures are of a different nature:

they are, like Golo, immaterial essences and the fabric
or structures on which they are projected, the story elements, are equally as immaterial. The figures, and indeed
the whole novel, exist only in that "espèce d'écran diapré
d'états différents" that while we read our "conscience"
simultaneously unfolds before us, an essential notion regarding reading and literature that Proust develops a scant
two paragraphs after the text on the Padua frescoes and
Error and Truth in Combray (*RTP*:I,84). As the reader moves
through the fixed words on the pages of the Pléiade edition
of *A la recherche du temps perdu*, he is constructing in his
mind the immaterial and relative structure which is the cathedral novel; here the characters, like Golo, are impal-
pable irisations, supernatural apparitions, vacillating, and
momentary. Thus a character who appears to be a Virtue may
actually be a Vice, and a vicious person may in the long run
be virtuous. The "visage grisâtre et mesquinement régulier"
of Giotto's figure of Justice may characterize (but is not)
"certaines jolies bourgeoises pieuses et sèches" seen at
Mass, but then Proust underlines the difference between appearance and reality: "et dont plusieurs étaient enrôlées
d'avance dans les milices de réserve de l'Injustice" (*RTP*:
I,82). This passage from Virtue to Vice and vice versa (for-
give the pun, but it's to illustrate the point), is something
that can best be done in an essentially temporal nonmaterial
medium such as literature. Attempts to create such paradoxes
in sculpture, such as the tempter on the façade of Notre-Dame
de Strasbourg or the model for Baudelaire's "Le Masque" in
the Tuileries, require the displacement of the spectator for
the paradox to become evident. A handful of artists such as
Giuseppe Arcimboldi in the sixteenth century and Salvador
Dali in the twentieth century, through "trompe-l'œil" techniques, have succeeded in presenting in one canvas two distinct subjects, in the case of the former, an arrangement of
fruit and vegetables which may also be read as a head, and

with the latter, a form which is both a skeletal hand
holding an egg and Narcissus in contemplation of his reflection. It is noteworthy that in all of the examples
I have cited here, the artist is presenting us with an
allegory.

Allusions to Giotto's allegorical figures are not limited to *Combray*, however, for in an excursus into sleep
and dreams in the "Retour à Paris" section of *Le Côté de
Guermantes*, Proust has the narrator say: "Telle, les
yeux aveugles, les lèvres scellées, les jambes liées, le
corps nu, la figure du sommeil que projetait mon sommeil
lui-même avait l'air de ces grandes figures allégoriques
où Giotto a représenté l'Envie avec un serpent dans la
bouche, et que Swann m'avait données."[9] The verb "to project" deserves consideration. Here the projections of the
sleeping narrator are analogous to the projections of a
sleeping man (*RTP*:I,51-56), to the magic lantern projections of Golo on the wall (*RTP*:I,9-10), the projections
of characters on the screens of one's mind (*RTP*:I,84), and
artistic creation wherein one fixes one's projections in
art (Bergotte or Elstir in their works, or by extension,
Giotto in his Padua chapel). Dreams, like allegories, are
rooted in reality; but they are also manifestations of subconscious or abstract realities normally not visible. The
artist, like the dreamer, brings into reality that which,
until he came, was obscure. Giotto's Envy is such a creature. The figure itself is a concretization of an abstract
idea, envy, and the symbol, the serpent, the projection of
Envy's envy which, having also become a reality, turns upon
her demanding her total attention. Here reality is inex-
tricable from symbol, and symbol from reality. Only the
most accomplished allegorists, the Giottos, the Dantes, and
as I would contend, Proust, can bring off successfully this
fusion of reality and symbol.

Giotto's allegorical figures all carry symbolic attributes and are caught in gestures which make manifest the virtue or vice they incarnate.　The same occurs in Proust, obviously in the direct rapprochements he makes to works by Giotto; less obviously, perhaps, when Proust gives his allegorical figures attributes of their essence (e.g. Error and her pot of lukewarm coffee).　At the "Soirée chez la marquise de Sainte-Euverte," M. de Palancy "avec sa grosse tête de carpe aux yeux ronds, se déplaçait lentement au milieu des fêtes en desserrant d'instant en instant ses mandibules comme pour chercher son orientation," and he seemed to "transporter seulement avec lui un fragment accidentel, et peut-être purement symbolique, du vitrage de son aquarium, partie destinée à figurer le tout, qui rappela à Swann, grand admirateur des *Vices* et des *Vertus* de Giotto à Padoue, cet Injuste à côté duquel un rameau feuillu évoque les forêts où se cache son repaire."[10] At Balbec, Albertine is seen "élevant au bout d'un cordonnet un attribut bizarre qui la faisait ressembler à l''Idolâtrie' de Giotto; il s'appelle d'ailleurs un 'diabolo' et est tellement tombé en désuétude que devant le portrait d'une jeune fille en tenant un, les commentateurs de l'avenir pourront disserter comme devant telle figure allégorique de l'Arena, sur ce qu'elle a dans la main" (*RTP*:I, 886-887).　Of course in Padua it is Infidelity, not Idolatry, but I feel that here Proust purposefully misnames the Vice.　At Amiens, Idolatry stands opposite Faith (see *La Bible d'Amiens*, p. 292).　Ruskin describes Giotto's Infidelity as being "*bound by a cord round her neck to an image* which she carries in her hand, and has flames bursting forth at her feet" (*Stones of Venice*:X,392).　Lindsay, in *Christian Art*, quoted in *Giotto and His Works in Padua* (XXIV,121), describes the figure as "A man (how just the satire!) standing totteringly beside a fire, typical of heresy or hell, and supporting in his right hand a female

figure (Idolatry?) who holds a tree in her right hand and
a cord (the emblem of subjection) in her left, the cord
being passed round his neck." Proust's use of this figure, at once Infidelity and Idolatry, masculine and feminine, in relation to Albertine seems significant. As
Giotto's figure of Charity was *homasse*, so now is his figure of Infidelity either male or female and represents either infidelity or idolatry, all the while remaining essentially vicious. Moreover, the etymology of the game (*diabolo: diable*) reinforces the vicious quality of the attribute. Proust called idolatrous etymological use of this
sort in Ruskin and in Montesquiou, yet the concept of the
poetry of names as expounded in *Noms de pays: le Nom* depends precisely on this sort of thing. On the literal level of the novel, therefore, this is simply a comparison between a Giotto fresco and a girl playing a popular game, a
comparison much like one Swann would make. But Swann, we
recall, always remains "en deçà de l'art" as he does in
love. The allusions to the demonic and to Infidelity and
to Idolatry suggest the existence of a much larger moral
and allegorical structure of which Albertine and her game-
attribute are a part, a structure which the narrator may
not always perceive as he lives his life but which comes
into focus as he goes about the business of artistic creation.

The comparison of the "petite bande" to "une procession
sportive digne de l'antique et de Giotto" (*RTP*:I,807) poses
a problem. As far as I know, none of Giotto's works nor
works attributed to him may be construed as a "Procession
sportive." Giotto has done processions, however, and I
would suggest as a possible source for the passage Ruskin's
comparison of "The Virgin Mary Returns to Her House" in the
Arena Chapel to the Elgin Frieze (*Giotto and His Works in
Padua*:XXIV,65). Incidentally the line block reproduction
from the Arundel Society's woodcut of this scene facing

Ruskin's text (Plate XII) has a stylistic quality about
it as well as certain iconographical materials (virgins
and a musician) that bring to mind some of the canvases
of Gustave Moreau, one of France's most distinguished
"Pre-Raphaelite" painters of the nineteenth century. Although Proust does not make the comparison here, and I am
merely speculating as to the source of Proust's allusion,
the affinities between the works of Moreau and Giotto are
ones to bear in mind, for as we shall see presently, they
are of considerable importance to certain crucial texts
in the novel regarding the intermingling of mythology and
contemporary life. In the various rough drafts of *A la
recherche du temps perdu*, Proust's discussions of the concretization of mythological figures in art generally grow
out of a discussion of Giotto's symbolism, and inevitably
include references to Turner and to Gustave Moreau. Ultimately, of course, these texts will refer to Elstir's
mythological period. This particular passage, added sometime after the typescript state as present in volume III
of *Du côté de chez Swann*, *2e dactylographie définitive*,
has the narrator trying to get his projections of various
states of Albertine into focus through voluntary memory,
poeticizing all the while past memories with other memories,
such as memories of Giotto which he projects (and fits) over
his projections of the "petite bande."

We have seen the use Proust made of specific Giotto frescoes in his novel and how these references relate to the
larger allegorical structure and nature of Proust's work.
I should now like to turn to some aspects of another important problem: Proust's transposition of allegorical materials and his inventions of works by painters. The examples
of the fictional painter Bergotte in *Jean Santeuil* and Elstir in *A la recherche du temps perdu* are well known. For
our purposes today, I shall limit myself to certain of

Proust's drawings relevant to medieval symbolism and allegory and to his pastiche of Ruskin on Giotto.

In his correspondence with Reynaldo Hahn, Proust displays graphically his thorough assimilation of the works of Ruskin, the lessons of Giotto, and the erudition of Mâle. In a letter dated by Professor Kolb as May 1906, Proust regrets having lost some thirty drawings which he considered to constitute "une critique hardie des diverses écoles de peinture. Par exemple j'essayais d'imaginer ce qu'eût été une *Présentation au Temple* chez les divers peintres des diverses époques. Et voici par exemple comment je suppose que Breughel dit le Vieux. . . . Mais c'est tellement impossible à me raspeler que je suis très fasché de vous ensvoyer de si mauvais quand pourrait être si genstil et de fureur ma main rate tout. Car c'était très gentil ce sujet; et le Giotto était même mieux, etc., etc."[11] Professor Kolb has published one drawing with this letter, "Esquisse d'une descente de croix" (Fig. 1). The drawing, with Reynaldo Hahn's initials on each of the figures, is not an original composition with Proust but derives from (and I believe that a confrontation of the manuscript and the book would prove that it was indeed traced from) a plate in Émile Mâle's *L'Art religieux du XIIIe siècle* entitled: "Descente de Croix (bas-relief du Bourget)" (Fig. 2).[12] Here Proust relies heavily, not to say entirely, on a published reproduction in order to create his own work. As for the Giotto references in the letter, it is more than likely that as a subscriber to the Library Edition of Ruskin's works, Proust had just received his copy of *Giotto and His Works in Padua*, for that particular volume came out in 1906, as did the volume containing *Mornings in Florence*. Both volumes have reproductions of Giotto's *Presentation of the Virgin*, the fresco at Santa Maria Novella in *Mornings in Florence* (XXIII,320) and the fresco in the Arena Chapel in *Giotto and His Works at Padua* (XXIV, facing page 60).

Given the evidence of the "Descente de Croix," I think we might safely speculate that the other pictures were also copied closely if not traced directly. Moreover, Proust undoubtedly transposed certain elements as he does here: the monograms RH and shifts such as "bas-relief du Bourget" to "Pierre Le Bourget."

Although for the present we can only speculate on what these Giotto drawings would have been, several curious drawings we do have relevant to medieval symbolism and the cycle of the Virtues and Vices merit examination, for the principles Proust follows in transforming these materials for his own use are identical to certain of the allegorical principles he follows in constructing his cathedral novel.

Proust repeatedly used illustrations of statuary, architecture, and stained glass from Émile Mâle's *L'Art religieux du XIIIe siècle* as a source for his drawings in his correspondence with Hahn. Proust's drawing "Quelques-uns des prophètes de Chartres," published with a letter of September, 1904 (Hahn, p. 73), was most definitely traced from Mâle's book (Mâle, fig. 110, p. 349). Although for Proust the Apostles have become Prophets, the attributes are nonetheless there, and we may still identify a St. Peter by his key. While the shift from Infidelity to Idolatry with the Giotto fresco most likely was intentional, the shift in this drawing from Apostle to Prophet seems accidental. In spite of the RHs on the statues, the statues have remained essentially elements of the cathedral at Chartres.

More often, however, Proust gives other meanings to attributes or religious materials. The drawings found on page 30 of the Hahn correspondence are good examples of what Proust has done with certain elements of medieval allegorical material. Here Proust has traced the reproduction of "La Jeune Fille et la licorne (Lyon)" (Mâle, fig. 10, p. 56) and "Le Chardrius (Lyon)" (Mâle, fig. 12, p.

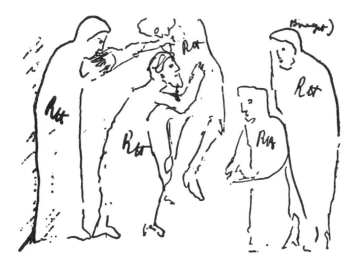

Fig. 1.   Marcel Proust, "Esquisse d'une descente de croix
(Pierre Le Bourget)," Hahn, p. 81.

Fig. 2.   "Descente de Croix (bas-relief du Bourget)," Mâle, p. 269.

58), and he has made no sense out of the bits of glass that were undoubtedly added to the window at a much later date and which Bégule reproduced in his drawing from which the Mâle figure was taken.   The Kladrius or the Charadrius, Mâle informs us, "permet de deviner si un malade échappera ou non à la mort.   On le place près du malade: si le malade doit mourir, l'oiseau détourne la tête; s'il doit vivre, l'oiseau fixe son regard sur lui, et de son bec ouvert absorbe la maladie" (Mâle, p. 59).   This text explains Proust' caption to his drawing: "Marcelch est encor kousché.   Boiseau veut mansger.   Reynaldo le visage empreint de mansuétude dit: N'ayez pas peur, pauvre Bininuls" (Hahn, p. 30).

In addition to stained glass, these transformations of persons to works of art and vice versa occur with sculpture and architecture (Figs. 3 and 4).   For example, a prophet from Reims (Mâle, fig. 71, p. 194) becomes Reynaldo Hahn, or rather, Reynaldo Hahn has become a statue in a niche on the inside of the façade of Reims cathedral, and his scroll bears not a verse from the Bible but the word CARMELITE (Hahn, p. 105).   As with the preceding examples, Proust imparts a personal or esoteric meaning of his own to these religious forms.   Moreover, he has put his friend into an ecclesiastical structure.

Proust pushed this fragile genre further in his "Synthèse du gothique prétentieux" (Hahn, p. 75) where he begins with Mâle's reproduction of Charity from a stained-glass window i Lyon (Mâle, fig. 47, p. 144); see Figs. 5 and 7.   Here the caption CHARITAS becomes CHARMELIT in Proust's drawing.   To this first drawing Proust adds the Virtue "Prudence" from "La Prudence (rose de Notre-Dame de Paris)" (Mâle, fig. 52, p. 148) and the Vice "Folly" from "La Folie (rose de Notre-Dame de Paris)" (Mâle, fig. 53, p. 148) and the Vice "Wrath" from "La Colère (vitrail de Lyon)" (Mâle, fig. 45, p. 142); see Figs. 6, 8, and 9.   In his drawing Proust has retained the caption IRA.   He refers to this representation of Wrath

Fig. 3. Marcel Proust, "Cher Enfant Reynaldo . . . ," Hahn, p. 105.

Fig. 4. "Un Prophète (Reims)," Mâle, p. 194.

Fig. 5. Marcel Proust, "Synthèse du gothique prétentieux," Hahn, p. 75.

Fig. 8. "La Folie (rose de Notre-Dame de Paris)," Mâle, p. 148.

Fig. 6. "La Colère (vitrail de Lyon)," Mâle, p. 142.

Fig. 7. "La Charité (vitrail de Lyon), Dessin de L. Bégule," Mâle, p. 144.

Fig. 9. "La Prudence (rose de Notre-Dame de Paris)," Mâle, p. 148.

and Émile Mâle in a footnote to his translation of *La Bible d'Amiens* (302 n.). Moreover, in the next footnote, Proust discusses in some detail Ruskin and Mâle on the differences between the Amiens Charity and Giotto's Charity at Padua (302 n. and 303 n.). The possible meaning of this composite drawing, subtitled "La Colère de l'Enfant Reynaldo contre Bininuls," and read from left to right (which is also the order of the plates in Mâle's book), might be "Prudence dictates that for wrath to displace charity would be folly." One can only guess the proportions to which this sort of thing might be carried from the description of some eighteen scenes running from "Buncht dans son lit éscoute (Clair de lune)" to "Tombeau de Buncht sur lequel fleurs, arbres, au bépines . . ." of which we only have the "Explication du vitrail" (Hahn, pp. 194-196). But by 1910, apparently the date of this last "vitrail," Proust was already at work constructing his cathedral novel and was probably more concerned with the tracery of his own "vitraux de l'abside" than with tracing stained-glass windows from books. Proust is specific on this point in a letter to Comte Jean de Gaigneron dated by Professor Kolb as early August 1919: "Et quand vous me parlez de cathédrales je ne peux pas ne pas être ému d'une intuition qui vous permet de deviner ce que je n'ai jamais dit à personne et que j'écris ici pour la première fois: c'est que j'ai voulu donner à chaque partie de mon livre le titre: *Porche I, Vitraux de l'abside* etc. pour répondre d'avance à la critique stupide qu'on me fait du manque de construction dans des livres où je vous montrerai que le seul mérite est dans la solidité des moindres parties. J'ai renoncé tout de suite à ces titres d'architecture parce que je les trouvais trop prétentieux mais je suis touché que vous les retrouviez par une sorte de divination de l'intelligence."[13]

In the drawing "Synthèse du gothique prétentieux," Proust worked with iconographic material that he made function on

both a moral and an allegorical level. In another drawing,
"Jésus Christ et les Dons du St. Esprit. Vitrail de la Cathédrale du Mans" (Hahn, p. 73), we leave morality to enter
the mysteries of the Christian faith itself (Figs. 10 and 11).
In terms of allegory, we are at the fourth or anagogical
level. Symbols take on a new and intentional meaning, all
the while retaining their respective levels, as we move from
the Christian religion to the religion of art. Proust is
explicit about this in his tracing of Mâle's reproduction of
the stained-glass window "Jésus-Christ et les dons du Saint
Esprit (Le Mans)" (Mâle, fig. 75, p. 198). Émile Mâle stres-
ses that the great strength of this painting on glass lies in
its success in making real and understandable abstract and
complex theological conceptions (Mâle, pp. 198-199). Proust
deliberately chooses to read text and image in a personal
way: "Jésus Christ symbolise le pauvre Marcel maladch et les
dons du St Esprit les trésors de génie et de bonté que ne
cesse de lui insuffler Reynaldo. (Sous les bras de Jésus
Christ est q.q. joli livre, toujours oublié par Reynaldo)"
(Hahn, p. 73). Such a transfer of meaning is most assuredly
blasphemous in the Christian sense, for here Proust has
claimed for himself the position, attributes, and preroga-
tives of the Deity. Yet in the Proustian cosmology, artists
are creators, and have been ever since *Jean Santeuil*, where
the novelist C. transformed the reality around him as Christ
transformed water into wine.[14] And after all, doesn't Elstir in his studio become "Dieu le Père" as he creates the
world anew? In short, Proust patterns after Christian the-
ology a new cosmology which places the artist in the central
position as organizer of materials, the one who structures
a new world, and whose transcendent cosmology is revealed in
material works of art. Brought together in a museum such as
the Gustave Moreau ("Sa maison est à moitié église, à moitié
maison du prêtre," *CSB*, p. 392) or a novel such as *A la recherche du temps perdu*, these fragments form and can be read as

a cathedral, a temporal representation of the eternal.
With deference, this is precisely what Giotto did at Padua back in the early fourteenth century. All the while
working within the context of one system, he gave us a
new system and altered the course of western art through
his new vision. Current critical speculations on the
novel suggest that Proust may have done the same to literature.

I should like to turn, now, to a unique text that,
while also conceived in a lighter vein, does further our
understanding of Giotto and the allegorical foundations
of the structure of *A la recherche du temps perdu*. I refer to Proust's masterful pastiche of Ruskin, "La Béné-
diction du sanglier. Étude des fresques de Giotto représentant l'Affaire Lemoine à l'usage des Jeunes Étudiants
et Étudiantes du Corpus Christi qui se soucient encore
d'*elle*."[15] The text dates from the spring of 1909, just
before Proust was to begin his novel. As we have already
seen, the strange beauty of Giotto's Vices and Virtues
came from the painter's ability to meld reality with symbol, producing a new vision, one with which it was possible to view modern reality in an antique way (young
girls at the sea shore) and ancient things as contemporary (the game of *diabolo*). Proust does the same in his
pastiche. Wilbur Wright's modern plane is likened to
the mythological bird, the Phoenix, in the introduction
to the pastiche, and in the text Giotto paints a fresco
series on a contemporary subject, the Lemoine affair.
Proust's transformations of such contemporary events as
the first air flights and a supposed new way to make diamonds corroborates Marshall McLuhan's statement in *Understanding Media: The Extensions of Man*, to the effect
that "The serious artist is the only person able to encounter technology with impunity, just because he is an
expert aware of the changes in sense perception."[16] As

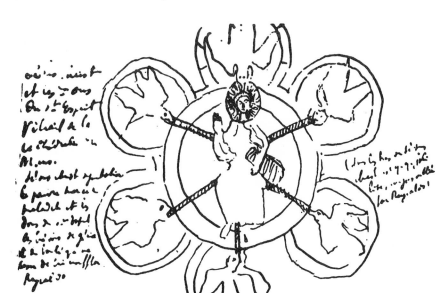

Fig. 10. Marcel Proust, "Jésus Christ et les Dons du St Esprit.
Vitrail de la Cathédrale du Mans. Jésus Christ symbolise le
pauvre Marcel maladch . . . ," Hahn, p. 73.

Fig. 11. "Jésus-Christ et les dons du Saint-Esprit (Le Mans),
d'après Hucher," Mâle, p. 199.

Proust works out his novel, he will link the flights of
the Wright brothers with the flight of the angels in Giotto's frescoes. Only very late did Proust revise the text
to read "élèves de Garros" instead of the "frères Wright."
Thus the following text taken from *La Fugitive* seems to
stem directly from the early Ruskin pastiche:

> . . . dans le vol des anges, je retrouvais la même impression
> d'action effective, littéralement réelle, que m'avaient don-
> née les gestes de la Charité ou de l'Envie. Avec tant de fer-
> veur céleste, ou au moins de sagesse et d'application enfan-
> tines, qu'ils rapprochent leurs petites mains, les anges sont
> représentés à l'Arena, mais comme des volatiles d'une espèce
> particulière ayant existé réellement, ayant dû figurer dans
> l'histoire naturelle des temps bibliques et évangéliques. Ce
> sont de petits êtres qui ne manquent pas de voltiger devant
> les saints quand ceux-ci se promènent; il y en a toujours
> quelques-uns de lâchés au-dessus d'eux, et comme ce sont des
> créatures réelles et effectivement volantes, on les voit s'é-
> levant, décrivant des courbes, mettant la plus grande aisance
> à exécuter des "loopings," fondant vers le sol la tête en bas
> à grand renfort d'ailes qui leur permettent de se maintenir
> dans des positions contraires aux lois de la pesanteur, et
> ils font beaucoup plutôt penser à une variété disparue d'oi-
> seaux ou à de jeunes élèves de Garros s'exerçant au vol pla-
> né, qu'aux anges de l'art de la Renaissance et des époques
> suivantes, dont les ailes ne sont plus que des emblèmes et
> dont le maintien est habituellement le même que celui de
> personnages célestes qui ne seraient pas ailés. [*RTP*:III,
> 648-649]

Thus Proust the modern allegorist recognizes in Giotto a
fellow master of that art.

In that extraordinary passage of the Ruskin pastiche in
which a baked potato is used to demonstrate the development
of mural painting in Italy (for after all, had not Ruskin

asked his readers to open an orange in order to understand
the principles of the Mercator map projection and to carve
Gruyère cheese in order to understand how capitals were
made), Proust underlines his real indifference to problems
of technique. Quite early in his aesthetic development
Proust had discovered that style for the writer, like col-
or for the painter, was not a question of technique but of
vision. It is Giotto's vision that counts, not the technique, and the lessons that one can learn from Giotto are
less those of fresco painting than those of the projection
of one's inner vision in such a way that the resultant art
work functions equally on a literal level, on a moral level, and on an allegorical or anagogical level.

Proust is about to have his Ruskin begin the explanation
of the first of the series of frescoes representing the Lemoine affair, but then, like Ruskin, he begins a tangent
pursuing both the Beuvian fallacy of approaching the work
through the man (for example, Giotto's and Dante's opinions
about judges) and dwelling unnecessarily on the iconographical symbols such as the conical hat of Synagoga on the
west porch of the cathedral at Amiens. In all the wealth
of material on painting Proust has left us, there are exceedingly few discussions of a painter's "moi social," and
while it may be useful for scholars to understand iconography and symbolism, Proust considers the individual personal experience with that symbolism most important. Then,
in the midst of these meandering remarks, always tangential
to the discussion of the frescoes of Giotto, Proust places
the startling statement: "Nulle part le diamant n'est représenté." That Proust's Giotto should choose not to represent the diamonds is analogous to Giotto's choosing to represent *The Watching of the Rods at the Altar* in the Padua
frescoes. Here Giotto devotes an entire frame to what is
essentially a nonevent, for the rods do not sprout, and as
Ruskin has put it, "It is difficult to look long at the

picture without feeling a degree of anxiety and strong sym-
pathy with the silent watching of the suitors; and this is
a sign of no small power in the work" (*Giotto and His Works
at Padua*:XXIV,63). This particular scene reveals Giotto's
personal approach to, or rather, a deviation from, the standard iconography of his time. Proust may have had this in
mind when he constructed the pastiche, and of course Giotto's
choosing not to represent the diamond adds to the comic tone
which permeates the pastiche. The discussion of the face of
Lemoine recalls Ruskin's description of the face of Judas in
"The Kiss of Judas" (*Giotto and His Works at Padua*:XXIV,97).

Much like the project announced several years earlier in
his correspondence with Hahn, Proust has conceived of, if
not brought into reality, a series of literary frescoes in
the manner of Giotto, and here he undoubtedly had in mind
the frescoes at Padua. Proust seems to suggest that Giotto,
who placed biblical stories in a contemporary setting or who
traced the life of St. Francis at Assisi, could have carried
off this contemporary subject with ease. In this single and
short pastiche, Proust has brought together the keen perceptions but aesthetic and factual errors of Ruskin and he has
combined the airplane and the beauties of the modern world
with mythology and the beauties of a world past, including
the architecture of various periods and places. The references to the symbolism of the porch of Amiens, as well as the
passing reference to Dante, further indicate Proust's continued interest in allegory. Finally it is significant that
he should choose the frescoes of Giotto as the vehicle to
represent pictorially the events of the Lemoine Affair.

Thus far we have followed Proust as he discovered through
Ruskin, Giotto, and through Mâle, the allegorical represen-
tations of the Virtues and the Vices in medieval art. The
meditations on architecture in *La Bible d'Amiens* and on reading in *Sésame et les lys* were undoubtedly of great importance
in the conceptualization of the cathedral novel. We have

observed Proust's method of integrating this material both
in his drawings which included Giotto material and in his
pastiche wherein he conceives a modern event in terms of
Giotto.   Let us turn now to the Giotto material as it develops in the manuscripts of *A la recherche du temps perdu*.

Of the sixty-two notebooks at the Bibliothèque Nationale,
nineteen contain material on Giotto, and I should like to
mention briefly some of the more important items.[17]   Cahier
2 contains the important Ruskin pastiche (10^V to 16^V).   In
Cahier 4 (67^V) Proust draws analogies, which I think must
be construed as allegorical, between Baudelaire's "Les Sept
Vieillards," the line "les serpents qui mordent mes souliers,"
and Avarice (that is, Envy) of Giotto.   This same allegorical
group is expanded in Cahier 7 and includes Ruskin material
(see *CSB*, p. 184).   Proust links Giotto and Moreau in Cahier 5
(49), and he reminds himself to ask Mâle about Giotto's Judas
at Padua (69^V).   In Cahier 8 we find texts on Swann who brings
"des copies réduites des Vertus de Giotto" (22^V), and on 54^V
Proust gives the color of Charity as being "tantôt un rougeâ-
tre, tantôt un violacé."   Other than the rich blue of the
frescoes at Padua, Proust rarely mentions colors with Giotto.
Proximity of the Eulalie passage in this notebook suggests
that while she may ostensibly represent a Virtue (Charity),
her motives might stem from a Vice (Envy or Avarice).   Indeed, on 57^V Proust discusses Charity and Envy.   Proust then
moves on to describe angels hovering over the heads of saints,
a motif he finds analogous to the muses who forever surround
certain figures in paintings by Gustave Moreau.   The text
concludes with a general discussion of symbol, much like the
text in *Combray* (*RTP*:I,82).   In Cahier 9 (52^V) Proust crosses
out *copies réduites* of the Virtues and Vices in favor of *photographies*.   The familiar text on Charity and Envy is found
in Cahier 10 (42^r), but with an important and extensive text
on Gustave Moreau and Turner as well.   Proust cites examples
from certain works by Turner where the hero has a relatively

small place in the total structure of the composition, even though the composition bears that figure's name. The artist, whether Turner, Moreau or Giotto, gives what Proust calls a "kind of lived historical reality to the symbol of the subject"; this is what he paints and relates to us as if in the past definite. Proust will break apart this text eventually, and this notion of the historical reality of the symbol of the subject told in the past definite will apply to the Elstirs in the Guermantes Collection (*RTP*:II, 422 and the variant, 1162).

The Virtues and Vices also appear in Cahiers 11 and 18, and there is considerable Giotto material in Cahiers 22, 23, 26, 29, 32, 35, 37, 48, 50, and 57. In Cahier 50, for example, there is an extended text on the Virtues and Vices of Padua. Here a confusing but revealing development includes the Giotto pictures in the house at Combray and a fantasized girl from the neighboring village of Pinçonville, in short, a clear prefiguration of the "paysanne de Roussainville" and the "petit cabinet sentant l'iris."

The volume of manuscript materials entitled *Du côté de chez Swann, fragments autographes* contains an extensive section (17ff) on the Vices and Virtues part of Combray, the motif of the angels as an extinct but real race and their modern analogs, the Wright brothers. This whole unit reappears in the 2ème *dactylographie définitive* of *Du côté de chez Swann*, but here the text also includes the extended development on Gustave Moreau with all of the material about extinct species, mythology, the poet carried by a centaur, the immense landscape in which mythological figures are tiny and finally the unique melding process of historical reality and symbol in Moreau's visionary art. Proust eventually fragments this text into three principal parts: the section of the Virtues and Vices in *Combray* (*RTP*:I,80-83), the Gallery of Elstirs in *Le Côté de Guermantes* (*RTP*:II,418-422), and the Arena Chapel at Padua in *La Fugitive* (*RTP*:III,648-

649). Space prohibits any extensive analysis of details,
but I think it should be evident, from the wealth of Giotto
material in these notebooks and the numerous connections
between this material and the major themes, characters, and
episodes of both *Combray* and the rest of the novel, to what
extent the title "Les 'Vices et les Vertus' de Padoue et de
Combray" is significant.

The importance of the Giotto material in these notebooks
--the *chantier*, as it were, of Proust's cathedral novel--
indicates the central position of Giotto and the frescoes
at Padua to the very structure of the novel. Many of the
other Italian painters often listed with Giotto in critical
works on Proust and painting are really quite insignificant.
For example, much has been said about Botticelli and Proust.
Yet the allusions Proust makes to Botticelli even in his
early works are inevitably found in passages dealing with
snobbishness or idolatry, such as in *Les Plaisirs et les
jours* (*PJ*, pp. 90, 109) or in the subsequent restatement of
this material in *Jean Santeuil* (*JS*:III,332). All the Botticelli references in *A la recherche du temps perdu* appear
to have been added once the manuscript of *Du côté de chez
Swann* had reached the advanced state of a typescript. For
example, the text where Odette looks at Swann "fixement,
de l'air languissant et grave qu'ont les femmes du maître
florentin avec lesquelles il [Swann] lui avait trouvé de
la ressemblance" is Proust's manuscript addition to the
typed copy of the text (54^r). Once Proust had definitely
decided to make Swann a connoisseur of paintings and not
primarily a collector of plants, he had to change his
texts accordingly. This explains the addition at this
state of the Botticelli material or a slight alteration
of Odette's green hat to a "chapeau à la Rembrandt" (60^r).
Like Gustave Moreau who would first lay down colors and
the broad lines of his canvas, and then build up the surface with sinuous lines and iconographic detail, Proust

had a coherent structure, a vision, upon which he was to
add details and embellishments. Giotto's Arena chapel at
Padua, with its allegorical narrative and its cycle of
Virtues and Vices, is at the base of Proust's conception
of the novel as a cathedral, and his vision of the artist
as creator; references to a Botticelli, for example, are
late embellishments or ornaments (an anecdotal detail in
a stained-glass window, a tapestry, a decorative fresco,
if one wants) within that structure.

   As Proust added ornament to his cathedral novel, he also cut away. The development of a text on Giotto's fresco
of St. Louis in Santa Croce in Florence is a case in point.
The reworkings of this fragment in several notebooks (e.g.
Cahier 35, 121^V, or Cahier 57, 27^V-28^r) basically include
the following: projections of what it would be like to
visit Florence, how once there it would be necessary to
rise very early to see sunlight fall across the ancient
fresco by Giotto, and then what it would be like to plunge
into the present and mingle with the people and flowers of
modern Florence. The text is always found with materials
that will eventually form *Noms de pays: le nom*, and it is
maintained through the 2ème *dactylographie définitive* of
Du côté de chez Swann. In these drafts, Giotto helps the
narrator envision Florence as being comprised of three
panels: the contemplation of the fresco, the crossing of
the Ponte Vecchio, and dinner. In the published novel, the
reference to the specific St. Louis fresco by Giotto has
been removed, and the panels, in this case really projected
tableaux, or as Proust later refers to them, "tableaux ima-
ginatifs," are reduced to two actions in one frame: the
narrator who contemplates a fresco and the narrator at lunch
on the other side of the Ponte Vecchio. What had started
out as a detailed development on Giotto's St. Louis ends up
in the text "le nom de Florence [était] divisé en deux compartiments. Dans l'un, . . . je contemplais une fresque à

laquelle était partiellement superposé un rideau de soleil
matinal, poudreux, oblique et progressif" (*RTP*:I,390).

The source for this episode is Ruskin's *Mornings in
Florence*. Here, in that tone and manner that Proust pastiches so well, Ruskin exasperates his reader with a series of questions which he abruptly answers, forever de-
taining his reader from the goal of this early morning ex-
pedition, but at long last bringing his reader in front of
Giotto's St. Louis (*Mornings in Florence*:XXIII,354). Facing p. 356 there is a full-page woodcut of the St. Louis
fresco, showing the king with a cloak of fleurs-de-lis
standing before a striped background. Proust's personal
reactions to this fresco (which he never saw except as a
reproduction), were negative, for in a letter to Mme Catusse of May 1906 he mentions recently receiving Ruskin's
Mornings in Florence, and he writes that in Florence "on
ne verrait rien de ce qu'il y a à voir, et on s'exténue-
rait à arriver en haut d'une échelle à sept heures du matin pour distinguer des Giotto entièrement repeints qui
n'en valent pas la peine."[18] Proust goes on to say "N'importe, si je vais jamais à Florence ce sera pour 'mettre
mes pas dans ses pas'." In a letter to Mme Catusse of
December of 1909, Proust refers to Ruskin's mistakes, those
works "dont Ruskin attribue imperturbablement les œuvres
de Taddeo Gaddi ou Simone Memmi dans la chapelle des Espa-
gnols, alors qu'on ne sait d'elles avec certitude qu'une
chose, c'est qu'elles ne sont ni de l'un ni de l'autre."[19]

Why would Proust, since he obviously did not think much
of the painting, want first to attempt to include this
fresco in his novel, only to reject it later? One could
make an excellent case for its retention in the novel, especially in *Noms de pays: le nom*. Already in its name,
Florence is the city of flowers, or of the lily, as Ruskin
would say, for the symbol of the city, like that of St.
Louis, is the fleur-de-lis. The episode has all the potential

of a typical Proustian motif: poetic expectations, which,
when confronted with the physical reality prove to be de-
ceptions on the one hand, but through instant poetization
become new poetic realities on the other (cf. the Duchesse
de Guermantes who in spite of the "syllabe mordorée" in her
name is first seen in reds and mauves and whose "nez per-
çant" eventually gives rise to the bird metaphors). One
could easily imagine what Proust would have done with a
later confrontation of the narrator's expectations of this
fresco of the great St. Louis of thirteenth-century France
painted by Giotto in the city of lilies, struck by the special springtime sun of modern Italy, and the grim reality
of an all but invisible fresco, and over-restored at that,
painted next to a window, making it impossible to see except from the top of a step ladder at seven o'clock in the
morning.

Undoubtedly Proust finally decided to eliminate this
whole reference to St. Louis for the sake of clarity and
economy, and he therefore generalized the Giotto material
in this section: "le génie de Giotto," "certains tableaux
de Giotto," "une fresque." Similarly, the myriad and specific allusions to Fra Angelico paintings (and often Fra
Angelico and Giotto were placed together in the manuscript
version of this part of the novel) disappear before a generalized evocation of the "fonds d'or" of Fra Angelico.
Not only was the Giotto material crucial to the conception
of the novel as battleground of Virtues and Vices, but pe-
ripherally it may have lent itself to a certain degree to
such an important Proustian concern as the poetics of names.
In short, while there persists a notion that Proust poured
everything into his novel, for indeed the narrator mentions
overfeeding the novel like a child, close work with manuscripts reveals that Proust quite often pares his text down
to the essentials. A much reworked text based on a specific
fresco of St. Louis by Giotto finally becomes a generalized

evocation of a fresco in Florence. In the same manner,
what began as detailed texts on specific paintings by
Chardin, Monet, Whistler, Turner, and Moreau eventually
become a table setting, waterlilies, a wave at Balbec,
or brief allusions to works by Elstir.

Our survey of the various texts on Giotto reveals that
Giotto was one of the major preoccupations of Proust from
1900 until the allegorical structure of his novel was
firmly established and the first volume published in 1913.
Proust undoubtedly realized that he had reached an impasse
with *Jean Santeuil*. Giotto's allegories, appearing to
Proust as Maurice Chernowitz puts it "as living, as breath-
ing, as touchable, as something 'effectivement subi ou matériellement manié'" and having "convincing power and fresh-
ness of actual existence,"[20] may have indicated to Proust
a way of obtaining the artistic dimensions his first novel
lacked. What was merely anecdotal in *Jean Santeuil* through
allegorization becomes universal in *A la recherche du temps
perdu*. Moreover, the Arena chapel with its walls covered
with both narrative and allegorical frescoes all conceived
and executed by the painter Giotto must have been a revelation to Proust who at this period sought out and delighted
in the unified vision one found in collections of the works
of a single painter. Houses (Monet and Moreau) and museums
(Chardin or Rembrandt) might serve as adequate and even desirable frameworks for paintings, but the possible extension
of such a structure into literature would give less than
satisfying results. The loose grouping of the vignettes in
Les Plaisirs et les jours, like so many Lemaire watercolors
in the halls of a Parisian townhouse, exemplifies this sort
of vapid structure, a structure which Proust attempted to
carry over into his first novel, *Jean Santeuil*. Then at the
turn of the century Proust came across at about the same
time two structures providing viable solutions to his own
structural problems in fiction, solutions he would not put

into practice until some ten years hence and then only after
one more unsuccessful format for his fiction, the essay, had
been attempted. If one could read Notre-Dame d'Amiens as a
book, why couldn't one write a book as a cathedral? Giotto
had projected his vision onto the supporting fictions (tradition biblical iconography) and then onto the walls of the
Arena chapel; why couldn't a novelist project his vision on
existing literary traditions (the *Bildungsroman* and the
Künstlerroman), but then place these new projections within
the fabric of a cathedral novel? Moreover, the perfect
blending of reality and symbol in the cycle of the Virtues
and Vices in the thirteenth-century cathedral at Amiens and
on the early fourteenth-century chapel at Padua undoubtedly
suggested to Proust, who by now had worked out the aesthetics of reading in his preface to *Sésame et les lys* and the
fragments destined for the essay "Contre Sainte-Beuve," that
the same was possible, indeed desirable, in literature. And
so eventually he set about the arduous task of building a
cathedral novel. Francis Jammes's plea to have Proust remove an episode from that structure prompted Proust to write
to François Mauriac in 1919 a letter concerning the architectural structure of his work: "Votre ami, le Maître que j'admire entre tous, M. Francis Jammes, m'avait . . . demandé de
supprimer du premier volume de l'ouvrage . . . un épisode
qu'il jugeait choquant. J'aurais voulu pouvoir le satisfaire
Mais j'ai si soigneusement bâti cet ouvrage que cet épisode
du premier volume est l'explication de la jalousie de mon
jeune héros dans les quatrième et cinquième volumes, de sorte qu'en arrachant la colonne au chapiteau obscène, j'aurais
fait plus loin tomber la voûte. C'est ce que des critiques
appellent des ouvrages sans composition et écrits au hasard
des souvenirs."[21] In essence, Jammes is asking Proust to remove one of the *vicious* scenes of the novel, and he has not
understood that in the Proustian cathedral novel which is
essentially dedicated to Virtue, as is the Arena Chapel at

Padua, Vice must be present to give value to Virtue. Suppressing the unpleasant episode from the first volume is structurally equivalent to removing the Vices or Hell from the Arena Chapel in Padua. Combray is a charming façade to the cathedral novel, and the revelations of *Le Temps retrouvé* do appear to us like the concentric circles of light in Dante's *Paradiso* or the radiance of the choir of a church, but to explore only these parts of the cathedral novel is to miss that long central nave of the cathedral wherein the Virtues *and* Vices of the façade reappear in a complex and fourth dimensional psychomachia. Perhaps like hurried tourists we as readers have glanced at the façade and the choir of Proust's church and sped down the long nave without stopping to decipher and meditate long enough upon those allegorical frescoes at the base of the structure, "Les 'Vices et les Vertus' de Padoue et de Combray."

University of Kansas

[1] John Ruskin, *La Bible d'Amiens*, Traduction, notes et préface de Marcel Proust (Paris: Mercure de France, 1904, rpt. 1947), p. 78. References are to the standard editions of Proust's works and will appear in the text with the usual abbreviations. This paper constitutes the first part of a much longer and more detailed development on Giotto, allegory, and the cathedral novel in a book I have been preparing for some time on Marcel Proust and painting. I should like to express my gratitude here to the support given to this project both by the Penrose fund of the American Philosophical Society and by the University of Kansas general research fund.

[2] Albert Feuillerat, *Comment Marcel Proust a composé son roman* (New Haven: Yale University Press, 1934), pp. 218-221 and p. 273 (reproduction of the *faux titre*).

[3] James Stubblebine, *Giotto: The Arena Chapel Frescoes* (New York: W. W. Norton and Co. [Norton Critical Studies in Art History], 1969), p. 72.

[4] John Ruskin, *Giotto and His Works in Padua; The Cavalli Monuments, Verona; Guide to the Academy, Venice; St. Mark's Rest*, ed. E. T. Cook and Alexander Wedderburn, the Library Edition of the Works of John Ruskin, XXIV (London: George Allen, 1960), 43. All references to Ruskin's works in this paper are to the Library Edition.

[5] Marcel Proust, *A la recherche du temps perdu*, II (Paris: Gallimard, Pléiade, 1954), 419. I discuss the full implications of the magic lantern in "*La Lanterne magique*:   Proust's Metaphorical Toy" in the special Proust number of *L'Esprit Créateur*, XI (Spring 1971), 17-31. The magic lantern episode can be read on a literal level, a moral level, and an allegorical level. On the moral level, Geneviève de Brabant and Golo are part of the Virtue and Vice cycle of Combray: "j'avais hâte . . . de tomber dans les bras de maman que les malheurs de Geneviève de Brabant me rendaient plus chère, tandis que les crimes de Golo me faisaient examiner ma propre conscience avec plus de scrupules" (*RTP*:I,10).

[6] *Gazette des Beaux-Arts*, 3e période, XXIV (1er août 1900), 136, and *La Bible d'Amiens*, p. 62. Elsewhere in *La Bible d'Amiens* Proust refers to the following Virtues by Giotto: Obedience and Constancy in the notes on page 298, Faith on p. 299, Hope on p. 301, Charity on p. 303, and Prudence on p. 304.

[7] For a more modern treatment of the *Psychomachia*, but one which does not include Giotto, see Adolf Katzenellenbogen, *Allegories of the Virtues and Vices in Medieval Art from Early Christian Times to the Thirteenth Century* (New York: Norton and Co., 1964).

[8] Jean Autret, *L'Influence de Ruskin sur la vie, les idées et l'œuvre de Marcel Proust* (Genève: Droz, 1955), *Ruskin and the French before Marcel Proust (With the Collected Fragmentary Translations)* (Genève: Droz, 1965), and "La Dette de Marcel Proust envers Émile Mâle," *Gazette des Beaux-Arts*, 6e période, LI (janvier 1958), 49-59.

[9] *RTP*:II,146. The text was added sometime after the manuscript version of *Le Côté de Guermantes*, I.

[10] *RTP*:I,327. Professor Autret suggests that the trees in the foreground could have reminded Proust of plants and roots in an aquarium. See his *L'Influence de Ruskin sur la vie, les idées et l'œuvre de Marcel Proust*, p. 129.

[11] Marcel Proust, *Lettres à Reynaldo Hahn*, ed. Philip Kolb (Paris: Gallimard, 1956), pp. 80-81.

[12] Émile Mâle, *L'Art religieux du XIIIe siècle en France. Étude sur l'iconographie du moyen âge et sur ses sources d'inspiration* (Paris: Armand Colin, 1902), p. 269. References in this paper are to this particular edition. I regret that I was unable to obtain a copy of the 1898 edition, the one that Proust used while he worked on *La Bible d'Amiens*. Although he discusses Proust's debt to Émile Mâle, Professor Autret does not mention these drawings. I have discussed their importance in my doctoral dissertation "The Painter and His Art in the Works of Marcel Proust," (Diss., University of Wisconsin, 1964), pp. 139-146.

[13] Marcel Proust, *Lettres retrouvées*, ed. Philip Kolb (Paris: Plon, 1966), p. 131.

[14] *JS*:I,45. The allusion is to Rembrandt's *Pèlerins d'Emmaüs* which Proust saw in the Louvre. Although Proust is confusing in this early text, the events of the marriage at Cana with those at Emmaüs, the central idea that artistic creation is equal to the miracles of Christ is none the less valid.

[15] Professor Jean Milly has given us an excellent critical edition of this pastiche in his *Les Pastiches de Proust*, édition critique et commentée (Paris: Colin, 1970), pp. 321-334. Space prohibits a close analysis of this pastiche here, and my remarks will be limited to the Giotto material.

[16] New York: Signet Pocket Book, s.d., p. 33.

[17] For a survey of the general contents of these notebooks, see my articles in the *Proust Research Association Newsletter*, No. 2 (Summer 1969), pp. 15-28; No. 3 (Fall 1969), pp. 22-34; and No. 4 (Winter 1970), pp. 17-33.

[18] *Lettres à Madame C.* (Paris: J. B. Janin, 1946), p. 30.

[19] *Lettres à Madame C.*, p. 72. This is a reference to such statements of Ruskin as "We shall see further symbolism of this kind, soon, by Simon Memmi, in the Spanish Chapel," *Mornings in Florence*, XXIII, 361 and elsewhere. In a letter to Georges de Lauris in 1908, Proust quotes an extensive passage from *Mornings in Florence*, XXIII, 410, regarding Giotto, Lorenzo Monaco, and the Spanish chapel. In his pastiche of Ruskin a year or so later Proust will use this material, and at the same time pastiche his own technique of footnotes used in *La Bible d'Amiens* and *Sésame et les lys*.

[20] Maurice Chernowitz, *Proust and Painting* (New York: International University Press, 1945), p. 70.

[21] Quoted in François Mauriac, *Du côté de chez Proust* (Paris: La Table Ronde, 1947), pp. 21-22. Cf. the letter to Paul Souday in *Choix de lettres*, ed. Philip Kolb (Paris: Plon, 1965), p. 250, where Proust reiterates this idea; the removal of this scene at Montjouvain would have "par la solidarité des parties, fait tomber deux volumes entiers, dont elle est la pierre angulaire, sur la tête du lecteur."

The Hôtel de Balbec as
a Church and Theater

❖

PETER V. CONROY

Within the complex universe of Proust's novel, below the
"surfaces" like plot, character development, and psychology, for example, which usually attract most critical attention, and deeply ingrained in the novelistic substance
itself lies an extensive network of images and allusions
which, at privileged loci, concentrates the reader's attention. These knots of metaphors, these centers to which
the details of the text invariably lead, rise above whatever surrounds them and furnish for all their environs a
dominant perspective and an obvious focal point. One such
focal point is the Hôtel de Balbec. In this hotel, the
numerous elements which comprise the present life of the
narrator are combined with those which adumbrate ulterior
developments in the novel.[1] Because of the two principal
forces which influence the life of Marcel and which shape
the form it will take, the Hôtel de Balbec undergoes a
metamorphosis into a church and a theater.

Balbec's theatrical aspect lies in its social nature:
like the Parisian theaters of the turn of the century, this
provincial hotel is a half-way house, a neutral zone where
two worlds, ordinarily separate, can meet and sometimes in-
termingle. In this hotel-theater, Marcel appears only as a
partial resident since he does not participate fully in the
"show" of high society. Rather he observes it from the

outside, exactly as he does later when his family takes up residence in the same building as the Duc and Duchesse de Guermantes.   Doubtless Proust is thinking of these two "hôtels" simultaneously and links the temporary summer place that initiated Marcel into high society with the permanent Parisian home where he plunges into the deepest ring and the most exclusive circle of the faubourg Saint-Germain.   It is not without authorial intent that at Balbec, thanks to his grandmother, the narrator first meets Mme de Villeparisis who, later in Paris, invites him to her salon and thus introduces him into this exclusive and aristocratic world.   This début allows him to enter the physical and mythical presence of the Duchesse de Guermantes who here, after Marcel's numerous but vain attempts to intercept her during her daily morning walk, deigns finally to notice him and say a word to him.   His long friendship with Robert de Saint-Loup also begins at Balbec and seems, albeit wrongly, to offer the quickest and most direct route toward the mysterious realm evoked by the magical name Guermantes.   Finally the narrator at Balbec makes the acquaintance of the little band of "jeunes filles en fleurs" and especially of Albertine, who is destined to play so crucial a role in his personal and emotional development.

Nonetheless this same hotel is visualized as a church. Marcel's original decision to visit Balbec stemmed from his desire to see for himself the strange, half-Persian church about which Swann had so often spoken.   Moreover the revelation of the painter Elstir takes place here.   The studio that Marcel visits produces a veritable conversion: the brusque and forceful shock of what he sees in Elstir's work leads him to experience the power of art and of the artistic experience.   This visit marks a date in his long and painful pilgrimage toward the personal salvation that is, for him, art.   Last, in his room in the Hôtel de Balbec, Marcel dries his mouth with a stiff and rough towel.

This precise sensation will be recalled in *Le Temps retrou-*
vé and fitted into the chain of events which leads the narrator like a catechumen to the discovery of his literary
vocation. Thus the extraordinary power of involuntary memory and of the ideal world which it creates dates from and
depends upon the two vacations at Balbec.

Balbec, therefore, dominated by its hotel like the village of Combray by the spire of its church, is a meeting
ground, a focal point upon which Proust concentrates our
attention so that we may see the first hesitating steps of
his narrator down the path of rediscovered time, toward
that salon where the Princesse de Guermantes, formerly Mme
Verdurin, is sponsoring the social and artistic gala of the
season in which the two "ways" Marcel originally saw as dia-
metrically opposed will ultimately be joined.

Yet, all that has been said up to this point pertains
to the role of Balbec in the plot of the novel, while Balbec and its hotel play a more essential role in the romanesque material itself, in the very substance of the novel.
Proust's treatment of the hotel at Balbec provides a pattern for the whole novel, a paradigm for his personal vision of the world. By making Balbec the focus of a fine
and delicate lacework of images, assimilations, and associations, Proust bestows upon it a new identity and additional value.[2] His ability to see beyond superficial appearances and to discover hitherto unknown essences,[3] a
process here referred to as metamorphosis, transforms this
lowly hotel, like the chrysalis emerging into a butterfly,
into two symbolic poles of the novel and into two perfect
manifestations of art, the Church and the Theater.

The Church offers a source of images and allusions central to all of *A la recherche du temps perdu*, from Combray's
spire through numerous religious comparisons[4] to Proust himself likening his novel to a cathedral.[5] Almost every page
contains some religious reference or metaphor. In the

limited context of the Hôtel de Balbec, however, this pro-
lific imagery is tightly disciplined: in its fine detail,
pervasiveness, and coherence, one can easily recognize the
actual process of assimilation by which Proust identifies
the hotel with a church.

This metamorphosis begins immediately upon Marcel's
first arrival at Balbec.[6] As he prepares to go up to his
room on the top floor, people and things start to acquire
new meanings and identities: "le directeur vint lui-même
pousser un bouton: et un personnage encore inconnu de moi,
qu'on appelait 'lift' (et qui, au point le plus haut de
l'hôtel, là où serait le lanternon d'une église normande,
était installé comme un photographe derrière son vitrage
ou comme un organiste dans sa chambre), se mit à descendre
vers moi . . ." (RTP:I,665). In the company of this quasi-
ecclesiastical personage, Marcel begins his ascension "vers
le dôme de la nef commerciale" (RTP:I,665), a phrase describing his first ride in an elevator, but also impregnated
with religious associations and thereby indicative of the
fact that the metamorphosis is clearly being continued.
Next the elevator boy is entirely assimilated to a musical
function which is usually associated with the Church and
which continues and expands the first citation above: "j'a-
dressai la parole au jeune organiste, artisan de mon voyage
et compagnon de ma captivité, lequel continuait à tirer les
registres de son instrument et à pousser les tuyaux" (RTP:
I,665). Other employees of the hotel are also depicted in
this ecclesiastical light: "Devant ceux qui en avaient au
contraire une très grande [réserve], le Directeur général
s'inclinait avec autant de froideur mais plus profondément,
les paupières abaissées par une sorte de respect pudique,
comme s'il eût eu devant lui, à un enterrement, le père de
la défunte ou le Saint-Sacrement" (RTP:I,691).

This introduction to the hotel in the process of being
transformed into a church (principally through the agency

of another art, music) is doubly interesting because it
is closely paralleled by another metamorphosis, this one
to a theater. Proust presents these transformations simultaneously so as to accentuate the importance of this
action and to keep the hotel free to take on other identities, to change into other objects. This double metamorphosis serves to establish the principle, already noted
by critics for Proustian characters,[7] that objects, like
people, possess multiple meanings and that they can be
seen differently by different observers.[8] Reality is a
composite made of diverse and apparently contradictory elements which nonetheless coexist and ultimately can be rec-
onciled.

The sudden, almost unexplained appearance of the elevator at the director's signal seems to be an extraordinary
entrance on stage, the delight of any set designer, especially in the context of Marcel's later appraisal of him:
"Il se sentait évidemment plus que metteur en scène, que
chef d'orchestre, véritable généralissime" (*RTP*:I,691).
The top floor to which Marcel is ascending not only recalls a spire but also that seat high in the balcony from
which he will see La Berma perform in *Phèdre*, the box from
which the Duchesse de Guermantes will let fall on him her
smile like a golden rain, and his hidden position overlook-
ing the courtyard of the Guermantes residence from which
he will observe the daily comedy in the theater of the
world and from which he will also witness the great love
scene, the entomological duo, enacted by Jupien and the
Baron de Charlus. When Marcel thinks of this elevator operator as a virtuoso performer, his "art" (*RTP*:I,665) is
subtly linked with the genuine theatrical artistry of per-
formers like La Berma or Rachel or even the violinist Morel. Finally, the entire staff of the Grand Hôtel awaiting
the arrival of Marcel and his grandmother becomes "toute
une frise de personnages de guignol sortis de cette boîte

de Pandore qu'était le Grand Hôtel" (*RTP*:I,666). On this comic note, Proust combines his double transformation: the ecclesiastical flavor (Greek temple and mythology) blends a bit incongruously with the theatrical (puppet show) in this humorous restatement of the first stage of the metamorphosis.

It is essential to note that the ecclesiastical aspect of these metamorphoses should not be defined too narrowly or too orthodoxly.[9] Religion's evocative power is not limited to the Catholic Church. Religion for Proust, on the contrary, spans a wide range of potential sources, from biblical Judaism through classical mythology to Celtic beliefs in the supernatural. In addition his ability to see one object in terms of another[10] further widens the field of suggestive analogies at his command for both church and theater. Thus both church and theater control a whole series of ancillary associations, allowing Proust to substitute, for example, music for church and Racine's plays for theater. Like Vinteuil's originally short "phrase," the hotel through its development as church and theater expands into a whole new world in which all the apparently incongruous and formerly unreconciled parts harmonize and from which bursts a fuller, transcendent reality, the "phrase" of the hotel becomes the septuor of the church and theater.

When he lies sick in his hotel room, Marcel is cared for by his grandmother dressed in a "robe de chambre de percale qu'elle revêtait à la maison chaque fois que l'un de nous était malade (parce qu'elle s'y sentait plus à l'aise, disait-elle, attribuant toujours à ce qu'elle faisait des mobiles égoïstes), et qui était pour nous soigner, pour nous veiller, sa blouse de servante et de garde, son habit de religieuse" (*RTP*:I,667). For this work of love and mercy, the grandmother becomes both a nurse and a nun. Speaking of her particular way of starting the day under

these circumstances, Marcel describes it as a "négligeable
introït du jour" (*RTP*:I,669). The introit, in the Catholic
liturgy, is the entrance song which opens the ceremony and
prepares the faithful for the mass to follow. Originally
the introit was sung by the worshipers as they entered the
church from the outside, in procession. Similarly the
grandmother enters the room, entones her greeting, and prepares Marcel for the day to come. Mass and music mingle
to furnish additional details about this critical moment:
"doux instant matinal qui s'ouvrait comme une symphonie par
le dialogue rythmé de mes trois coups auquel la cloison,
pénétrée de tendresse et de joie, devenue harmonieuse, im-
matérielle, chantant comme les anges, répondait par trois
autres coups, ardemment attendus, deux fois répétés, et où
elle savait transporter l'âme de ma grand'mère tout entière
et la promesse de sa venue, avec une allégresse d'annoncia-
tion et une fidélité musicale" (*RTP*:I,670).

Accompanied by supernatural, angelic music, the grandmother's appearance becomes an "annunciation": like the
Angel Gabriel appearing to the Virgin Mary, Marcel's grandmother brings him peace, joy, and comfort. Doubtless Proust
is thinking not of the theological implications of this
scene, but rather of its dramatic, emotive, and artistic
values, just as he did with those religious painters like
Giotto who depicted this scene.[11] This dialogue without
words brings to mind the inaudible prayers recited in turn
by the priest and his altarboy at mass, or, another possibility, the antiphons, prayers which are chanted alternately
by two choirs at certain services. Perhaps it is interesting to note that this antiphonal method of singing began and
flourished in the Church of Saint Mark in Venice, the only
church which then had the two separate loges and organs needed to accommodate the two choirs. Saint Mark's, of course,
provides one of the sensations (the uneven paving stones)

which enable Marcel, awaiting admittance to the Princesse de Guermantes's salon, to find lost time.

As was noted above, theatrical allusions reinforce the metamorphosis begun in religious terms. Three knocks, the traditional signal in the French theater for the start of a play, call the grandmother to Marcel's side and announce her entrance upon the stage of his room. This room, moreover, resembles that of Combray as the sickness at Balbec takes on the same proportions as the "drame du coucher": "Peut-être cet effroi que j'avais--qu'ont tant d'autres-- de coucher dans une chambre inconnue . . ." (RTP:I,670). Having entered the room, the grandmother opens the shades, an action termed an "insignifiant lever de rideau" (RTP:I, 669).

To cap as it were the Hôtel de Balbec in the process of becoming a theater, Proust even introduces a play inside his novel. This play is unique for it contains not only the "actors" on stage but also the "spectators" who, in their orchestra seats, participate in the social comedy exactly as the Duchesse de Guermantes does in her box in Paris.

Balbec's little group, consisting of the first president of Caen, the *bâtonnier* of Cherbourg, and the *grand notaire* of Mans, as well as of their wives, who exhibit some "pré- tentions à l'aristocratie" (RTP:I,675), provides the spec- tators in this hotel turned theater. Comfortably seated in the dining room, they observe all who pass by or who eat there with the expectant curiosity of an audience wait- ing for a celebrated performer to appear: "Ce petit groupe de l'hôtel de Balbec regardait d'un air méfiant chaque nou- veau venu, et, en ayant l'air de ne pas s'intéresser à lui, tous interrogeaient sur son compte leur ami le maître d'ho- tel" (RTP:I,676). A victim of Proust's irony, this ridic- ulous group is but the poor summer replacement for two other groups which delight in the same type of malicious conver-

sation but which do it with an infinitely superior degree
of tact, intelligence, and finesse, the "petit noyau" of
the Verdurins and the aristocratic circle of the Guermantes. By a stroke of genius similar to that of his Italian
contemporary Pirandello, Proust makes his spectators act
out their own comedy unknowingly. Thus they pass before
us, actors without realizing it, spectators in search of
a spectacle which is in truth only themselves.

However, there are some "real" actors who provide an
entertainment in several acts for these ridiculous bourgeois. The first to enter on stage are the narrator and
his grandmother. Their part is a brief farce, eating hard-
boiled eggs--and very self-consciously!--under the careful
scrutiny of the "spectators": "nous mangions des œufs
durs dans la salade, ce qui était réputé commun et ne se
faisait pas dans la bonne société d'Alençon" (RTP:I,676).
A Frenchman "qu'on appelait Majesté" and his "jolie maîtresse, sur le passage de qui, quand elle allait se bai-
gner, les gamins criaient: 'Vive la reine!'" (RTP:I,676)
follow immediately. Here the theatrical element is doubled:
first, they willfully assume a role by pretending to be the
king and queen of a small, uninhabited island (possible memories, for an avid reader of Molière, of Arnolphe's comic
pretensions to aristocracy); second, the spectators confer
another title upon this king, that of "souverain de Guignol"
(RTP:I,677). Then there is a "vieille dame riche et titrée"
(RTP:I,677), later identified as Mme de Villeparisis, a former classmate of the grandmother. Followed by a full com-
plement of servants, spreading surprise and astonishment,
and with all the glitter of a great *prima donna*'s entrance on
stage, Mme de Villeparisis provides an immensely entertaining
and captivating spectacular for these bourgeois unaccustomed,
despite their so-called sophistication, to true high society:
"Chaque fois que la femme du notaire et la femme du premier
président la voyaient dans la salle à manger au moment des

repas, elles l'inspectaient insolemment avec leur face-à-main du même air minutieux et défiant que si elle avait été quelque plat au nom pompeux mais à l'apparence suspecte qu'après le résultat défavorable d'une observation méthodique on fait éloigner, avec un geste distant et une grimace de dégoût" (*RTP*:I,677-678). Contrasting with the showiness of Mme de Villeparisis are two silent figures, M. and Mlle de Stermaria, who are puppets, subject to the brusque and mindless movements characteristic of those creatures manipulated by strings. Their indignation at Aimé for having placed Marcel and his grandmother at their table swiftly turns to obsequious respect and fawning amiability when they learn of the grandmother's friendship with Mme de Villeparisis. Finally, three young men and a "certaine actrice" (*RTP*:I,680)--a mysterious quartet which recalls and reflects other similar groups like Charlus, Swann, and Odette or Robert de Saint-Loup, Marcel, and Rachel--appear briefly and are always seen from a distance. Mute, visible but unrecognizable, provocative because of what they might be, these four figures fill in the background, giving the stage at Balbec an important and necessary depth and adding the complexity of several levels of action.

Twice again Proust returns to this "play within a play," adding scenes and reinforcing the assimilation of the hotel into a theater. Now it is the "audience's" turn to appear on stage. Having succeeded in inviting M. and Mme de Cambremer to lunch, one particularly fatuous member of this little pretentious group basks in the joy of his social triumph. By introducing Racine into his comparison, Proust underlines the theatricality of the whole incident and undercuts this pompous snob: "--Oh! c'est une femme bien simple, elle est charmante, on ne fait pas moins de façons. Je pensais que vous alliez venir, je vous faisais des signes . . . je vous aurais présenté! dit-il en se corrigeant par une légère ironie l'énormité de cette proposition, comme Assuérus quand il dit à Esther: 'Faut-il de mes États vous donner la moitié?'" (*RTP*:I,687).

Later, another direct reference to the theater terminates a scene. In their arrogance and disdain for Mme de Villeparisis, who in fact far outranks the provincial Cambremer, this same group observes the arrival of the Princesse de Luxembourg. Despite her calling card, they consider her to be a fake like Mme de Villeparisis. Marcel's own comments bring down the curtain on this farce: "Il ne faut, d'ailleurs, pas croire que ce malentendu fut momentané comme ceux qui se forment au deuxième acte d'un vaudeville pour se dissiper au dernier" (*RTP*:I,703).

The actors having passed in review, the theater itself remains to be considered. The dining room of the Hôtel de Balbec, where everyone appears as on a stage in a spectacular production bathed in electric light which the neighboring peasants observe through a large glass window, is first transmuted into an aquarium. To Proust's mind, this transformation of the hotel into an aquarium offers a solid link with the theater. In *Le Côté de Guermantes* he uses this same ichthyological metaphor in a passage where the theater changes into an aquarium and men are transformed into fish. By reusing this same image, the same process of transmutation as well as the same end point of the metamorphosis (i.e. the aquarium), Proust emphasizes and solidifies the identification of the Hôtel de Balbec with a theater.[12]

Marcel's second visit continues and confirms the metamorphoses begun during his first stay.

The religious aspect of the transformation is accomplished principally by three women. The whole process begins with the episode where Marcel, sitting in his room, that privileged Proustian spot for voyages of the spirit, bends over to remove his shoes. Immediately he is seized by "une présence inconnue, divine" (*RTP*:II,755), the memory of his grandmother who would come and help him at those moments when, like the present, he felt sad and dejected. He recalls the grandmother in her role of nurse and nun because he thinks of her in terms of the dress she wore and which was invested with a religious significance (see *RTP*:I,667, quoted above): "Or, je ne me la rappelais pas seulement dans cette robe de chambre, vêtement approprié, au point d'en devenir presque symbolique, aux fatigues, malsaines sans doute, mais douces aussi, qu'elle prenait pour moi" (*RTP*:II,758). Now however, Marcel's mother is accompanying him in the grandmother's stead and therefore replaces her in this ongoing metamorphosis. So similar are these two women that they merge into one single being in Marcel's consciousness: "ce n'était plus ma mère que j'avais sous les yeux, mais ma grand'mère" (*RTP*:II,769). The religious terms heretofore applied to the grandmother now describe the mother: "Mais surtout, conservant précieusement comme des reliques, non pas seulement la broche, l'en-tout-cas, le manteau, le volume de Mme de Sévigné, mais aussi les habitudes de pensée et de langage de sa mère, cherchant en toute occasion quelle opinion celle-ci eût émise, ma mère ne pouvait douter . . ." (*RTP*:II,836). Burdened with lacerating memories as with a "couronne d'épines" (*RTP*:II, 768), she dresses in the "voiles noirs" (*RTP*:II,769) which are not only a sign of mourning but also the religious habit the grandmother had previously worn. She also has developed the slow and studied gait of a nun. From the window on the top floor of the hotel, Marcel watches his mother "s'avancer toute noire, à pas timides, pieux" (*RTP*: II,770). Eventually her devotion to her mother reaches the religious peak of "idolâtrie" and of "ce culte du regret pour nos morts" (*RTP*:II,770) which has changed her so profoundly.

Although she also plays a significant theatrical role, one woman in Balbec revisited crowns the religious and

ecclesiastical metamorphosis: Mme de Cambremer.   Proust's
descriptions of her make any mistake impossible.   Her
clothes are continually assimilated to a priest's or a
bishop's vestments: "Malgré la chaleur, la bonne dame a-
vait revêtu un mantelet de jais pareil à une dalmatique,
et par-dessus lequel pendait une étole d'hermine dont le
port semblait en relation non avec la température de la
saison, mais avec le caractère de la cérémonie.   Et sur la
poitrine de Mme de Cambremer un tortil de baronne relié à
une chaînette pendait à la façon d'une croix pectorale"
(*RTP*:II,806).   The accessories of her costume become "les
ornements de sa tournée pastorale et de son sacerdoce mondain" (*RTP*:II,808).   Further on, Proust finishes this transformation as he describes Mme de Cambremer leaving, "sur-
chargée des ornements de son sacerdoce, comme un vieil é-
vêque en tournée de confirmation" (*RTP*:II,824).

For this second stay at Balbec as for the first, the
theme of the hotel as theater supplements the vision of the
hotel as church.   Sometimes this theatrical element is presented in extremely clear-cut and straightforward terms:
"Je comprenais très bien le charme que ce grand palace pouvait offrir à certaines personnes.   Il était dressé comme
un théâtre, et une nombreuse figuration l'animait jusque
dans les cintres.   Bien que le client ne fût qu'une sorte
de spectateur, il était mêlé perpétuellement au spectacle,
non même comme dans ces théâtres où les acteurs jouent une
scène dans la salle, mais comme si la vie du spectateur se
déroulait au milieu des somptuosités de la scène" (*RTP*:II,
773-774).   A series of supporting comparisons fills out this
declaration with the necessary and by now familiar details
of the metamorphosis.   The young boys who work at the hotel
become the "lévites" (*RTP*:II,775) of *Athalie*:   they are "'un
peuple florissant' de jeunes chasseurs" taken out of a "tragédie judéo-chrétienne," they are the "jeunes Israélites des
chœurs de Racine" (*RTP*:II,774).   Proust compares their jobs

in the hotel to the tasks of Joas in the temple and he ex-
cerpts some lines from the play in order to create a fictitious, imaginary dialogue among these young boys. Thus
the whole hotel comes alive with an "existence ecclésias-
tique" (RTP:II,775)--as before, church and theater are
closely related and each metamorphosis reinforces and com-
plements the other--so that Marcel no longer knows if he
has penetrated "dans le grand hôtel de Balbec ou dans le
temple de Salomon" (RTP:II,775).

This mixture of seemingly heterogeneous details--Racine,
young "chasseurs" visualized as actors, the ecclesiastical
setting of the scene--continues a pattern dating back to
the first visit to Balbec. While awaiting at that time a
ride in the countryside with Mme de Villeparisis, Marcel
envisioned the hotel in its astonishing diversity, at once
church and theater:

> A l'intérieur dans le hall qui correspondait au narthex, ou é-
> glise des catéchumènes, des églises romanes, et où les person-
> nes qui n'habitaient pas l'hôtel avaient le droit de passer,
> les camarades du groom "extérieur" ne travaillaient pas beau-
> coup plus que lui mais exécutaient du moins quelques mouve-
> ments. . . . Mais l'après-midi ils restaient là seulement com-
> me des choristes qui, même quand ils ne servent à rien, demeu-
> rent en scène pour ajouter à la figuration . . . Du moins, en-
> tre le déjeuner et le dîner, entre les sorties et les rentrées
> des clients, remplissaient-ils le vide de l'action, comme ces
> élèves de Mme de Maintenon qui, sous le costume de jeunes Is-
> raélites, font intermède chaque fois qu'Esther ou Joad s'en
> vont. [RTP:I,706]

Thus, on one page, in one continuous vision as it were,
Proust presents both transformations together, the hôtel
de Balbec seen simultaneously as church and theater.

In contrast to the hotel-theater and the play-within-a-
play of the first visit, this summer's repertory is severely

limited. Far in the background stands one minor comic
actor, Nissim Bernard, who strikes nonetheless a serious
note, one of the principal themes of all the *Recherche*.
In the dining room of the "Temple-Palace de Balbec" (*RTP*:
II,843) where he invariably lunches during his vacation,
one of the young waiters recalling the "jeunes Israélites
d'*Esther* et d'*Athalie*" (*RTP*:II,843) has inspired in him a
homosexual passion, a Proustian variation of the monstrous,
guilty love in *Phèdre*. Moved by this passion, Nissim Bernard rushes to his seat "comme l'eût fait à l'orchestre
quelqu'un qui entretient une figurante" (*RTP*:II,843-844).

There is, however, only one great role to play and one
great actress to play it: Mme de Cambremer. She dominates
not only the town of Balbec but also the stage of the hotel.
Her entrances are magnificent and pompous, outshining those
of Mme de Villeparisis which in comparison were but dim
preparations: everyone at the hotel from the first president to the elevator boy is in a frenzy over her arrival
which is highlighted by the antique splendor of her "vieille calèche à huit ressorts attelée de deux chevaux" (*RTP*:
II,765), a minor miracle in itself of stage props and décor. Transformed into the quasi-ecclesiastical figure noted above, described by Proust at great length and with obvious relish, the grand woman of the old school monopolizes
the attention of everyone and never relinquishes it. Proust
literally puts her on stage:[13] we hear her distinctive way
of speaking, of breaking up words and phrases at precisely
the wrong places; as she talks, we see her hyperactive sal-
ivary glands at work; and we can feel the décor and atmosphere of the charming past she personifies with her anti-
quated love of Chopin and with the curious diminuendo of
her three inevitable adjectives.

This process of metamorphosis which consists, as we have
seen, in describing one object in terms of another, is not
merely a "precious" manner of writing, nor a gratuitous

attempt to find an elevated or poetic style.[14] Rather it
reveals a way of thinking, a personal vision which lies at
the base of the entire novel.

To Proust's mind there exists a similarity, an inter-
changeability even between disparate objects which thus
secretly share a common essence. His vision does not stop
like ours at the superficial appearances which only separate and distinguish objects.[15] His vision, on the contrary, penetrates directly to the marrow, to the intimate
nature of things where, despite their surfaces, objects
can be surprisingly similar. Although a hotel cannot normally be said to resemble either a church or a theater, it
does nevertheless possess some of the same artistic germs
or possibilities which the latter have brought to fruition.
Beneath the hotel's homely exterior is hidden a primitive
resemblance, a fundamental commonness which unite it to the
accomplished artistry of Church and Theater just as Vinteuil's original "phrase" is similar to and yet different
from the ultimate septet.

Still, the essences that Proust is seeking remain more
complex than that. Church and Theater represent the two
poles of Marcel's life, just as Swann's way and the Guermantes' way do. They combine two orders of experience,
both the social and the spiritual, which at first glance
seem to contradict each other but which in the long run
merge in the mature Marcel to complete his personality.
More than a simple hall for spectacles, the Theater is a
metaphysical area and a personal dimension, almost a trau-
matic experience, the meeting of those several individuals
which exist simultaneously inside each human being. Similarly, the Church is more than a particular faith or a
specific canon of beliefs and dogmas. It is rather the
ritualistic expression, the magical ceremony which places
man in contact with the extraordinary, transcendent, and
inexplicable power of the universe. In the Hôtel de Balbec,

a neutral zone which can lend itself in turn to either church or theater, Proust reunites and mixes these two orders: the social comedy, the mundane pretensions, the search for the intimate verity and identity of persons (Albertine, Charlus, Robert de Saint-Loup, the grandmother) and of things (Elstir's art) on one side and on the other the magic produced by involuntary memory (the grandmother's apparition) and the privileged moments of rest and peace which the inexplicable powers hidden in the world give to Marcel (the sight of his mother from the window, the various views of the sea). The metamorphoses that the Hôtel de Balbec undergoes represent Proust's own quest for these dynamic essences which remain constantly fugitive; they are efforts to solidify the perpetual flow of the universe, to stop the inexorable forward march of time.[16] This process of transformation, because of its very multiplicity, grants to objects the same paradox, the same fundamental ambiguity that Proustian psychology accords to people. Yet, at the same time, these metamorphoses offer the key to the very enigma they pose. Like involuntary memory, metamorphosis does not resolve any problems; rather, it clarifies the questions and presents them in more precise terms, thus elevating to the domain of art the incomplete and obscure complexities of life. At the end of *Le Temps retrouvé*, Marcel has not completed his own novel (although Proust has), he has just understood what he still has to write and how he will do it.

Therefore, when he transforms the Hôtel de Balbec into a Church and a Theater, Proust already prefigures the successful conclusion of his whole novel. *Le Temps retrouvé*, whose subtitle could be "disorders resolved," springs from and looks back upon this first search completed, this first circle joined, and this first loss rediscovered which is the Hôtel de Balbec metamorphosed into a Church and a Theater.

University of Illinois, Chicago Circle

[1] J. M. Cocking, *Proust* (New Haven: Yale University Press, 1956), p. 31: "Every apparently shapeless fragment is ready to click into place at the touch of the appropriate spring. . . ."

[2] Germaine Brée, *The World of Marcel Proust* (Boston: Houghton Mifflin, 1966), p. 244: "Metaphor is the stylistic figure of speech whereby the disparate elements will be fused so that the work achieves the unity of the narrator's vision."

[3] Havelock Ellis, *From Rousseau to Proust* (New York: Houghton Mifflin, 1935), p. 370: "There is a real analogy here, for Proust, with however different a creed from the mystic, was doing precisely what was done by Behmen: He was deliberately seeking beneath external and visible forms the inner and invisible essence of which the external things are merely the symbols."

[4] For example Françoise's ritual meal which resembles a Mass (*RTP*: I,80) or Odette's room compared to a chapel (*RTP*:I,526). All references to the text will be from *A la recherche du temps perdu* (Paris: Gallimard [Pléiade], 1954), 3 volumes.

[5] ". . . car, épinglant ici un feuillet supplémentaire, je bâtirais mon livre, je n'ose pas dire ambitieusement comme une cathédrale, mais tout simplement comme une robe" (*RTP*:III,1033).

[6] Harry Levin, *The Gates of Horn* (New York: Oxford, 1966), p. 428: "*A l'ombre des jeunes filles en fleurs* is particularly rich in metaphorical transformations. Proust transforms an elevator ride into an esthetic adventure, with elaborate virtuosity, by regarding the operator who is pulling out the stops." Mr. Levin, however, pursues this metaphor no further.

[7] See, for example, Sartre's remarks about literary psychology in *L'Etre et le Néant* (Paris: Gallimard, 1943), pp. 643-663.

[8] Harold March, *The Two Worlds of Marcel Proust* (Philadelphia: University of Pennsylvania Press, 1948), pp. 194-195: "For Proust, truth is dual, material and transcendental. On the plane of normal human experience one can arrive, with the aid of observation and reason, at certain conclusions which are valid for that plane. On the level of mystic experience, which arises in emotion, and whose instrument is direct apprehension or intuition, a whole new field of truth is opened up, which supersedes, and to some extent contradicts, the conclusions of reason. . . . From this point of view the whole story [i.e. the novel itself] is a demonstration that things are not what they seem."

[9] Levin, p. 418: "If his exposure to Catholicism had been perfunctory, he was passionate in his esthetic devotion to churches." For Proust religion is more a passionate cult of beauty than any faith or system of belief.

[10]March, p. 88: "Even before entering the Lycée Condorcet, he was showing his lifelong disposition to view objects and events in terms of art--literary, musical, or visual--and to view art in terms of comparison or analogy with other art or with life."

[11]See, for example, the article "Proust and Giotto" by Theodore Johnson, in this volume.

[12]Levin, p. 429, among many others, has pointed out these same passages, but always without drawing the conclusions I propose here. To refresh the reader's memory, these texts are partially reproduced here. First is the hotel: "Et le soir ils ne dînaient pas à l'hôtel où, les sources électriques faisant sourdre à flots la lumière dans la grande salle à manger, celle-ci devenait comme un immense et merveilleux aquarium devant la paroi de verre duquel la population ouvrière de Balbec, les pêcheurs et aussi les familles de petits bourgeois, invisibles dans l'ombre, s'écrasaient au vitrage pour apercevoir, lentement balancée dans des remous d'or, la vie luxueuse de ces gens, aussi extraordinaire pour les pauvres que celle de poissons et de mollusques étranges. . . . En attendant, peut-être parmi la foule arrêtée et confondue dans la nuit y avait-il quelque écrivain, quelque amateur d'ichtyologie humaine, qui, regardant les mâchoires de vieux monstres féminins se refermer sur un morceau de nourriture engloutie, se complaisait à classer ceux-ci par race, par caractères innés et aussi par ces caractères acquis qui font qu'une vieille dame serbe dont l'appendice buccal est d'un grand poisson de mer, parce que depuis son enfance elle vit dans les eaux douces du faubourg Saint-Germain, mange la salade comme une La Rochefoucauld" (*RTP*:I,681). Then the theater: "Mais, dans les autres baignoires, presque partout, les blanches déités qui habitaient ces sombres séjours s'étaient réfugiées contre les parois obscures et restaient invisibles. Cependant, au fur et à mesure que le spectacle s'avançait, leurs formes vaguement humaines se détachaient mollement l'une après l'autre des profondeurs de la nuit qu'elles tapissaient et, s'élevant vers le jour, laissaient émerger leurs corps demi-nus et venaient s'arrêter à la limite verticale et à la surface clair-obscur où leurs brillants visages apparaissaient derrière le déferlement rieur, écumeux et léger de leurs éventails. . . . En deçà, au contraire, de la limite de leur domaine, les radieuses filles de la mer se retournaient à tout moment en souriant vers des tritons barbus pendus aux anfractuosités de l'abîme, ou vers quelque demi-dieu aquatique ayant pour crâne un galet poli sur lequel le flot avait ramené une algue lisse et pour regard un disque en cristal de roche. Elles se penchaient vers eux, elles leur offraient des bonbons; parfois le flot s'entr'ouvrait devant une nouvelle néréide qui, tardive, souriante et confuse, venait de s'épanouir du fond de l'ombre . . ." (*RTP*:II,40).

[13]Edmund Wilson, *Axel's Castle* (New York: Scribner, 1931), p. 138: "This heightening in Dickens is theatrical; and we sometimes--though considerably less often--get the same impression in Proust that we are watching a look or a gesture deliberately underlined on the stage. . . ."

[14]André Maurois, *A la recherche de Marcel Proust* (Paris: Hachette, 1949), p. 273: an otherwise acute Maurois makes this error, seeing in the various transformations of Balbec's hotel only "dissonance classicisme-trivialité."

[15]Van Meter Ames, *Proust and Santayana: The Aesthetic Way of Life* (New York: Willett, Clark, and Co., 1937), pp. 31-32: "He felt that the imaginative, metaphorical character of art was essential to it because only by breaking from everyday appearance could art adumbrate the transcendent truth which he believed to be its burden. For him art had a supernatural sanction. . . ."

[16]Cocking, p. 62: "The artist, instead of passionately *pursuing* the object, makes use of it, translates it into the language of his art--the style of painting or of literature--and thus captures and holds for ever the values of which, through the object, he has become aware."

Le Rituel dramatique dans
A la recherche du temps perdu

❖

ROSETTE C. LAMONT

Un jour, il y a près de douze ans, en bavardant avec Eugène Ionesco lors de son premier séjour à New York, je lui
posai une question qui sembla l'intéresser tout spéciale-
ment: "Y a-t-il une pièce que vous auriez dû ou pu écrire,
qui continue à vous hanter bien que vous sachiez fort bien
que vous n'allez jamais la faire?" Il répondit aussitôt,
et avec une certaine émotion: "Oui, des scènes tirées du
roman de Proust." Plus tard je le questionnai sur ces
scènes. Assailli par les virtualités d'une inépuisable
matière, Ionesco hésitait: "Les souliers rouges . . .
Swann, un mourant, debout auprès de la duchesse de Guermantes en train de monter dans sa voiture pour dîner en
ville. Il s'excuse de ne pouvoir lui servir de guide dans
quelques mois, au cours d'un voyage en Italie. Il ne sera
plus de ce monde. Elle fait semblant de ne pas y croire
pendant que son époux piaffe d'impatience, 'comme s'il a-
vait été lui-même un des chevaux qui attendaient.' Ou
bien, la ronde moliéresque des médecins autour du lit de
la grand-mère du narrateur. Et, bien sûr, les soirées mu-
sicales de Mme Verdurin, sa mimique pour indiquer aux in-
times qu'on leur sert un génie." Il s'arrêta, comme à regret. Il n'avait évoqué que quelques-unes de ces scènes
à faire, scènes faites pour le théâtre de l'esprit de celui qui sut peupler sa chambre de malade des personnages

226

ayant appartenu au "drame de [son] coucher" et de ceux qui,
ayant trouvé leur auteur, jouèrent sans le savoir, leur
rôle dans une tragédie classique brodée par un destin in-
éluctable.

Dès une première lecture de *A la recherche du temps perdu* on est frappé par la part que le romancier accorde au
théâtre à l'intérieur de son œuvre. Le Professeur John
Linn dans son livre, *The Theater in the Fiction of Marcel
Proust*, a compté cinquante pièces classiques et modernes
dans *A la recherche*, trente dramaturges, vingt-cinq comé-
diens et près de soixante-quinze rencontres mondaines au
théâtre. Il a été frappé par le nombre de citations tirées
des pièces de Racine, en particulier de *Phèdre*, d'*Esther*
et d'*Athalie*. Il ne faut pas oublier que Proust fit ses
débuts en littérature comme critique pour *La Revue d'Art
Dramatique*. Au moment où il aimait encore sortir au spectacle avec ses amis Jacques Bizet et Léon Daudet, les personnages qu'il admirait et auxquels il s'identifiait profondément étaient Hamlet et Phèdre. Plus tard, lorsqu'il
lui deviendra pénible de sortir à des heures régulières, de
rester prisonnier d'une foule, il suivra certains grands
événements culturels, telle la première de *Pelléas*, du fond
de son lit de malade, grâce à ce théâtrophone décrit par
Cocteau.

L'intérêt que Proust porte au théâtre ne reste pas super-
ficiel, extérieur. Ce chercheur d'essences a voulu dégager
de ce genre qu'il ne pratiquait pas mais qu'il admirait, son
caractère absolu, celui du *signe* comme l'appelle Gilles Deleuze. En effet, c'est sur la scène que le sujet caché d'un
écrivain se matérialise, s'incarne. Le dramaturge doit se
servir de cette matière souple qu'est la chair, de cet élément fluide, évanescent qu'est le geste. C'est au théâtre
que l'on arrive à tout dire sans rien déclarer, sans se déclarer. Quant au spectateur, il s'agit pour lui d'appren-
dre à déchiffrer les hiéroglyphes vivants--merveilleuse

formule d'Antonin Artaud--qui lui sont présentés. Il s'é-
tablit ainsi entre spectateur et dramaturge une connivence,
moins coupable sans doute que celle qui permet aux Sodo-
mites ou aux Gomorrhiennes de se reconnaître, mais néan-
moins d'intelligence. Le langage chiffré par lequel le contact se fait échappe aux règles de la syntaxe. De plus,
l'acteur évolue dans le temps, incarnation de *la petite
phrase*, partition corporelle et vivante. Ce passage à travers le temps du jeu, et l'espace scénique, l'acteur l'im-
prime en tant que mouvement au personnage qui, inscrit sur
une page, s'immobiliserait dans l'Etre. L'Hermaphrodite
sublime qu'est l'acteur-personnage constitue l'unité du signe et du sens.

L'acteur, au moment où il interprète son rôle, est un
Signe qui coïncide avec son essence. Il échappe à sa matérialité corporelle tout en l'affirmant, et, paradoxalement, il établit la riche corporalité d'une pensée rendue
visible et vivante. Pour le sensuel qu'était Proust, le
corps représente "l'instrument d'un rituel," comme l'écrit
Thérèse Lynn Ballet dans "Proust physiognomiste" (*Europe*,
août-septembre 1970). C'est le fil conducteur qui nous
relie à l'âme, mais c'est aussi l'expression de l'esprit
caché. Ainsi lorsque le narrateur de *A la recherche* se
jette dans les bras de sa grand-mère et suspend ses lèvres
à la figure de celle-ci, il lui semble qu'il accède à ce
cœur immense et qu'il arrive à caresser la bonté. De même, lorsque le narrateur fait la connaissance de Mme Elstir
à Balbec, il comprend que cette femme un peu lourde représente pour l'artiste, son époux, l'incarnation de la Beauté.
Il se dit alors: "Quel repos . . . de poser ses lèvres sur
ce Beau que jusqu'ici il fallait avec tant de peine extraire
de soi, et qui maintenant, mystérieusement incarné, s'offrait à lui pour une suite de communions efficaces!" (*RTP*:
I,851). Il s'agit évidemment de tenter l'impossible, la
possession d'un autre être, d'une essence. Proust était

grand collectionneur de photographies, mais il croyait au
cliché intérieur, celui que l'on développe dans la chambre
noire de son cerveau et de son cœur, lorsqu'on se trouve
seul. C'est ainsi que Marcel emprisonne la passante entrevue plutôt que contemplée, "la bacchante à bicyclette,
la muse orgiaque du golf" (*RTP*:I,873). Albertine, l'a-
moureuse attendue et longuement rêvée ne correspondra que
bien plus tard à elle-même, c'est-à-dire à cette première
impression fugitive. C'est au théâtre que Proust emprunte
sa métaphore lorsqu'il déclare: "je reconnaissais de loin
dans chaque passante . . . le fantôme moral . . . de la femme qui allait être éprise de moi, me donner la réplique dans
la comédie amoureuse que j'avais tout écrite dans ma tête
depuis mon enfance. . . . De cette pièce, quelle que fût la
nouvelle 'étoile' que j'appelais à créer ou à reprendre le
rôle, le scénario, les péripéties, le texte même gardaient
une forme *ne varietur*" (*RTP*:I,890). L'acteur-personnage constitue donc une transcendance, l'expression de quelque chose
de trans-personnel. S'il est mensonge, comme l'amour, c'est
un mensonge supérieur qui nous amène à la vérité plutôt qu'à
la réalité. Comme la danseuse de Mallarmé, il est l'œuvre
d'art libérée de l'appareil du scribe. Celui qui fait l'acte pour nous, le comédien, celui qui vit notre vie pour nous,
le personnage, fondus en un, nous livrent, par la gymnastique sublime du premier, aussi révélatrice de la vie profonde que les symptômes d'une hystérique, par l'abstraction
psychologique de l'autre, la clé de notre condition.

    Le théâtre imaginaire de Proust est particulièrement mo-
derne par l'importance que le romancier accorde à la ges-
tuelle. Il n'est donc guère étonnant que celui qui souhaite
incarner et concrétiser ses fantasmes, Eugène Ionesco, ait
été attiré par cette conception du dramatique. Ce qui ca-
ractérise le rituel théâtral de Proust, ce n'est pas ce que
les gens se disent, mais la façon dont ils s'expriment. Nous
devons donc analyser la *sur-conversation*--si nous pouvons

transformer ainsi le néologisme si évocateur, et si proustien de Nathalie Sarraute: la sous-conversation--qu'est
leur mimique.   Ainsi, lorsque Mme de Guermantes éprouve un
"plaisir arbitrairement théâtral" à émettre en public des
jugements imprévus, si provocants qu'ils fouettent "de surprises incessantes et délicieuses la princesse de Parme"
(*RTP*:II,473), ce n'est pas le fait de promulguer les plaisirs de visiter les fjords de la Norvège à l'époque sacrée
de la saison parisienne, encourageant ainsi les amateurs
de voyages à renoncer au bien suprême d'un dîner chez Mme
de Sainte-Euverte, qui constitue l'élément clé de la performance de ce "Kant des salons," mais le ton agressive-
ment libertaire sur lequel se modulent ces décrets.   Ainsi,
ceux qui prêtent l'oreille à de tels discours, éprouvent-
ils un frisson sado-masochiste, un érotisme de fauteuil.
Ce n'est pas le dire qui prime ici, mais le faire.   Les
opinions d'Oriane, sincères ou non, la revêtent de la tu-
nique de cuir des tortionnaires.   Ce bourreau du Faubourg
Saint-Germain n'a de la femme que la passivité apparente.
En fait, la duchesse se livre à un acte d'agression.

Oriane n'est pas l'unique membre de la famille à fouler
aux pieds les conventions sociales.   Son neveu Saint-Loup,
dans une des scènes les plus visuellement dramatiques du
roman, se livrera littéralement à ce jeu.   Il s'agit de la
démonstration apparemment pure d'une amitié sans bornes,
d'une sollicitude exemplaire: l'offre du manteau de vigogne d'un ami au frileux Marcel, offre réhaussée du pa-
nache de l'extraordinaire parade acrobatique par laquelle
l'aristocrate traverse la salle d'un restaurant rempli de
monde en marchant sur les banquettes de velours rouge.   Devenues chemin royal, piste de cirque, corde raide, les banquettes perdent leur réalité sociologique de siège, et se
métamorphosent en signes changeants au gré des mythes personnels, en décor symbolique.   Par ce geste extraordinaire,
Saint-Loup nie la matérialité du monde, ou plutôt choisit

de recréer l'univers. Sa politesse exquise fait de lui un
artiste. Il préside à cet avènement des formes qu'est toute représentation théâtrale. Puisqu'il mime ce conflit é-
ternel entre la liberté humaine et un obstacle qui constitue l'essence même du drame, Saint-Loup se fait auteur dramatique. Mais il est aussi le protagoniste de sa pièce, et
donc l'interprète d'une certaine parole cachée. Si Proust,
romancier, n'a que des mots pour peindre ses scènes, ses
personnages, eux, questionnent leur monde au moyen d'une
phénoménologie scénique.

La scène que Saint-Loup va jouer pour le public du restaurant, pour un spectateur privilégié surtout, son ami
Marcel, et peut-être aussi pour lui-même, unique acteur de
ce mimodrame, est celle de la parfaite amitié. Si le narrateur estime que ce sentiment est "peu de chose," n'arri-
vant pas à comprendre qu'un Nietzsche ait eu "la naïveté
de lui attribuer une certaine valeur intellectuelle" (*RTP*:
II,394), il n'en est pas de même pour Robert de Saint-Loup.
Arrivé du Maroc en congé militaire de quelques jours, Robert se rend immédiatement chez son camarade pour l'emmener dîner avec lui. Il remplace, sans le savoir, Mme de
Stermaria qui vient de se décommander. L'arrivée de Saint-
Loup est en quelque sorte providentielle, car le narrateur se trouve profondément déçu. Ayant préparé avec le
plus grand soin ce dîner dans l'Ile du Bois de Boulogne où
le clapotis de l'eau, la brume nocturne, auraient dû recréer
l'atmosphère maritime de la Bretagne natale de la jeune femme, ayant anticipé des délices érotiques et sentimentales
suscitées par une femme dont l'accès facile avait été garan-
ti par ce même Saint-Loup, Marcel se sent lésé du seul véritable plaisir, celui de l'imagination, ou, comme il le dit
avec élégance, de "la réalisation d'une envie préalable"
(*RTP*:II,383). Tous les arrangements ayant été faits pour
emmener la belle dans l'Ile des Cygnes, il ne restait au narrateur qui avait envoyé sa voiture chercher la dame qu'à

s'étendre et attendre. Il avait glissé imperceptiblement
dans ce "vestibule profond du plaisir" qu'il avait appris
à connaître lorsque seul dans sa chambre de Balbec il laissait "le jour mourir au-dessus des rideaux, sachant que,
bientôt, après une nuit aussi courte que les nuits du pôle,
il allait ressusciter plus éclatant dans le flamboiement de
Rivebelle" (*RTP*:II,390). Heure inutile peut-être, existence limbique d'un Dante parisien au bord de la *Vita Nuova*,
prêt à aller tout droit au Paradis sans s'attarder en pèlerinage en Enfer ou au Purgatoire, la douce attente est
interrompue par le retour du cocher, une lettre d'Alix de
Stermaria à la main. La fausse Béatrice se dérobe, fuyante
comme la côte brumeuse de son pays. La "jeune vierge féo-
dale" (*RTP*:II,393), qui aurait pu se faire aimer de celui
dont Albertine sera le destin, semble savoir qu'elle ne
doit pas faire son entrée en scène. Pour celui qui s'était
apprêté à déguster des plaisirs lacustres, le coup est mortel. Proust écrit: "A mes pieds étaient tombées la carte
et l'enveloppe, comme la bourre d'une arme à feu quand le
coup est parti" (*RTP*:II,392). Prisonnier de son théâtre
intérieur, du décor qu'il s'était savamment fabriqué, le
narrateur n'arrive pas à faire revenir ses pensées de l'î-
le. Telle les âmes des luxurieux, la sienne erre sans es-
poir de retour. Lui-même traverse des couloirs obscurs,
non plus les vestibules symboliques d'un plaisir futur, mais
simple lieux d'exil où les tapis que Françoise a commencé à
clouer semblent les signes avant-coureurs de la fin des
beaux jours. Orphelin de son âme, le narrateur prend le
deuil, et, "pareil aux Juifs qui se couvraient la tête de
cendres" (*RTP*:II,393), se met à sangloter. Sur ces entre-
faites, il entend une voix. C'est Saint-Loup, venu à l'improviste.

La fausse Béatrice sera à présent remplacée par un faux
Virgile. Par cette nuit de "brouillard à couper au couteau"
(*RTP*:II,394), le narrateur ne saura se passer de guide. Ce

dernier va le mener à bon port à travers des dangers si
extrêmes que le narrateur se sent perdu "comme sur la côte
de quelque mer septentrionale où on risque vingt fois la
mort avant d'arriver à l'auberge solitaire" (RTP:II,398).
La sécurité heureuse de l'Ile du Bois, la brume qui aurait
entouré la pâle silhouette de Mme de Stermaria "comme un
vêtement" (RTP:II,385) se trouvent métamorphosées en une
côte ouverte et traîtresse, symbole de la Vicomtesse. Les
joies profondes de l'amour qui loin de nous éloigner de
nous-même, comme le fait l'amitié, nous renvoient en notre
for intérieur, doivent à présent céder le pas aux satisfactions ambiguës de la camaraderie.

Le restaurant choisi par Saint-Loup est en lui-même lieu
ambigu car s'y côtoient par un de ces hasards dont toute
grande ville est riche, la "jeunesse dorée" d'une aristocratie en réalité pourrie de dettes, hantée par le besoin
de redorer son blason, et les intellectuels dreyfusards du
groupe Bloch. Il faut dire que les deux bandes ne dînent
pas dans la même salle. Celle réservée à la petite cote-
rie qui se retrouve pour "approfondir les émotions fugitives du procès Zola" (RTP:II,400) est séparée de l'autre
par "un léger parapet décoré de verdure" (ibid.). Deux
portes séparées permettent aux Hébreux et aux Gentils de
rester dans des univers aussi divers que ceux de l'Ancien
et du Nouveau Testament. La première porte, non tournante,
laisse entrer "un froid horrible" (RTP:II,402). Abandonné
par Saint-Loup qui doit s'entendre avec le cocher pour que
celui-ci revienne les chercher après dîner, Marcel s'engage dans la porte "revolver"--"de l'anglais revolving door"
(RTP:II,401). Il se tire mal de ce rite de passage qui é-
voque l'entrée dans un autre monde, et, comme une âme mal-
habile à faire usage de ses nouvelles ailes, se trouve pris
par les "volants de verre" (ibid.). A la vue de cet inconnu, le patron de café, debout à l'entrée afin d'accueillir
les vrais élus et d'écouter leurs doléances, fronce le

sourcil, "comme . . . un examinateur qui a bonne envie de
ne pas prononcer le *dignus est intrare*" (*ibid.*). Il ne
permet d'ailleurs pas au narrateur de s'installer dans la
salle des aristocrates, et le fait passer avec une certaine
grossièreté dans l'autre. Ce Jugement Dernier ne va pas
s'avérer irréversible. A l'entrée de Saint-Loup ce juge
sévère s'infléchit "en courbettes" (*RTP*:II,407). Furieux
de trouver son invité dans la grande salle, le marquis veut
tout d'abord le faire passer ailleurs, puis, à l'idée que
son ami préfère pour une raison qu'il ne songe même pas à
questionner, l'endroit où il se trouve, et sachant à quel
point ce camarade est sensible au froid, Saint-Loup exige
du patron la condamnation de la porte non tournante. Devant ce client qui mène "la vie à grandes guides" puisqu'il
dépense toujours "dans ce restaurant beaucoup d'argent"
(*ibid.*), le patron appelle le maître d'hôtel et plusieurs
garçons pour mener à bien cette opération. Les clients qui
viendront plus tard n'auront qu'à passer par la petite salle. Le patron ne semble plus se soucier du confort du
prince de Foix, du prince de Châtellerault, et des autres
ducs et comtes qui dans leur monde "n'étaient comptés que
d'après leurs quartiers" (*RTP*:II,404). L'un de ces grands
seigneurs, le prince de Foix, propriétaire d'un superbe manteau de vigogne, ayant aperçu son ami Saint-Loup dans la
grande salle, fait demander par le patron s'il peut venir
dîner à une table auprès d'eux. La barrière sociale du parapet menace de s'écrouler lorsque le narrateur, questionné
par son hôte sur ses préférences à ce sujet, exprime le désir de rester en tête-à-tête avec cet ami qu'il ne voit que
trop rarement. Loin de s'offenser, M. de Foix, venu pour
voir si "sa requête était accueillie" (*RTP*:II,410), s'éloigne aussitôt non sans adresser au narrateur qu'il ne savait
responsable de cet arrêt un sourire complice, "sourire qui
montrait Saint-Loup et semblait s'excuser sur la volonté de
celui-ci de la brièveté d'un présentation qu'il eût souhaitée

plus longue" (*ibid.*). Au même moment, Saint-Loup, toujours soucieux du bien-être de son invité, semble frappé
d'une inspiration. Il se lève en s'excusant, et disparaît
dans la petite salle. C'est ici que se situe l'une des
scènes les plus frappantes par l'aspect visuel et le caractère dramatique de sa mise en scène du roman de Proust.

Saint-Loup n'est parti à la recherche de l'ami renvoyé
qu'avec le but de lui emprunter ce manteau qu'il souhaite
draper autour du corps frileux de Marcel. En l'absence du
marquis, le patron vient faire sa cour à celui qu'il avait
traité de haut, lui servant maintenant du "baron" et du
"comte." Saint-Loup réapparaît, "tenant à la main le grand
manteau de vigogne du prince" (*RTP*:II,411). Il fait signe
à son ami de ne pas se déranger, et dans ce restaurant rempli de monde, où il aurait fallu bouger la table, le jeune
aristocrate monte avec légèreté "sur les banquettes de velours rouge" (*ibid.*) qui font le tour de la salle, et, lon-
geant les murs, dépassant, gracieux Centaure, "trois ou quatre jeunes gens du Jockey" (*ibid.*), s'avance vers son ami,
sautant adroitement les fils électriques tendus entre les
tables, "comme un cheval de course" (*ibid.*) dans l'accom-
plissement d'un "exercice de [haute] voltige" (*ibid.*).

Le patron, les garçons, les clients de la grande salle
observent, bouche bée, cette performance. La grâce physique et morale de ce spectacle ne leur permet guère d'en
être choqués. "Des applaudissements discrets" (*ibid.*) é-
clatent. Le numéro équestre de celui dont "les ancêtres
dédaigneux et souples . . . survivaient dans l'assurance,
l'agilité et la courtoisie" (*RTP*:II,415) de ce geste frappe par sa précision technique, apanage de sa race. Quant
au narrateur, il admire chez son ami cette "certitude du
goût dans l'ordre non du beau mais des manières" (*RTP*:II,
413), ce dédain reçu dans son corps de ses aïeux, qui lui
permettent de "fouler aux pieds . . . ces banquettes de
pourpre effectivement et symboliquement trépignées, pareil-

les à un chemin somptueux" (*RTP*:II,413-414). Il se rend
compte avec un léger remords que Robert serait chagriné
à la pensée que son ami admirât en lui "quelque chose de
bien plus général" (*ibid.*) que lui-même. Saint-Loup tient
à procurer un plaisir d'amitié plutôt que d'art, mais il
n'est pas à même de comprendre que pour celui qui se dit
que "dès qu'on est deux" (*RTP*:II,398), ces déesses que sont
les idées disparaissent, la conversation avec un camarade,
si prévenant, si bien intentionné qu'il soit, reste une oc-
cupation inférieure à la pure observation. L'homme-cheval,
déroulant le long du mur les mouvements de sa course, aussi
gracieux que ceux des cavaliers sculptés d'une des frises
du Parthénon, n'est plus qu'un corps, "non pas opaque et
obscur" (*RTP*:II,414) comme l'est celui de l'intellectuel
qui l'admire, "mais significatif et limpide" (*ibid.*). C'est
dans ce corps qu'est venue se fixer sa race, son aristocra-
tique dédain, car depuis longtemps ils ont déserté "sa pensée, tendue vers de plus hauts objets" (*ibid.*). Et pourtant,
le narrateur se rend compte que seule l'intelligence permet
à ce "pur Français" (*RTP*:II,409) qu'est Robert de Saint-Loup
de sacrifier avec une "liberté souveraine" (*RTP*:II,415) ses
plus anciens amis à ce Marcel dont il prise la finesse d'esprit. Chez Proust, l'amitié tout comme l'amour repose sur
un quiproquo. Celui qui cherche le contact de deux intel-
ligences n'est pour l'autre que son corps radieux.

Le langage de Saint-Loup, ce dandy à la Baudelaire, est
corporel, théâtral. Est-ce chez l'auteur du *Peintre de la
vie moderne* que ce représentant d'une caste hautaine a appris que pour ces adeptes d'un nouveau spiritualisme tout
pénétré de stoïcisme, prêtres et victimes à la fois, "toutes les conditions matérielles compliquées auxquelles ils
se soumettent, depuis la toilette irréprochable de toute
heure du jour et de la nuit jusqu'aux tours les plus péril-
leux du sport, ne sont qu'une gymnastique propre à fortifier
la volonté et à discipliner l'âme" (Charles Baudelaire, "Le

Dandy"). Le marquis ne dit pas son amitié; il la démontre. Cette démonstration ne se fait que pour l'ami et pourtant un public de spectateurs étonnés et émus participe à cette fête de l'affection humaine. On dirait que pour Proust, scénariste, comme pour Antonin Artaud, pamphlétaire, "l'acteur est un athlète du cœur (*Le Théâtre et son double*, p. 154). Tel un mime du théâtre balinais, Saint-Loup sait redonner au geste son efficacité et sa "valeur supérieurement agissante" (*ibid.*, p. 66). Devenu corps, objet, vivant hiéroglyphe, celui qui résume tous les Guermantes, "le véritable *opus francigenum*" (*RTP*:II,409), au visage finement sculpté, tout pareil à celui des anges de pierre au porche de Saint-André-des-Champs, le seigneur latent ne pourra devenir que par celui qui appartient, sans qu'il nous le dise dans son roman, à cette race de gens aux "mouvements maladroits," aux "gestes théâtraux et saccadés," qui déplaisent par leurs "cheveux trop longs," leur "nez" et leurs "yeux trop grands," mais dont la "réelle valeur intellectuelle et morale," la "profonde sensibilité" (*RTP*:II,408), leur permettent d'apprécier un autre que soi, de lui conférer à l'intérieur d'une œuvre d'art l'immortalité.

Si Robert de Saint-Loup est décrit comme un bel animal, un cheval-centaure qui meuble l'espace de ses gestes, faisant redescendre l'esprit même de la Fable dans ce restaurant dont il fait un lieu sacré, il y a dans sa "bestialité toute passagère et . . . ancestrale" (*RTP*:II,399) quelque chose d'inquiétant. Le passage où nous est présentée la sublime parade de l'amitié est précédé par une page sombre, mystérieuse, et qui révèle un tout autre Saint-Loup, celui que nous allons retrouver à la fin du roman, celui qui perdra sa croix de guerre dans la maison de passe de Jupien. Ce roi de l'amitié en qui le narrateur a la plus grande confiance s'est livré à un acte de trahison. Il avoue avoir raconté à leur camarade Bloch que Marcel trouve ce dernier vulgaire. Ce faisant, Saint-Loup prend un air de triomphe.

Proust écrit: "sa figure était stigmatisée, pendant qu'il
me disait ces paroles vulgaires, par une affreuse sinuosité
que je ne lui ai vue qu'une fois ou deux dans la vie, et
qui, suivant d'abord à peu près le milieu de la figure, une
fois arrivée aux lèvres les tordait, leur donnait une expression hideuse de bassesse . . ." (*ibid*.). Nous nous
trouvons devant un être double, pareil aux jeunes aristocrates qui, moins fortunés que lui, rêvent de redorer leur
blason pour ne plus avoir à essuyer le mépris de leurs four-
nisseurs. Ces hypocrites se situent dans l'Enfer de Dante
sous le Signe du Loup. Le visage que le narrateur décrit,
celui qu'il a entrevu un instant, c'est une face bestiale,
celle de Satan, ou de Dis. Saint-Loup, l'entremetteur, qui
lui avait promis Mme de Stermaria, Robert, l'ami, qui l'en-
traîne dans ces lieux publics où l'on ne peut satisfaire
que des appétits épicuriens, est un faux Virgile, un anti-
guide. Le pourpre du velours des banquettes suggère autant
qu'une voie royale les flammes du Sixième Cercle, lieu d'e-
xil des Hérétiques et des Épicuriens, ainsi que les fleuves
de sang du Cercle hanté par les Centaures. Saint-Loup, personnage double au visage balafré, stigmatisé, ami dévoué,
dandy esclave, mais aussi semeur de discorde ne nous rap-
pelle-t-il pas l'insidieux Pier da Medicina? L'amitié n'est
d'ailleurs qu'un piège qui éloigne celui qui se doit à une
œuvre de création de cette tâche, le distrait, l'éparpille.
Un tel camarade s'avère avoir été l'émissaire du Mal, et sa
fréquentation mène au Néant.

  Celui au Néant condamné, c'est l'oncle Palamède que Robert recommande à Marcel. "Va chez mon oncle Palamède. . . .
Je crois qu'il tient à te voir" (*RTP*:II,412), dit-il en fin
de soirée à celui qui doit se rendre le lendemain chez la
duchesse, tout heureux d'avoir été enfin convié à cette sorte de "Cène sociale" (*RTP*:II,512). Il ne quittera son salon
que pour aller chez M. de Charlus. Là, il recevra les premiers présages de la folie du baron.

"En robe de chambre chinoise, le cou nu, étendu sur un canapé" (*RTP*:II,553), le baron ne se dérange pas à la vue de son invité. "Cette mise en scène" (*ibid.*) savante choque le narrateur. Il sera encore plus péniblement frappé par le ton du baron. En effet, celui-ci l'accable de reproches. Le narrateur n'a su déchiffrer le code secret d'un don: un livre de Bergotte dont la reliure représente le "linteau de *myosotis* de l'église de Balbec" (*RTP*:II,555). C'était une façon de signifier au jeune homme que le baron avait connu en ce lieu: "Ne m'oubliez pas" (*ibid.*).

L'extraordinaire colère de Charlus, ses reproches écumants, sa face blême, et sa morgue étrangement accouplée à une grossièreté sans égale, horrifient le jeune Marcel. Plus il s'excuse, et plus son interlocuteur se laisse aller à une mystérieuse rage. D'une voix "tour à tour aiguë et grave comme une tempête assourdissante et déchaînée" (*RTP*: II,558) Charlus hurle: "Pensez-vous qu'il soit à votre portée de m'offenser? Vous ne savez donc pas à qui vous parlez? Croyez-vous que la salive envenimée de cinq cents petits bonshommes de vos amis, juchés les uns sur les autres, arriverait à baver seulement jusqu'à mes augustes orteils?" (*ibid.*). En effet, le narrateur ne semble rien savoir. Il aurait dû reconnaître cependant, à cette description, la Vénus. Sortie des eaux baveuses d'une mer démontée, océan de calomnies simiesques, c'est Vénus tout entière à sa proie attachée. Le baron s'offre le luxe de la déclaration de Phèdre, mais Hippolyte ne veut rien comprendre, et se trompant de genre dramatique, gagné lui aussi par la rage, acteur de comédie pris dans une scène de tragédie classique, il se précipite sur le chapeau haute forme neuf du baron, le jette par terre, le piétine, le disloque. Au moment où il ouvre la porte pour fuir, il se trouve devant deux Œnones mâles. Les deux valets semblent du complot, et le narrateur se pose la question si toute la scène faite par M. de Charlus n'avait été préparée et jouée

pour deux spectateurs, s'il ne "leur avait lui-même demandé d'écouter, par amour du spectacle joint peut-être à un
Nunc erudimini dont chacun ferait son profit" (*RTP*:II,559).

M. de Charlus est en effet un excellent metteur en scène,
surtout lorsqu'il s'agit de régler le spectacle de ses plaisirs. C'est dans *Le Temps retrouvé*, au cours de la Première Guerre Mondiale, que nous retrouvons le baron tout oc-
cupé par la recherche d'une sombre volupté.

Perdu dans le dédale obscur des rues d'un quartier de
Paris rendu plus semblable encore à la Casbah par le couvre-
feu, le narrateur, tel "Haroun Al Raschid en quête d'aven-
tures dans les quartiers . . . de Bagdad" (*RTP*:III,809), se
trouve devant une maison où la vie semble "avoir vaincu
l'effroi" (*RTP*:III,810), et où, malgré les bombardements
des gothas, des entrées et des sorties incessantes révèlent
une activité secrète. A "l'espèce d'ubiquité qui lui était
si spéciale" (*ibid.*), le narrateur reconnaît, sous une grande houppelande qui cache son uniforme d'officier, Saint-
Loup, en train de sortir de cet hôtel comme un assiégé prenant sa fuite. Poussé par la soif qu'il n'avait pu satisfaire dans ces rues désertes, et par la curiosité, Marcel
s'engage dans un vestibule étroit, symbole constant du passage vers des régions infernales. Il croit avoir découvert
un nid d'espions. Comme dans le châlet d'aisance des Champs-
Élysées, des lois obscures gouvernent l'admission. On refuse une chambre à des personnes qui semblent très *comme il
faut* tandis que le simple marin qui se présente quelques instants plus tard est immédiatement admis au n°28. Des militaires, des ouvriers causent tranquillement dans une petite
pièce. Il est clair que le rang social ne dirige pas ici
les rencontres et les contacts. Il s'agit de découvrir sur
quelles bases repose cette société crépusculaire.

La banalité des propos entendus par le narrateur ne lui
permet aucune supposition, lorsqu'il se trouve tiré de son
indifférence par quelques phrases. Il s'agit d'un homme

attaché par des chaînes et un cadenas. Le patron est sorti pour trouver des chaînes plus longues. Les interlocuteurs discutent leur rôle de tortionnaire. C'est à qui aura battu le plus fort, jusqu'au sang, celui qui est attaché. L'arrivée du patron, chargé de chaînes, interrompt les propos. A la vue d'un inconnu, le propriétaire semble contrarié, mais puisque ce jeune homme demande une chambre, il le prend pour un habitué de la maison et le fait monter au 43. Une fois installé, le narrateur pourra se livrer à une de ses constantes activités à travers tout le roman, il pourra épier, c'est-à-dire se constituer spectateur.

Son cassis bu, cet espion qu'est tout écrivain, sort de sa chambre pour monter vers une chambre d'où sortent des plaintes étouffées. Par un "œil-de-bœuf latéral dont on avait oublié de tirer le rideau" (*RTP*:III,815), il a l'occasion d'assister à un spectacle étrange, moins bizarre peut-être de nos jours, pour le public des pièces de Jean Genet et d'Arrabal, mais tout de même passablement bouleversant. Il aperçoit celui dont la morgue l'avait mis en rage dans la scène racinienne discutée plus haute, à présent humilié et s'humiliant. "Enchaîné sur un lit comme Prométhée sur son rocher" (*ibid.*), celui qui avait déclaré que la bave d'une pyramide de calomniateurs ne pourrait toucher à ses "augustes orteils" se laissait frapper par un martinet planté de clous. Son corps couvert d'ecchymoses témoigne du fait que ce supplice "n'avait pas lieu pour la première fois" (*ibid.*). L'orgueilleux baron crie: "Grâce, grâce, pitié. . . . Je vous baise les pieds, je m'humilie." Maurice, le jeune bourreau, s'acquitte tant bien que mal de sa tâche en répondant: "Non, crapule, . . . et puisque tu gueules et que tu te traînes à genoux, on va t'attacher sur le lit" (*ibid.*). L'entrée respectueuse de Jupien arrête quelques instants cette répétition. En excellent régisseur, il vient vérifier si l'appareil ou les appareils de cette pièce à machins sinon à machines sont en

ordre. Mais le vrai metteur en scène, c'est la victime,
c'est-à-dire le protagoniste de cette pantomime. Comme
l'Héautontimorouménos, il pourrait s'exclamer: "Je suis
les membres et la roue." Charlus--ce nom n'évoque-t-il
pas celui de Charles Baudelaire--se plaint du ton peu con-
vaincu de son tortionnaire. Le garçon joue mal son rôle.
Bien que tous ces garçons laitiers et gentils poilus soient
présentés par Jupien comme de "dangereux apaches de Belleville" (RTP:III,817), le baron n'est pas satisfait de leur
"jeu." De celui qui est censé avoir été "compromis dans
le meurtre d'une concierge de la Villette" (ibid.), il dit:
"je ne le trouve pas assez brutal. Sa figure me plaît,
mais il m'appelle crapule comme si c'était une leçon ap-
prise" (ibid.). Ça l'est en effet, comme celle du "tueur
de bœufs" (ibid.). "L'homme des abattoirs" (ibid.) n'est
pas plus violent que Maurice. Ces employés d'hôtel, garçons bijoutiers et autres membres d'une classe servile ne
feraient pas de mal à une mouche. Bons frères, bons fils,
bons patriotes, ils expriment mièvrement leurs sentiments.
Oublieux de leur fonction, ils accumulent les gaffes. Lorsque M. de Charlus, boitant sous l'effet des blessures dont
il a pourtant acquis l'habitude, descend de sa chambre, et
traverse ce bizarre "harem" (RTP:III,824), il ne trouve que
de braves petits. Devant ces comparses, à présent vêtus de
leurs costumes ordinaires, démasqués, Charlus chercherait
en vain sa Fanfarlo. Avec des "hochements de taille et de
tête," révélateurs de son "désir de paraître grande dame"
(ibid.), le baron glisse à l'oreille de Maurice: "Tu ne
m'avais jamais dit que tu avais suriné une pipelette de
Belleville" (RTP:III,826). Le pauvre gigolo, ne comprenant
qu'il brise un rêve, proteste: "pouvez-vous croire une chose pareille" (ibid.). Il ne pourrait, lui, que descendre
un Boche, "parce que c'est la guerre, mais . . . une femme,
. . . une vieille femme encore!" (ibid.). Ces bons sentiments sont tout à son honneur, mais ils font sur Charlus

l'effet d'une douche froide. En vain, le jeune homme, a-
yant compris sa bévue, détaille "les 'saloperies' qu'il
[fait] avec sa femme" (*RTP*:III,827), celles-ci loin de cha-
touiller les sens du baron le renforcent dans la lugubre
pensée que "rien n'est plus limité que le plaisir et le
vice" (*ibid.*).

Ainsi, ce gracieux Saint-Loup, l'équilibriste du restaurant, met ses dons au service d'une sortie d'un mauvais
lieu, fréquenté sans qu'il le sache par son oncle Palamède.
C'est à présent que nous comprenons avec le narrateur la
dualité de ce camarade au visage parfois divisé par le ric-
tus d'une méchanceté qu'il aurait aimé laisser percer. Déjà dans *La Fugitive*, le narrateur ne l'a-t-il pas entendu
instruire un valet de pied de la duchesse de Guermantes
dans l'art délicat de faire renvoyer un de ses camarades.
Muet de stupéfaction au son de cette voix familière pro-
nonçant des "paroles machiavéliques et cruelles" (*RTP*:III,
471), Marcel a l'impression d'assister à la performance
d'un acteur récitant le "rôle de Satan" (*ibid.*). Ange et
démon, fuyant la maison infernale de Jupien, ce militaire
"capable d'occuper en si peu de temps tant de positions différentes dans l'espace" (*RTP*:III,810) laisse derrière lui sa
croix de guerre qui sera plus tard "trouvée par terre" (*RTP*:
III,820). Même sa mort héroïque sur le champ de bataille ne
saura effacer ce symbole d'une chute physique et métaphysique. Quant à l'autre membre de cette illustre lignée, le
baron de Charlus, ses uniques blessures reçues en temps de
guerre seront celles infligées par les bons soins de ces pi-
teux sadiques à gages. Telle est la déchéance de cette race
si pure et si fière qu'elle semble issue des noces de Léda
et du Cygne de Mallarmé. Le livre s'achève sur le *Götter-
dammerung* des dieux du Faubourg Saint-Germain.

Le rituel théâtral du *Temps retrouvé* illustre d'une façon étonnamment moderne la destruction d'une société, celle
aussi d'un rêve de jeune homme. Le Balcon de Jupien est la

parfaite Maison d'Illusions, le théâtre de toutes les fan-
taisies. Là, chaque client devient auteur dramatique et
protagoniste de la pièce qu'il compose.

> On entendait des clients qui demandaient au patron s'il ne
> pouvait pas leur faire connaître un valet de pied, un en-
> fant de chœur, un chauffeur nègre. Toutes les professions
> intéressaient ces vieux fous, dans la troupe toutes les ar-
> mes, et les alliés de toutes les nations. Quelques-uns ré-
> clamaient surtout des Canadiens, subissant peut-être à leur
> insu le charme d'un accent si léger qu'on ne sait pas si
> c'est celui de la vieille France ou de l'Angleterre. A cau-
> se de leur jupon et parce que certains rêves lacustres s'as-
> socient souvent à de tels désirs, les Écossais faisaient pri-
> me. Et, comme toute folie reçoit des circonstances des traits
> particuliers, sinon même une aggravation, un vieillard dont
> toutes les curiosités avaient sans doute été assouvies deman-
> dait avec insistance si on ne pourrait pas lui faire faire la
> connaissance d'un mutilé. [*RTP*:III,823]

En parlant à Jupien, le narrateur déclare: "Cette maison
est . . . plus qu'une maison de fous, puisque la folie des
aliénés qui y habitent est mise en scène, reconstituée,
visible, c'est un vrai pandemonium" (*RTP*:III,832). Ni
Proust, ni l'auteur du *Balcon* n'ignore que la condition
d'inverti est déjà de par son essence "jeu," "prise de
rôle." Le théâtre érotique de l'esprit poursuivant sa
jouissance, celui de l'inversion en particulier, s'ouvre
sur le mythe de la métamorphose. C'est de cette dernière
que Proust tire sa plus troublante image: "J'avais cru
comme le calife des *Mille et une nuits* arriver à point au
secours d'un homme qu'on frappait, et c'est un autre conte
des *Mille et une nuits* que j'ai vu réalisé devant moi, celui où une femme, transformée en chienne, se fait frapper
volontairement pour retrouver sa forme première" (*ibid.*).
Dans le théâtre de Genet, la scène est le lieu des il-

lusions. Elle est tout entière une maison de rendez-vous.
Au dehors c'est la Révolution qui flambe. Dans *Les Nègres*,
les spectateurs blancs sont tenus par le spectacle, et ne
pourront, prisonniers du sortilège artistique, s'en arracher afin de porter secours à la ville où les Noirs, eux,
triomphent, ayant massacré tous les Blancs. De même dans
Le Temps retrouvé, le rituel dramatique de la maison de
Jupien fait oublier aux militaires, et aux civils, que
leur ville se trouve en danger. Une sirène annonce les
bombes. M. de Charlus avait déjà comparé Paris assiégé
à Herculanum, et à Sodome. La plupart des habitués de
Jupien n'interrompent pas leur recherche du plaisir. D'autres, devenus Pompéiens, descendent dans "les couloirs du
métro, noirs comme des catacombes" (*RTP*:III,834). Là, le
"vieux jeu se trouve aboli" (*ibid.*), et ce sont "les mains,
les lèvres, les corps" (*ibid.*), qui discourent, en silence,
"aux grondements volcaniques des bombes" (*RTP*:III,835). A-
vec ironie, Proust compare aux premiers chrétiens ces éro-
tomanes célébrant "des rites secrets dans les ténèbres des
catacombes" (*ibid.*). Quant à nous lecteurs et spectateurs
de cette deuxième moitié du vingtième siècle, nous recon-
naissons sans peine ces êtres crépusculaires, enfouis dans
le silence, titubant au bord de la destruction d'un monde,
le leur, le nôtre, ces pauvres anti-héros de l'attente ce
sont les personnages de l'auteur du *Dépeupleur*. Genet a
été suivi ici par Beckett. N'est-ce pas lui qui après son
entrée en littérature avec son poème contre Descartes,
"Whoroscope," a fait ses preuves en publiant une mince pla-
quette qui restera ce que l'on a fait de plus subtil sur le
grand romancier, *Proust*?

En parlant de rituel théâtral à l'intérieur d'un roman,
on s'attire une objection d'importance: les personnages,
même s'ils se livrent à des jeux, s'ils prennent des rôles,
ne sont pas incarnés. Le romancier se sert d'une autre
matière que celle de la chair; ce sont les mots qui soulè-

vent les images. Il ne faut pas oublier cependant qu'avec le roman proustien nous entrons dans l'univers du rêve. *A la recherche* commence dans une chambre, dans un lit, où un dormeur encore tout enrobé de son sommeil reconstitue dans un état mi-conscient la substance de son existence. L'état du spectateur au théâtre est lui aussi semblable à celui du rêveur ou du somnambule. Le spectateur projette sur cette scène dont il n'est séparé que par la rampe, et de nos jours il n'y a souvent aucune séparation, ses rêveries intérieures. Tout théâtre est en somme projection de nos phantasmes, et, en fin de compte, toute représentation s'achève en notre for intérieur. Le vingtième siècle a détruit le mythe de l'objectivité. Ainsi, dans le roman proustien, comme dans la comédie ancienne, le coryphée coïncide avec l'auteur, et, comme l'explique Charles Mauron dans sa *Psychocritique du genre comique*, avec son "moi orphique." Auteur-coryphée se placent au milieu du chœur qui représente la *polis*, au milieu de la vie afin d'exprimer notre destin collectif. C'est ce destin humain qui se joue en dernier compte sur la scène de notre psychisme. Pour Proust le fait d'extérioriser, que ce soit par le moyen des mots, ou en "ce mobile chef d'œuvre [qu'est] l'art théâtral" (*RTP*:II,52), implique la concrétisation d'une réalité mythique, personnelle, profonde. C'est sans doute pour cette raison que le rituel dramatique envahit la substance même du roman, lui-même superposé d'ailleurs sur le squelette invisible d'une œuvre théâtrale classique. Dire c'est se dire, donc jouer ou se jouer. L'amalgame qui s'est fait dans l'esprit de Proust entre poésie de théâtre et poésie de roman constitue l'aspect le plus moderne de son œuvre, celui qui a dû provoquer chez Ionesco ce besoin de dramatiser des scènes de *A la recherche*, projet qui restera sans doute inachevé puisqu'il est évident que ces scènes à faire, Proust les avait faites.

Queens College and Graduate Division, CUNY

The Proust-Einstein Relation:
A Study in Relative Point of View

❖

JOHN D. ERICKSON

I. The Background

In a letter to the Duc de Guise, which carries the notation "Nuit de vendredi à samedi" and was likely written in late 1921 or early 1922, Proust says: "Que j'aimerais vous parler d'Einstein! On a beau m'écrire que je dérive de lui, ou lui de moi, je ne comprends pas un seul mot à ses théories, ne sachant pas l'algèbre. Et je doute pour sa part qu'il ait lu mes romans. Nous avons paraît-il une manière analogue de déformer le temps. Mais je ne puis m'en rendre compte pour moi, parce que c'est moi, et qu'on ne se connaît pas, et pas davantage pour lui parce qu'il est un grand savant en sciences que j'ignore et que dès la première ligne je suis arrêté par des 'signes' que je ne connais pas."[1]

We learn from this letter that it is not Proust speculating on the similarity of his work and Einstein's, but rather on the justice with which he had been compared to the scientist. Einstein was on his way to becoming a household word in 1921 or 1922 when this letter was written.[2] Even before he received the Nobel Prize for physics in the autumn of 1922, he had become a familiar figure to lay writers such as Paul Souday, who along with Blanche was the first person apparently to have suggested a parallel between the work of Proust and Einstein. On May 12, 1921, in an article in *Le Temps* entitled "*Le Côté de Guermantes II, Sodome et Gomorrhe I*," Paul Souday placed Proust's name alongside that of Bergson as well as Einstein. Proust writes to him on June 17, 1921, and humbly protests the honor paid him by such a comparison: "le bon cœur du critique le pousse à donner des louanges que seule, peut-être, sa raison ne donnerait pas."[3] Blanche suggested a comparison of Proust and Einstein in his preface to *Dates* the same year. But the work that perhaps attracted the most attention to such an equation was Camille Vettard's long letter on "Proust et Einstein" which appeared in the *N.R.F.* in August 1922.

The correspondence between Proust and Vettard reveals many interesting sides of the Proust-Einstein relation. According to Proust (letter to Jacques Boulenger, March 13, 1922), in about 1920 Proust had read the work of Camille Vettard, a "critique scientifico-littéraire" who collaborated "assiduously" with the *N.R.F.* Eventually Vettard and the *N.R.F.* had a falling out and one day, perhaps early in 1922, Vettard, whom Proust had never met, sent him the preface to a novel in manuscript entitled *Pauper le Grand*. In the preface, dedicated to Proust, Vettard compares Proust and Einstein.

In response to the letter of Vettard which initiated the correspondence with Proust, the latter thanks him and tells him how much he admired Vettard's earlier articles on foreign authors such as Gogol and Wells. Subsequently Proust sends Vettard a letter in the form of an undated dedication of a copy of *Le Côté de Guermantes*. Vettard had written to Proust regarding that very book, and in his letter had mentioned that "certains livres de science avaient renouvelé ma vision des choses" (*Correspondance générale*:III,180 n.). In a postscript to his dedicatory letter Proust tells him: "Je serais très content (si toutefois j'étais capable de

les comprendre) de savoir quels sont ces livres de science
qui ont renouvelé votre vision des choses." Vettard re-
sponded in another letter that it was a question of speculating about a possible link between the studies in chance
and probability ("le hasard") of a Maxwell, a Boltzmann, a
Gibbs, and the relativist theories of Einstein "qui n'é-
taient pas encore à la mode. . . ." It is not certain that
in his letter (which has not to my knowledge turned up) Vettard related these "certains livres de science" directly to
Proust's work, but the fact he should mention both in the
same letter and the fact he had already compared Proust and
Einstein in his dedicatory preface leave little doubt. It
is curious that Vettard should suggest that the theories of
Einstein were not yet à la mode in 1922, for the evidence
suggests quite otherwise.

Meanwhile Proust had struck on the idea of having the
dedicatory preface published separately. He suggests that
it might appear in the *N.R.F.* or *La Revue de la Semaine* of
Jacques Boulenger (letter to Vettard dated February 21,
1922). But Proust expresses concern that the final lines
of the dedication which imply "entre nous . . . des relations suivies" might give the preceding lines an "air de
complaisance."

Proust himself submitted Vettard's manuscript to Jacques
Rivière of the *N.R.F.* who hesitated publishing it because,
according to Proust, he thought he might injure Proust "en
faisant présenter mon livre comme quelque chose d'abstrait,
d'abstrus, surtout par la comparaison avec Einstein . . ."
("ce qui est au contraire le plus immense honneur et le plus
vif plaisir qu'on puisse me faire . . .," Proust adds; letter of March 20 to Vettard). Moreover, it appears that Rivière had not known that Vettard was a mathematician and
had thought that the latter had added "un appareil mathématique hâtivement étudié pour la circonstance." Rivière does
however, publish Vettard's long communication on Proust and

Einstein on August 1, 1922. In a telegram to Vettard the next day, Proust thanks him for his "magnificent" article.[4] The critics seemed generally receptive to the suggestion in it of a Proust-Einstein relation.[5]

In the last of his letters (undated--August 1922?) to Camille Vettard, Proust wrote:

> Ce que je voudrais que l'on vît dans mon livre, c'est qu'il est sorti tout entier de l'application d'un sens spécial (du moins je le crois), qu'il est bien difficile de décrire (comme à un aveugle le sens de la vue) à ceux qui ne l'ont jamais exercé. Mais ce n'est pas votre cas et vous me comprendrez (vous trouverez certainement mieux vous-même) si je vous dis que l'image (très imparfaite) qui me paraît la meilleure [note ajoutée en marge: "Du moins actuellement"] pour faire comprendre ce qu'est ce sens spécial c'est peut-être celle d'un télescope qui serait braqué sur le temps,[6] car le télescope fait apparaître des étoiles qui sont invisibles à l'œil nu, et j'ai tâché (je ne tiens pas d'ailleurs du tout à mon image) de faire apparaître à la conscience des phénomènes inconscients qui, complètement oubliés, sont quelquefois situés très loin dans le passé. (C'est peut-être, à la réflexion, ce sens spécial qui m'a fait quelquefois rencontrer--puisqu'on le dit--Bergson, car il n'y a pas eu, pour autant que je peux m'en rendre compte, suggestion directe).
>
> Quant au style, je me suis efforcé de rejeter tout ce que dicte l'intelligence pure, tout ce qui est rhétorique, enjolivement et, à peu près, images voulues et cherchées . . . pour exprimer mes impressions profondes et authentiques et respecter la marche naturelle de ma pensée. [*Correspondance générale*:III,194-195]

The foregoing exchanges represent, so far as I can determine, the sum of Marcel Proust's published comments on the great scientist.[7] Proust did not originate such exchanges, but based them on the speculation and musings of

others. No evidence exists, as André Maurois would lead
us to believe, that Proust intentionally set out to structure the novel in a fashion reminiscent of the various
structures Albert Einstein observed in the physical universe.[8] On the contrary, Proust had already published
about half of his work (through *Sodome et Gomorrhe I*) before he was led to consider it on an analogy with that of
Einstein. That he had in mind the overall structure of *A
la recherche* before he ever became acquainted with Einstein,
we can verify by a letter written on December 17, 1919, to
Paul Souday: "Cet ouvrage . . . est si méticuleusement
'composé' . . . que le dernier chapitre du dernier volume
a été écrit tout de suite après le premier chapitre du premier volume. Tout l''entre-deux' a été écrit ensuite, mais
il y a longtemps. La guerre m'a empêché d'avoir des épreu-
ves; la maladie m'empêche maintenant, de les corriger. Sans
cela, il y a beau temps que la critique n'aurait plus à
s'occuper de moi" (*Correspondance générale*:III,72). Apparently Souday and Blanche first suggested such an analogy,
and it attracted a succession of critics: Roger Allard,
Vettard, and Edmund Wilson, to name a few. Hence, for a
brief period, largely in the early twenties, a few critics
thought they had discovered a key to the structure of *A la
recherche du temps perdu.*

Most of Proust's comments are charged with a heavy weight
of modesty, expressed in terms extravagant enough to make
one believe he *might have* taken the proposal somewhat seriously. The facts, in any case, appear to be these: Proust
knew the work of Einstein very poorly if at all. But the
suggestion that he and Einstein possessed "une manière analogue de déformer le temps" (Proust to Gallimard), or, differently phrased, "une manière nouvelle de regarder le monde" (Vettard quoting M. Borel on Einstein) undoubtedly fired
his interest. And why not? Proust surely felt the justice
of such observations applied to him and, after all, it was

not he, Proust, but others (a mathematician among them)
who were comparing his work to the theories of the most
brilliant young scientist of the day. For these reasons
Proust, who never gave much serious effort to being modest, appears to give considered weight to the suggested
analogy. Proust's true private reaction seems less likely to be found in his protests of unworthiness than in at
least two instances of careful reflection. The first of
these occurs in his letter to Crémieux. The second assumes the form of the lengthier observations in his last
letter to Vettard. In these instances, I believe, we
find what amounts to the final word of Proust on his relation with Einstein.

Let us look briefly at what Proust says to Crémieux
and Vettard. He writes to Crémieux (August 6, 1922) in
response to the latter's indulgent remarks about certain
chronological discrepancies he thought to discern in *Le
Côté de Guermantes*. Proust denies his work contains anachronisms and speaks instead of a break in chronology
(or "un petit hiatus") in certain scenes, but that, he
observes, often occurred in earlier volumes "à cause de
la forme aplatie que prennent mes êtres en révolution
dans le temps."

In a previous passage in the same letter, Proust had
referred to Einstein ("entre la soirée de Guermantes et
le deuxième séjour à Balbec, il y a un grand intervalle
de temps. Einsteinisons-le si vous voulez pour plus de
commodité"), so he can hardly be unmindful of the Einsteinian flavor of the description he gives of his characters. For now, it is enough to note that he associates
Einstein with a foreshortening of time and carries this
idea over to a description of characters who are also
foreshortened ("la forme aplatie") in time.

In his letter to Vettard, Proust would seem to have
Einstein in mind once again. First, because of Vettard's

study, second, because Proust refers to the comparison
drawn between him and Bergson and we recall that Proust
had on occasion been compared to Bergson and Einstein in
the same breath (by Souday, for example). Proust discusses his creation of prose fiction in terms of a special
sense which resembles a telescope leveled on time. This
telescope, which confers on the viewer a privileged vision
or point of view, brings hidden phenomena to light--in particular, "past" subjective phenomena which we have forgotten. The analogy with Einstein, just as much as it did
with Bergson, presents itself irresistibly when we realize
that Einstein's theory brought to light not new phenomena
but already existing phenomena seen in a different way.
The work of both Proust and Einstein is a telescope leveled on time.

We need not belabor the point that Proust, to all appearances, barely knew the work of Einstein and that the
influence of the latter on Proust's work was probably nonexistent. But if we stop there, by insisting on the tru-
ism that Proust resembles no one so much as himself, we
err by closing our mind to what was happening in the world
of ideas outside of Proust's work. Harold March tells us
that most comparisons made between the two were made by
critics who knew little of Proust and nothing of Einstein.
If we except Camille Vettard, as March does, he may (or
may not) be correct (he makes no supporting statements).
March then concludes: "Whether or not there was any useful connection between a principle of astro-physics and a
reputed point of view on truth and morals, did not matter;
the magic word 'relativity' was enough--'everything was
relative.'"[9] Though March does not dispute the possibility that a "useful connection" might exist between the two
men's work, he gives the impression of dismissing it for
reasons completely extraneous to the question--namely, the

superficial lay usage of the term "relativity" and the fad
that grew around it in the twenties.

The major factors standing in the way of determining
whether or not a useful connection exists between the work
of the two men seem to stem from an attitude: either that
of the enthusiastic or overambitious critics such as those
March criticizes and whom Rivière himself was suspicious
of, who base their comments on "a mathematical apparatus
hastily studied for the occasion" (letter from Proust to
Vettard, March 20, 1922); or the attitude of critics who
like March himself allow their annoyance with controver-
sial or questionable criticism to turn them away from a
legitimate line of inquiry.   We need to explore further
the possibility of a connection between Einstein and Proust
--not, as I have said, to determine a direct link, which
does not convincingly exist, but to see what theoretical
bases their work has in common.   Both of them had a special
sense: one of literature, the other of science, both of
life.   Someone once spoke of an idea that found its time.
We are here dealing with such a phenomenon--an idea, or
ideas, that found their time in the minds of men such as
Einstein and Proust, who in the early years of this century
explored the dim and unknown edge of our knowledge which,
in no small way owing to them, has become and is becoming
in our time a more familiar terrain.

II.   A Study in Parallels

The elaborate accretion of idea upon idea in Proust's
work--a creative process as miraculous and ordered as the
growth of a chambered nautilus shell--offers no easy access.
We find in Proust a mind of incredible contrast.   Despite
his involvement with the vestiges of the disappearing Faubourg Saint-Germain, beneath the fashionable exterior of
his public person moved a private being alert to newness,
capable of a brilliant purchase on ideas stirring into

being at the turn of the century.   In 1900 Freud's *Interpretation of Dreams* appeared and in the same year came Planck's
quantum theory with its universal constant h.   With the idea
of energy as being discontinuous, a shift in scientific
thought regarding the physical makeup of the universe had
to take place.

> The human mind was thus henceforward obliged to conceive un-
> representable cosmogonies, logics of indetermination, and mys-
> terious actions which, even in the obscure zones of the psyche,
> operate each in its own particular and intrinsic fashion, with-
> out reference to the laws of classical reasoning applied to na-
> tural phenomena as a whole.   The conceptions of time and space,
> of pure consciousness, of finite and infinite, were thus com-
> plicated by conceptions of time-space, of the unconscious, and
> of the transfinite.   The repercussions of all this was trans-
> lated in literary terms by the concept of the absurd, and in
> the realm of the plastic arts by the aesthetics of the abstract
> and the *informel*.   Roughly and briefly speaking, it seems as
> if human consciousness took refuge in the abyss of molecular
> isolation, in a profusion of moments, of *existences*, each with
> its own behaviour pattern, ambivalent, polyvalent as the case
> might be, but in any event totally unrelated to the comprehen-
> sible traditional universe.[10]

The Proust-Einstein equation has stubbornly persisted
and it is not difficult to see why.   Both have mapped the
"obscure zones" of phenomena, human and physical, inner
and outer.   And in the formulation of structuring principles Einstein and Proust have had few equals.   But is Proust
a relativist in the sense that one familiar with Einstein
would understand?   Some critics, writing in the twenties and
early thirties, thought so, notably Camille Vettard in his
essays on Proust, and Edmund Wilson in a chapter devoted to
Proust in *Axel's Castle*.   Both Vettard and Wilson were convinced that Proust had created   "a sort of equivalent in

fiction" for Einstein's physical theories.[11] André Maurois,
in speaking of the alleged statement Proust made as to his
desire to do this very thing, interpreted it as meaning that,
as a "positivist," Proust wished to discover underlying qualities that unify diverse things, and to evince in his work
the detached curiosity of a scientist-observer. Such an interpretation used along with the word positivist fastens on
the abstract type of the man of science and diverts our attention from the question: not whether Proust is like a
scientist, for indisputably he sought general laws underlying psychic behavior, but whether he sought them in the manner of a scientist called Einstein.

Vettard has been the most insistent on such a comparison,
which he bases on subject matter and their method of approaching it. As for the first, Vettard says that they both have
a sense, intuition, and understanding of the "grandes lois
naturelles." For Einstein these laws are physical, for Proust
psychic (laws of habit, adaptation, memory, movement from the
unconscious to the conscious, dissociation of self--in short:
laws of reminiscence and "subconscious creation"). Their method of viewing the world is relative--as viewed physically
through Einstein's shifting coordinates or relative reference
points ("pieuvre de référence"), or morally, through Proust's
shifting perspective, his infinitely multiplied points of
view, for which he invented a suitable artistic style. But
Vettard cautions us not to think that the theory of general
relativity of Einstein is to be found in *A la recherche*. We
can only say that Einstein and Proust have each created a new
world.

It is regrettable that Vettard so boldly set forth the basis for a comparison between Proust and Einstein only to approach the question of relativity so gingerly at the end of
his essay. He dismisses the possibility of Einstein's theory operating in Proust's work. Of course, that is true, but
meaningless. The relevant question is whether a similar

method operates in their work, for we are talking about a *way* of seeing.

Wilson also refers to the multiplicity of point of view and subject matter in *A la recherche*, which he sees as an inheritance from Symbolist technique: "for the Symbolist, all that is perceived in any moment of human experience is relative to the person who perceives it, and to the surroundings, the moment, the mood."[12] The comparison between Proust and Einstein follows quite naturally, but Wilson does not probe these equivalents.

A fruitful way of exploring the Proust-Einstein relation is suggested by Henri Bergson in a chapter in *La Pensée et le mouvant* dealing with "métaphysique et science." Bergson felt that Einstein's theory can have no practical application; that because no absolute system of reference exists for it, it has only mathematical, but not metaphysical, reality. All systems are valid, but not complementary. If one changes the reference point or coordinate, one obtains a new system of reference. For a single, absolute system ("système privilégié"), relativity substitutes an "ensemble de relations absolues."

Bergson quotes a statement made in 1919 by the physicist Langevin, who was close to Einstein and a well-known commentator of relativity theory, to the effect that relativity does affirm the existence of a reality independent of systems of reference but, depending on the particular system of reference we use, we perceive that reality from changing perspectives.[13] Bergson contrasts Einstein's universe with that of Newton: instead of being an "ensemble de choses" like Newton's, it is an "ensemble de relations."[14] This statement provides a point of entry to a study of the Proust-Einstein relation. As Bergson points out, one cannot transpose Einstein's mathematically determined physical reality (Bergson calls it "l'expression mathématique du monde"--which is only partly accurate, for that form of it, provided by

Minkowski, was only one of its forms) onto the plane of everyday existence. Einstein's cosmic "things" afford little comparison as "things" to the plethora of earthly "things" in *A la recherche*. But it seems fully reasonable to explore how *relationships* between things are handled by each.

If we are to see relativity in an Einsteinian sense in Proust's work, we have first to abstract from it a manner of accounting for diverse phenomena--natural and psychic-- in different and varied situations. Einstein and his collaborator of later days, Leopold Infeld, have left us a clear general description of relativity:

> The relativity theory develops in two steps. The first step leads to what is known as the special theory of relativity, applied only to inertial co-ordinate systems, that is, to systems in which the law of inertia, as formulated by Newton, is valid. The special theory of relativity is based on two fundamental assumptions: physical laws are the same in all co-ordinate systems moving uniformly, relative to each other; the velocity of light always has the same value. From these assumptions, fully confirmed by experiment, the properties of moving rods and clocks, their changes in length and rhythm depending on velocity, are deduced. The theory of relativity changes the laws of mechanics. The old laws are invalid if the velocity of the moving particle approaches that of light. The new laws for a moving body as reformulated by the relativity theory are splendidly confirmed by experiment. A further consequence of the (special) theory of relativity is the connection between mass and energy. Mass is energy and energy has mass. The two conservation laws of mass and energy are combined by the relativity theory into one, the conservation law of mass-energy.
>
> The general theory of relativity gives a still deeper analysis of the time-space continuum. The validity of the theory is no longer restricted to inertial co-ordinate systems.

> The theory attacks the problem of gravitation and formulates
> new structure laws for the gravitational field. It forces
> us to analyze the role played by geometry in the description
> of the physical world. It regards the fact that gravitation-
> al and inertial mass are equal, as essential and not merely
> accidental, as in classical mechanics. The experimental con-
> sequences of the general relativity theory differ only slight-
> ly from those of classical mechanics.[15]

As has been pointed out time and again, the variability of
time and space or distance and duration set forth by the
theory result in differences "so small as to become significant only when the speeds involved were far beyond the
range of human experience."[16] Thus, it is not the measurable physical qualities of Einstein's theory that have
bearing on Proust's work, but the relational qualities it
envisages, that vision of the universe and reality as an
"ensemble de relations" Bergson spoke of.

In support of his Principle of the Equivalence of Gravitation and Inertia, Einstein poses a fanciful situation in
which "a spacious chest resembling a room," in which is enclosed an observer, is situated in outer space, "far removed
from stars and other appreciable masses" which might exert
a gravitational pull. A giant hook engages the top of the
chest and begins to pull it "'upwards' with a uniformly accelerated action." What conclusion will the man in the
chest draw in regard to the physical circumstances of his
situation? He will note, of course, that his body is forced
downward, that his feet press heavily against the floor. If
he releases an object from his hand, the object will appear
to "fall." And so the observer, ignorant of the fact the
chest he is in climbs through interstellar space, concludes
that "he and the chest are in a gravitational field which is
constant with regard to time." Someone outside the chest,
however, who sees what is happening, concludes that the situation is one in which the force of inertia operates.[17]

Einstein came to regard gravitation and inertia as the operation of one and the same force. The interpretation of this force--whether one considers it to be the effect of gravity or inertia--depends on the point of reference of the observer: whether he is, so to speak, inside or outside the chest. A thing is not merely relative, it is relative *to*. And one senses the full effect of the relative reference point in seeking a "truth" about a given situation.[18]

In looking for principles of structure in Proust's work, in an attempt to arrive at the "truth" of the author's particular view of the world that informs *A la recherche*, the theory of relativity offers a tempting departure point. Our capacity to sum up the meaning of man and the universe by means of a few absolute presuppositions has become more and more meaningless in the post-Einsteinian world. No longer can one say with assurance that life is this. Rather one feels forced to explain that life may be *this*, from one point of reference, *that* from another--or perhaps both *and* neither one. Relativity has mistakenly been equated with skepticism by those critical of it but uninformed about it. Ernst Robert Curtius tried to clarify the term in 1925: "'Everything is relative' is taken to mean 'nothing has meaning'. If we want to understand Proust, we must reject this line of thought. The exact contrary is true: that everything is relative means that 'everything has meaning', that every perspective is true. . . . The infinity of possible perspectives does not mean nihilism or destruction, but an immeasurable broadening of possibilities."[19]

Maurois chose the theme of time to illustrate what for him seemed to be Proust's "positivistic" orientation. How does the notion of relativity relate to the handling of this major theme of *A la recherche*? For Maurois, as for most critics, time in Proust is the great destroyer--that which dissolves human relationships, human structures, and humans

themselves. The negative force of time is horrendous:
nothing--not the smallest thing--escapes its ravages. The
statues, the tombs, the objects of art and history in the
church of Combray slowly crumble, and the church itself
wears away in time, just as the tight, codified structure
of the family disintegrates eventually, just as firm and
not so firm friendships dissolve through misunderstanding
or indifference as months and years pass, just as the love
of an Odette for a Swann and the illusion of happiness
Swann builds from the brief love cannot last, and we the
readers are brought to linger over details of things as
great as the collapse of a society or as minute as the
faint signs of physical corruption on the face of the vice-
ravaged and aging Charlus. This is the negative and external side of time, this is the view of time as an absolute
force that brings about a state of separation, that creates
a past irrevocably wrenched from the present, for this view
envisages time as an inexorable process leading to the dis-
solution of all things.

But to limit Proust's treatment of time to this view is
to see him as a continuator of the lyric tradition of Hor-
ace and Petrarch and no more, whereas Proust's view of time,
while replete with overlying *carpe diem* imagery, lies closer in spirit to the work of the presocratic-imbued tradition
in French literature which we discern somewhat in Montaigne,
fully in Pascal and Diderot. With such writers as the last
he shares an unusual double vision, consisting not in a simple dualism but in an innate relativistic sense of phenomena,
natural and unnatural, that in Proust evinces itself most
particularly in the working of memory. Time in Proust has
meaning only in relation to something else that concretizes
it in a way to make it susceptible to our understanding.
Eddington, in confronting the Einsteinian phenomenon of a
measuring rod that shrinks as its speed increases and disappears on attaining the speed of light, explained that,

despite our saying the rod contracts, "length is not a
property of the rod; it is a relation between the rod and
the observer. *Until the observer is specified the length
of the rod is quite indeterminate.*"[20] Like Einstein's
view of physical phenomena, Proust's view of material phenomena is a shifting one: the meaning of time (a past moment) comes to depend on the point of reference of the narrator. And it is exactly certain of these references points
having to do with time in Proust that Maurois, and some
other critics with him, have slighted or overlooked entirely: such as time functioning as a distinctly positive force.
Time in Proust stands in a dialectic with itself. The notion that predominates--especially in the first volume, *Du
côté de chez Swann*--is the negative side of time. But the
positive aspect stands as a corrective of its negative aspect,
and one has to look at this dialectic of time-destroyer-vs.-
time-preserver to understand the relative nature of Proust's
time view. Time in its positive form puts distance between
the events and the recollection of them in such a way that
the person remembering (voluntarily or involuntarily) perceives the significance of certain past events for the first
time. Time in this sense is a means to truth ("truth" means,
to be sure, truth relative to a certain reference point).
What is positive in the Proustian notion of time? Time is
a maker of distances, a creator of reference points. Figur-
atively speaking, time has created the present by pushing
the past into the distance, has in other words created the
present of today as the reference point for the present of
yesterday. In this sense, time represents a finite mode of
experience--time allows maturation and, furthermore, to use
Kenneth Burke's term, allows a certain amount of standoffish-
ness.

The narrator in searching for lost time seeks to discover
the truth about things lost in time. To understand is to
recover (traces of which meaning persist in the Latin root

of the French word *com-prendre*). Now, time as a finite
mode of experience (the passage of time that establishes
a reference point) creates a condition by which man can
arrive at truth. Time as a negative force separates, creates absolutes (a past lost to the present, bearing no relation to the present), whereas time as a positive force
perceives the present in terms of a continuation of the
past, for we arrive at maturation by progressing from the
distant through the immediate past. These two schemes of
time, as an absolute and as a nonabsolute force creating
a condition for truth, recall another example given by
Einstein. This time let us picture an infinite universe
utterly devoid of matter, except for one single planet.
It would be a universe equally devoid of meaning, insofar
as one could not speak of mobility or immobility in regard
to the planet, since it is impossible to tell whether the
planet moves through space or rests stationary. Movement
and stasis have meaning only if other planets exist by
which one can measure the relationship between one planet
and another. "We must have what we call some *frame of
reference*, a mechanical scaffold, to be able to determine
the positions of bodies. . . . This frame, to which we refer all our observations . . . is called the *co-ordinate
system*."[21] Roger Shattuck finds a close parallel between
the co-ordinate system of relativity theory and Proust's
"optics of time": "Relativity tells us that no object *by
itself* has either definable location or measurable veloci-
ty. Two objects are required to yield a relative reading,
and there is no universal grid like the ether to give an
absolute figure. An object can be described as located
somewhere and in a certain motion only in reference to
what is about it. And so it is also with memories or experiences."[22]

Time as a negative force sets up a past without relationship to anything else in *A la recherche*. The narrator

possesses solely an exterior view of things. He sees his
childhood, parents, friends, and objects as though they
float in a void, and he is unable to recapture them, for
they are lost and withhold their truth from him. But once
the present becomes a coordinate of the past--and this is
the positive function of time--there is created a precondition (a reference point for the past) that precedes truth.
It is a necessary precondition, for without a point of reference no means exist to arrive at "truth." (Shattuck:
"Marcel has found his youth, not in the past but in the
present," *Proust's Binoculars*, p. 36). It is a misconception
to label Proust a positivist. For Proust, absolute states
create a condition for ignorance, relative states a condition for truth. One of the few constants in *A la recherche*, as Edmund Wilson notes, is the boy's grandmother, but
one must add that our conception of her is not constant,
for it changes in measure as the narrator's perspective of
her shifts. And, of course, the nature of truth itself is
relative--that is to say, relative to the moment in time,
the state of the observer, etc.

What means for discovering truth exist in Proust's work?
There is first of all the voluntary memory, where, by the
raw force of our imagination, we try to recall things of
the past. But it is limited, hardly a reliable source for
truth, for when the narrator tries to evoke a particular
situation in the past, he sees it through the eyes of the
past, that is, through the eyes of the boy who experienced
it. The recollection bears no relationship to the present,
effects no egress from the immature sense perceptions of
the boy. The past--an absolute past that is lost--replays
itself out in a void. The narrow vision of the immature
child might be compared to an old film, while the *whole* vision would be the projection on the entire expanse of a
Cinemascopic screen. Though we rerun the old film, it cov-
ers only a part of the wide screen, and though the sound-

track is reproduced on stereo equipment, the same old
sounds echo forth from the past, now disincarnate. We
have gained no wider perspective but find ourselves the
prisoner of the old one. The narrator does not see the
past as he would were he brought back to it by a Wellsian
time machine. He gazes on a past long dead, immobilized
by the limited sense perceptions of the child he once was.
It is a past without dimension--"flat," Shattuck calls it,
and "Merely to remember something is meaningless unless
the remembered image is combined with a moment in the present affording a view of the same object or objects" (*Proust's
Binoculars*, pp. 46-47).

The involuntary memory of the narrator provides us with
this coordinate in the present. As Proust tells us, the
efforts of our imagination to recall the past are vain.
Like souls of the Celtic dead, it hides in material objects,
in the sensations those objects give us. The narrator relates a famous incident that had happened in Paris, several
years after his childhood, when he had returned to his house
during a day in winter, oppressed, sad. He describes the
state of exaltation he felt as he took a spoonful of tea in
which he had soaked a morsel of *petite madeleine*. With suc-
cessive sips the sensation diminished. "Je pose la tasse
et me tourne vers mon esprit. C'est à lui de trouver la vérité" (*RTP*:I,45). He tries to remember, and that which lin-
gers just short of consciousness emerges: he recalls the
taste of the *petite madeleine* that his aunt Léonie had in
his childhood offered to him after dipping it in a cup of
tea. With the return of this moment of the past, other moments ebb back. After the past has fallen into ruins, there
persists an odor, a taste, like souls of the dead, upon which
will be built "the immense edifice of memory" (*RTP*:I,47).

It has been said that involuntary memory is the means by
which the narrator recovers the past. Strictly speaking,
that is not so   remains unrecoverable unless the

narrator understands it, understands it as it was. The involuntary memory does not give him that capacity. Understanding is an intuitive or intellectual faculty, whereas
memory is not, or at least is only rudimentarily so in that
the mind "sorts out" past materials. What involuntary memory does is to eliminate the indirectness of the experience
of past things. The narrator no longer sees the past through
the eyes of the boy, but relives it directly. Of the Cinema-
scope screen mentioned earlier, the rerun no longer fills but
a portion, but the entire screen, from edge to edge. And the
soundtrack plays back not a scratchy score but a brilliant
and faithful recording. The narrator can sit back and experience directly the full vision of childhood.

The voluntary memory is the working of pure intellect, an
indirect cerebral reconstruction limited by the mind of the
boy. Involuntary memory is a direct sense experience of
past things in the present, a state wherein the narrator
finds himself as if in suspension, released from all contin-
gencies of the workaday world. The involuntary memory is
that very *precondition* for knowledge and understanding (hence
recovery of the past) alluded to earlier, for it establishes
a coordinate between past and present and we experience the
former in the latter. Involuntary memory provides the in-
choate substance that will be informed, fashioned by the narrator's faculties of understanding: intuition and intelligence. To the question of how Proust recovers truth or the
essence of past things, one might answer that a combination
of sense faculties and faculties of understanding is needed:
the senses provide the matter that must be shaped by the understanding. This conjugation must occur before "truth" becomes accessible.

How does time enter into this scheme? Time has made the
remove, and the distance of the narrator from past things
represents a distance of maturation, for it is with his mature understanding of the present, and with a special vantage

point giving on the past--afforded by an unusual sensation,
by a different situation--that he will derive new insights
into the past. His revelation is tantamount to stepping
foot into a new world: "Et maintenant je comprenais ce
que c'était que la vieillesse--la vieillesse qui de toutes
les réalités est peut-être celle dont nous gardons le plus
longtemps dans la vie une notion purement abstraite . . .
sans comprendre . . . ce que cela signifie, jusqu'au jour
où nous apercevons une silhouette inconnue, comme celle de
M. d'Argencourt, laquelle nous apprend que nous vivons dans
un nouveau monde; . . . je comprenais [alors] ce que signi-
fiaient la mort, l'amour, les joies de l'esprit, l'utilité
de la douleur, la vocation, etc." (*RTP*:III,932 n.). Distance, whether spacial or temporal, is always a precondition for understanding in Proust. Swann, the egotist, cannot arrive at an understanding of Vinteuil until he moves
out of himself--becomes, so to speak, a coordinate of himself, his own point of reference. Examples abound of such
distanciation. The grandmother of the narrator once accompanied her grandson to Balbec, a seaside resort. At one
point, a friend of the narrator offered to take a photo-
graph of her. The boy supposed that his grandmother would
decline, but when she accepted and took pains with her appearance, he was shocked, for he believed that she had revealed a petty vanity he had not hitherto seen in her. But
several years later he comes to realize for the first time,
to understand as a man what he could not comprehend as a
boy, that his grandmother had had premonitions of death,
and that she had wanted to leave to her grandson a picture
of her as she looked while still preserving her physical
appearance. Hence, she had forced herself to undertake
something distasteful to her. What was vanity to the boy
was to be seen as self-sacrificing love by the man.

On another occasion, he enters the living room to find
his grandmother reading, unaware of his presence. He

suddenly sees her, veils drawn aside from her aging self:
"moi pour qui ma grand'mère c'était encore moi-même, moi
qui ne l'avais jamais vue que dans mon âme, toujours à la
même place du passé, à travers la transparence des souvenirs contigus et superposés, tout d'un coup, dans notre
salon qui faisait partie d'un monde nouveau, celui du temps,
celui où vivent les étrangers dont on dit 'il vieillit bien',
pour la première fois et seulement pour un instant, car elle
disparut bien vite, j'aperçus sur le canapé, sous la lampe,
rouge, lourde et vulgaire, malade, rêvassant, promenant au-
dessus d'un livre des yeux un peu fous, une vieille femme
accablée que je ne connaissais pas" (*RTP*:II,141). Distance
has again resulted in modified perception by allowing the
narrator to take, unwittingly, a different bearing on the
subject. He has moved out of himself--glimpsed a grandmother who is *no longer* solely a creature of his perceptions but a remote and autonomous stranger sitting in his
living room. The woman called his grandmother has, as
part of the world external to his subjective self, under-
gone change without his knowing, while the same woman, as
part of his private and inner world has to this moment remained stable. The identity of objects and beings resides,
so far as our psychic life is concerned, not without but
within us, the viewer. Outer being is, like the process
of focusing binoculars, continually adjusted to conform to
the inner being we have created.[23]

An example of spatial distance occurs during the visit
of the narrator to his friend, Saint-Loup, in the fictional
garrison town of Doncières. While at Doncières the narrator
places a telephone call to his grandmother, who remained behind in Paris. For the first time he hears her voice over
the telephone and he is horrified. In her presence, she had
become something absolute to him, a planet without coordinates. She had meant protection, warmth, comfort--he had
not understood her, she *was*. At a remove, her voice sounds

different, scratchy, aging, sad, and he understands that
she will die. The separation of the moment will become a
separation through death.

In conjunction with space, as with time, to be distant
is to "lose" something physically. In fact, Proust even
suggests that the precondition for remembering is forget-
ting: "grâce à cet oubli seul que nous pouvons de temps
à autre retrouver l'être que nous fûmes . . ." (*RTP*:I,643).
To borrow the metaphor Breton used to describe a surrealist
image, one might see *oubli* as the *necessary* gap between
conductors to be leaped by the spark of sensation or recognition. What has been lost in the physical realm is re-
gained in the mental realm of memory.

To conclude, time which serves as a negative force serves
as well as a positive force of just as great significance.
There is indeed a dialectic of time, a tension, dramatic,
metaphoric and real, between negative and positive poles.
Despite the inordinate stress critics have sometimes placed
on the role of time as the great destroyer in *A la recherche*, we see as clearly the role of time as the great cura-
tive. Whether one despairs of a lost past or of a lost
love, time can bring about its purgative effect. Ironically, the narrator can, only through time that has been lost,
come to the realization (through mature awareness) that the
past is preserved against the assaults of time. Similarly,
only a Swann wiser and maturer in love matters--the man
formed by experience in time--can, owing to a different perspective afforded to him through retrospection (which is in-
tricately tied up with introspection), finally accept his
rupture with Odette. Hence, the recall of past experience
through the involuntary memory, acted upon by the understanding, allows a truer perspective of things and events remote
in time. In this sense, time means not destruction but salvation. We have managed to get a "fix" on things in time
by a process of distanciation and are thus able to lift them

and ourselves out of the unceasing flow of time. Shattuck
gives the name of the "stereoscopic principle" to this
"form of arrest which resists time" (*Proust's Binoculars*,
p. 51).

"Le temps retrouvé" stands as a coordinate of "le temps
perdu." Proust achieves a kind of ironic perspective. To
find the infinite, that from which we are estranged, one
must pass through the finite, that which we call our present. To find time one must lose it. The English cliché
about one not being able to have one's cake and eat it too
is provided with an interesting variant, for with Proust
one *must* devour one's cake to have it. The idea is certainly not new. Among other sources, it is Christian in
inspiration (the spiritual "qui-perd-gagne" of the holy
covenant). However, what Georges Bernanos treats in *Le
Curé de campagne*, the story of a priest who must turn to
the corporeal in order to find the spiritual, to the finite in order to find the infinite, who must descend in
order to ascend, Proust applies not to the otherworldly but
to the this-worldly. In this instance, he comes thematically closer perhaps to Thomas Mann's *Der Zauberberg*. In any
case, each of these works shows us a renascence through the
particular, through the finite.[24]

We have seen how there works a relativity of perception
in Proust, which gives to his work its continuity, its flu-
idity, its relevance. The narrator cannot find what he has
lost solely in the past preserved in his memory, but must
be able to interpret it in terms of what he has become.
Hence, time recovered can only be so by the movement between past and present. The novel is unified thematically
and structurally by the dialectic of time, as well as by
a host of other dialectics: of the noncontingent and the
contingent, of spontaneity and habit, of absence and presence, of search and possession, of intuition and reason,
of dream and concrete reality. The dialectic of time in

271 John D. Erickson

Proust's work, which gives dimension and reality to phenomena by establishing coordinates by which to define them, operates in a manner strikingly close in nature to the relative coordinate systems through which Einstein's theory views physical phenomena. In regard to the theory of relativity, Einstein held that "it changes our classical concept of absolute time. Its validity is not restricted to one domain of physics, it forms a general framework embracing all phenomena of nature."[25]

Vettard, in "Proust et le temps," quotes the mathematician Galois to the effect that "chaque époque a en quelque sorte ses questions du moment: il y a des questions vivantes qui fixent à la fois les esprits les plus éclairés comme malgré eux. Il semble souvent que les mêmes idées apparaissent à plusieurs comme une révélation." That is why we are able to speak of such a thing as a movement of ideas, and it is in this light that we have looked at the Proust-Einstein relation.

Université Mohammed V
Rabat, Morocco

---

[1] Princesse Marthe Bibesco, *Le Voyageur voilé: Marcel Proust, Lettres au duc de Guiche et documents inédits* (Genève: La Palatine, 1947), p. 105. In a letter to Benjamin Crémieux (August 6, 1922), Proust discusses his novel and refers to Einstein quite as naïvely as any layman might: "autant que je me souviens, entre la soirée Guermantes et le deuxième séjour à Balbec, il y a un grand intervalle de temps. Einsteinisons-le si vous voulez pour plus de commodité." But he then adds a provocative thought in answer to Crémieux who pointed out certain anachronisms. Proust says that his characters appear as they do "à cause de la forme aplatie que prennent mes êtres en révolution dans le temps" (Benjamin Crémieux, *Du côté de chez Marcel Proust*, Paris: Lemarget, 1929, pp. 167-168).

[2] In the summer of 1905, three short papers appeared in Volume 17 of the *Annalen der Physik*. These papers, written by an unknown young physicist working in the Swiss Patent Office, carried the following titles: "On the Motion of Small Particles Suspended in a Stationary Liquid According to the Molecular Kinetic Theory of Induction," "On a Heuristic Viewpoint Concerning the Production and Transformation of

Light," and "On the Electrodynamics of Moving Bodies." The second
paper, which propounded the law governing the photoelectric effect,
brought Einstein the Nobel Prize in 1922. The last paper set forth
the Special Theory of Relativity. In 1916, in the same physics journal, appeared the theory that was soon to make the name of Einstein
known, "The Foundation of the General Theory of Relativity." Late in
1919, British expeditions led by Arthur Eddington verified, through
photographic study of the sun in eclipse, the theoretical value of
Einstein's calculations. Virtually overnight the name Einstein became familiar to the humblest man in the street, as if people wished
to take their minds off the horrors of a world war by contemplating
nebulas floating at a great distance and magic effects of time and
space that remained comfortably vague to the understanding of the un-
versed. Within a year of the expeditions over one hundred books and
countless newspaper articles attempted to explain the notion of relativity. A 1921 bibliography of papers, articles, and books dealing
with relativity listed about 650 items. In France, several popular
interpretations of the General Theory had appeared, the best known of
which, published in 1921, was *Einstein et l'univers* by Charles Nordmann
of the Paris Observatory. In early 1922, Einstein visited France,
where he lectured to select audiences that included such dignitaries
as Henri Bergson, Paul Painlevé, Mme Curie, and the physicist Paul
Langevin. (For most biographical information I have drawn on Ronald
W. Clark's *Einstein, The Life and Times*, New York & Cleveland: The
World Publishing Co., 1971.)

[3]*Correspondance générale de Marcel Proust*, publiée par Robert Proust
et Paul Brach (Paris: Plon, 1932), III, 94.

[4]In a letter that Proust wrote to Gaston Gallimard, probably in August 1922, he thanks him for Vettard's article that appeared in the
N.R.F. Proust humbly disclaims the honor of being compared to Einstein
("Que suis-je à côté d'un Einstein!"). He says of the article: "On
compare deux valeurs (la mienne fort mince) incommensurables et de nature si différentes que le moindre point de contact semble impossible
à trouver" (*Lettres à la N.R.F., Les Cahiers Marcel Proust, VI*, Paris:
Gallimard, 1932, pp. 259-260).

[5]In a letter written after August 18, Proust tells Vettard of "un
grand retentissement" and many favorable analyses that appeared. He
mentions that of *L'Écho de Paris* in particular. In a letter to J.-N.
Faure-Biguet, writer for *L'Écho de Paris*, Proust modestly thanks him
for "le charmant article où je suis rapproché . . . d'Einstein" (August 25, 1922). This appears to be a reference to the *L'Écho de Paris*
review Proust mentions in the letter to Vettard written shortly after
August 18 (*Défense de Marcel Proust, Bulletin Marcel Proust*, No. 1,
Paris: Le Rouge et le Noir, 1930, p. 16). On August 18 there appeared
a brief note in *L'Opinion* by Jacques Boulenger (p. 382), which is harsh
on Vettard and ends with the observation: "Tous deux [Proust et Ein-
stein] nous ont apporté 'une manière nouvelle de regarder le monde'.
Est-ce assez dire, et ne faudrait-il pas placer Proust bien au-dessus
d'Einstein?" Boulenger was very likely upset by the fact that Vettard

had, at Proust's suggestion, submitted his dedicatory preface to Boulenger's *La Revue de la Semaine* after Rivière's initial coolness, and
Boulenger had accepted it, only to have Vettard withdraw it later
(letters from Proust to Vettard, 12 and 18 March, undated letter written between March 20 and June 1; in a letter to Vettard between late
March and late July, Proust mentions he is "en froid" with Boulenger).
Thus Boulenger, apparently still stinging from the differences with
Proust, puts the latter down by raising him above Einstein in the pan-
theon of contemporary gods. Proust, sensitive to the sarcasm, as well
he should be, tells Vettard that the review is less favorable than the
others because of his (Proust's) misunderstanding with Boulenger. Boulenger was later to say that Proust was persuaded that they had had an
argument, and to imply that it was not so (*Correspondance générale*:III,
293 n.).

[6]Proust was strongly attracted to such images. In a letter in *Annales*, he had earlier said that his "instrument préféré de travail est
le télescope." See Roger Shattuck's *Proust's Binoculars* (New York:
Random House, 1963), where such optical imagery is analyzed.

[7]They comprise all the published references to Einstein by Proust
which Philip Kolb has noted in *La Correspondance de Marcel Proust* (Urbana: University of Illinois Press, 1949), to wit: "*Cor* III, 94, 180
n., 186, 191 n., 193; *Cah* VI, 259; *Crémieux* 167; *Défense* 16; *Guiche*
105." I wish to thank J. Theodore Johnson Jr. for bringing to my attention a reference to Einstein by Proust in an unpublished fragment
found in the Bibliothèque Nationale, N.a.f., fonds Proust, Cahier 62,
f. 53 r°. In a series of notes to be used eventually in his work,
Proust alludes to time as being for some people an accretion of merits
and for others a skeletal framework ("cadre vide") whose uprights they
ascend in a few years. The idea of a "cadre vide" evidently makes him
feel such an idea may be related to Einstein, for he puts the latter's
name, followed by a question mark, in parentheses. Einstein has, it is
true, more than once used the notion of a framework or scaffold (cf.,
e.g., note 21).

[8]He refers to a letter supposedly quoted by Princesse Marthe Bibesco, in which Proust is said to have likened his role as a writer to
that of Einstein. Such a letter has not to my knowledge turned up and
it appears that Maurois misread or poorly remembered comments made by
Proust to the princess. Maurois may have had in mind Proust's previously mentioned letter to the Duc de Guise. It is true also that in
the letter to *Annales* Proust spoke of his intention in his work "à découvrir des lois générales." In any case, the error, if it is an error, has been passed on by numerous critics.

[9]Harold March, *The Two Worlds of Marcel Proust* (New York: Russell
& Russell, 1968), pp. 240-241.

[10]Jean Cassou, "The Climate of Thought," preface to *Gateway to the
Twentieth Century* (New York: McGraw-Hill, Inc., 1962), p. 9. Einstein
was to say of his own part in this evolution of ideas that "the work of

the individual is so bound up with that of his scientific predecessors and contemporaries that it appears almost as an impersonal product of his generation" (quoted by Clark, *Einstein*, p. 95). It should be noted that one of these contemporaries to whom Einstein alludes was the brilliant French mathematician Henri Poincaré who, during Einstein's student years in Zurich, was cautioning the scientific establishment about its reliance on absolute concepts of time and space.

[11] Edmund Wilson, *Axel's Castle* (New York: Charles Scribner's Sons, 1931), p. 157.

[12] Wilson, *Axel's Castle*, p. 157. Aside from Vettard, few critics have explored with any rigor the Proust-Einstein relation, though certain mention it with interest. Wilson, Shattuck, and March have already been cited. One might mention as well Milton Hindus's *The Proustian Vision* (New York: Columbia University Press, 1954) and Ernst Robert Curtius's *Marcel Proust* (Berlin & Frankfurt am Main, 1952; this essay originally appeared in the collection *Französischer Geist im Neuen Europa* by the same author, Stuttgart, 1925). Of all these works, Vettard's included, perhaps the only study that seriously comes to some sort of terms with suggested parallels between the principle of relativity and Proust's literary techniques is that of Shattuck.

[13] Einstein: "It is a magnificent feeling to recognize the unity of a complex of phenomena which appear to be things quite apart from the direct visible truth" (quoted by Carl Seelig in *Albert Einstein: A Documentary Biography*, London, 1956, p. 53). Compare the statements of Edmund Wilson concerning Proust: "Proust insisted that one of his principal concerns was to discover the real resemblances between things which superficially appeared different"; and: "Proust, though all his observations seem relative, does, like Einstein, build an absolute structure for his world of appearances" (*Axel's Castle*, pp. 158, 162-163). The structure in Proust's case is moral.

[14] Henri Bergson, *La Pensée et le mouvant*, in *Œuvres complètes* (Paris: Presses Universitaires de France, 1959), pp. 1280-1283 n.

[15] Albert Einstein and Leopold Infeld, *The Evolution of Physics* (New York: Simon & Schuster, 1938), pp. 259-260.

[16] Clark, *Einstein*, p. 94. Einstein says: "It would be just as ridiculous to apply the theory of relativity to the motion of cars, ships, and trains as to use a calculating machine where a multiplication table would be sufficient" (*The Evolution of Physics*, pp. 202-203).

[17] *Relativity: The Special and General Theory* (New York: Crown Publishers, Inc., 1961), pp. 66-68. Clark says this: "Whereas Special Relativity had brought under one set of laws the electromagnetic world of Maxwell and Newtonian mechanics as far as they applied to bodies in uniform relative motion, the General Theory did the same for bodies with the accelerated relative motion epitomized in the acceleration of Gravity" (*Einstein*, p. 200).

[18]Vettard calls Einstein's relative reference points or coordinate points "pieuvres de référence," referring to the explanation of Gaston Moch: "des axes de coordonnées qui ne sont plus des droites ni des courbes, mais des filaments continuellement agités en tous sens et qui se tordent comme les bras d'une pieuvre" ("Proust et Einstein," p. 248).

[19]The original reads as follows: "Es läge nahe, von einem universalen Relativismus zu sprechen. Aber diese Formel könnte irreführen. Sie könnte so verstanden werden, als besage die Relativität alles Seins eine Wertindifferenz, als hebe sie Bedeutung und Qualität der Dinge auf. 'Relativismus' gilt uns als Synonym von 'Skepsis'. 'Alles ist relativ' wird aufgefasst als gleichbedeutend mit 'nichts gilt'. Wenn wir Proust verstehen wollen, müssen wir diese Denkweise ganz fernhalten. Gerade ihr Gegensatz ist wahr: dass alles relativ ist, bedeutet, dass 'alles gilt'; dass jede Perspektive berechtigt ist. Der Sinngehalt unserer Erfahrung wird durch diese Form des Relativismus-- ich würde Relationismus sagen, wenn eine solche Neubildung erlaubt wäre--ebensowenig erschüttert, wie die Festigkeit des Weltgebäudes durch die physikalische Relativitätstheorie erschüttert wird. In dem Sinne, den ich hier zu fixieren suche, bedeutet die Unendlichkeit möglicher Perspektiven nicht eine Nivellierung oder Vernichtung des Objektiven, sondern eine unermessliche Erweiterung seines Bereiches. Dass unzählige Perspektiven möglich sind, heisst nicht: keine ist wahr, sondern: jede ist wahr. Oder, wie Proust es einmal ausdrückt: *L'univers est vrai pour nous tous et dissemblable pour chacun*" (Curtius, *Marcel Proust*, pp. 113-114).

[20]Quoted by Clark, *Einstein*, p. 89. Italics in original.

[21]Einstein and Infeld, *The Evolution of Physics*, p. 163.

[22]Shattuck, *Proust's Binoculars*, p. 43.

[23]Vettard often speaks of Proust as having created a new world. But that is as misleading as to say that Einstein created a new physical universe. They both, rather, have given us a new way of looking at the world as it has always existed. The distinction is important, for to note that it is a matter of perception is to acknowledge that the method of Proust and Einstein *is* or *creates* the subject in a sense. Undoubtedly the body and the mind for Proust, as well as the exterior world, change unceasingly. Vettard emphasizes that fact in his essay on Proust and Einstein, and even more in his essay on "Proust et le temps" (in *Hommage à Marcel Proust, Les Cahiers Marcel Proust, I*, Paris: Gallimard, 1927). In the latter essay, Vettard speaks at length of the "incessant variations" of the interior psychic life and the exterior world ("le milieu ambiant") in *A la recherche*. But he puts little stress on the fact that change often occurs less in the object than in our inner image of the object. Proust was preoccupied with this problem throughout his life. We must distinguish view from point of view in Proust's work. In this context, see the recent article by Randi

Marie Birn, "The Theoretical Background for Proust's Personnages 'préparés'," *L'Esprit Créateur*, XI (Spring 1971), 42-50.

[24]Shattuck notes that the "ultimate moment" of *A la recherche* resides not in the *moments bienheureux* but in the recognition of self at the end. "Proust-Marcel's transcendence," he says, "comes back to earth at the end in unequivocal terms" (*Proust's Binoculars*, pp. 37, 39).

[25]Einstein and Infeld, *The Evolution of Physics*, p. 210.

Differing Essences:
Santayana and Proust

REINO VIRTANEN

Except in France, where both Jean-Paul Sartre and Maurice
Merleau-Ponty are to be mentioned, perhaps the only philosopher of renown, after Ortega y Gasset, to have written
about Marcel Proust was George Santayana. Of Spanish de-
scent, he studied and taught at Harvard and wrote in English, the most euphonious English prose of the age. But
he became so remote from America that it was possible a
few years ago for Ramón Sender to enroll him as a virtual
member of the Spanish Generation of '98! Santayana's
reading of Proust began in the late 1920's with the appearance of *Le Temps retrouvé*. His writing on Proust consists
of a short essay of 1929, entitled "Proust on Essences,"
and some remarks in letters dating from 1927 down to 1950.
Logan Pearsall Smith, another transplanted American, and
a contributor to *Hommage à Marcel Proust*,[1] received from
his friend that first letter from which the following words
are taken: "it is hopeless, so late in life, to fill up
the lacunae in one's education. I tried the other day to
read *Moby Dick*, but . . . I have got stuck in the middle.
Is it such a masterpiece as they say? On the other hand,
I am not too old to enjoy some novel authors: and what do
you suppose was my joy at finding the theory of essence
beautifully expounded in the last volume of Proust . . .
and made, in a manner, the pivot of his immense work!"[2]

277

A little later, Santayana was writing to John Middleton
Murry: "I am glad you are writing this article for the
Times about the coincidence between Proust & me. Of
course, being independent, the approaches are not identical. I don't find it necessary to have *two* phenomena,
separate in time, in order to 'purify' the phenomenon by
considering it out of its accidental relations: but the
result is the same" (*Santayana Letters*, p. 232). This is
a distinction he would make in his essay. Before examining
it, we may quote from another letter, of December 1931,
which compares Proust and Joyce: "Proust . . . made a
point of introducing infinite details: but his had two
qualities not found . . . in Joyce: the medley of impressions and memories has, with him, a *poetic* quality, you
feel the sentiment, the guiding thread in the labyrinth;
and in the second place the details themselves are beautiful or interesting, they are selected by an *active intellect*" (*Santayana Letters*, p. 265). The subject of Proust
would come up in conversations between Santayana and his
disciple Daniel Cory as well as in other conversations
summarized by Van Meter Ames under the promising title
Proust and Santayana. If I take up the subject again, it
is because something remained unsaid by them and by John
Crowe Ransom in his study in *The World's Body*.[3]
    What has remained unsaid is precisely the difference
between the conceptions of essence of the novelist and the
philosopher. Two definitions of *essence* from Littré read
as follows: "Ce qui fait qu'une chose est ce qu'elle est,
ce sans quoi elle ne serait pas. Dans une signification
très voisine de celle-ci, et pourtant très différente, la
nature intime des choses que nous ne pouvons pas bien connaître ni démontrer." Now it is evident from Santayana's
own definitions in *Scepticism and Animal Faith* and *The
Realm of Essence* that it is the first which he adopted.
As he wrote in the latter book: "The principle of essence

. . . is identity: the being of each essence is entirely
exhausted by its definition; I do not mean its definition
in words, but the character which distinguishes it from
any other essence" (*Realms of Being* [*The Realm of Essence*],
p. 18). As for Proust, the meaning is indeed very close, and
yet very different, namely, the intimate nature of things
that is difficult for us to know well or demonstrate. The
more than twenty occurrences of the term in *A la recherche
du temps perdu*, the six in *Jean Santeuil*, the eight in *Contre Sainte-Beuve*, could be plotted on a graph. They would
tend to cluster around the second of the definitions.[4]

Santayana's essay of 1929 quotes a passage from *Le Temps
retrouvé* which belongs in this second area. Here is the
page from Santayana's *Obiter Scripta*: "complete absorption
in the flux of sensations, and abstention from all judgments
about their causes or their relative values, leads Proust in
the end to a very remarkable perception: that the flux of
phenomena is after all accidental to them, and that the positive reality in each is not the fact that it appears or
disappears, but rather the intrinsic quality which it mani-
fests, an eternal essence which may appear and disappear a
thousand times" (*Obiter Scripta*, p. 273). We may waive the er-
roneous notion that Proust had abstained "from all judgments
about" the causes or values of sensations before he made his
discovery of essence. The discovery would not have been so
enchanting had it not been preceded by utter disenchantment.
What is most curious is the fact that the passages Santayana
adduces from Proust fail to demonstrate the concept of essence which the philosopher defines in the following sentences: "Such an essence, when it is talked about, may seem
mysterious and needlessly invented, but when noticed it is
the clearest and least doubtful of things. . . . An essence
is simply the recognizable character of any object or feeling, all of it that can actually be possessed in sensation
or recovered in memory, or transcribed in art, or conveyed

to another mind" (*Obiter Scripta*, p. 273). So far Santayana.
But the well-known pages that he cites from Proust deal
not with the "essences" but with the "essence of things,"
in the singular: "Ces diverses impressions bienheureuses
. . . avaient entre elles ceci de commun, que je les éprou-
vais à la fois dans le moment actuel et dans un moment éloi-
gné . . . L'être qui était rené en moi . . . ne se nourrit
que de l'essence des choses, en elle seulement il trouve sa
subsistance, ses délices" (*Obiter Scripta*, pp. 274-275; see
RTP:III,871-872).

It is significant that one of the very passages of *Le
Temps retrouvé* quoted by Santayana to prove an affinity between him and Proust is associated by the *Dictionnaire Robert* with such Kantian formulations as these, by Senancour:
"Nous ne connaissons que des rapports, ou des formes; la
fin et l'essence des êtres resteront impénétrables"; and,
by Claude Bernard: "L'essence des choses devant nous rester toujours ignorée." Here is the Proustian passage in
question: "Qu'un bruit, qu'une odeur, déjà entendu et res-
pirée jadis le soient de nouveau, à la fois dans le présent
et dans le passé, réels sans être actuels, idéaux sans être
abstraits, aussitôt l'essence permanente et habituellement
cachée des choses se trouve libérée et notre vrai moi . . .
s'éveille, s'anime en recevant la céleste nourriture qui lui
est apportée" (*Obiter Scripta*, p. 275; see *RTP*:III,872-873).
One concept, that of "our true self," is overlooked by Santayana. It is so deeply involved with Proust's conception
of "essence" that a fuller discussion is needed.

In order to clear the ground for this discussion, we shall
sample and then eliminate such more conventional usages of
the term as the following. From *Contre Sainte-Beuve*: "Le
site a une extrême importance dans Gœthe . . . (car c'est
d'abord par un plaisir d'essence supérieure que s'imposent à
notre intelligence les choses dont l'importance leur est ainsi
signalée)" (*CSB*, p. 402). And from *Pastiches et mélanges*:

"Mais, puisque le christianisme de Ruskin tenait à l'essence même de sa nature intellectuelle, ses préférences artis-
tiques, aussi profondes, devaient avoir avec lui quelque
parenté" (*PM*, p. 159; cf. p. 245).

Nearer to the center of our topic are the numerous examples in which the word refers to the intimate character of
another individual, as in the case of the poet of *Jean Santeuil*: "Mais cette essence intime des choses dont elle ne
parlait pas était en réalité la seule qui fût vraiment im-
portante pour elle . . . ses vers s'y rapportaient toujours,
nos poèmes étant précisément la commémoration de nos minutes
inspirées, . . . essence intime de nous-même. . . . sa tristesse, comme cette essence intime des choses, ce souvenir
d'elle-même qu'elle goûtait dans les parfums qui reviennent
dans la vie . . ." (*JS*:II,305-306). Other instances can be
found in *Contre Sainte-Beuve*: "Il y a dans *Salammbô* un serpent qui incarne le génie d'une famille. Il me semblait
ainsi que cette petite ligne serpentine se retrouvait chez
sa sœur, ses neveux. Il me semblait ainsi que si j'avais
pu les connaître j'aurais goûté en eux un peu de cette essence qui était en elle" (*CSB*, p. 92). This motif will be elaborated in the portraits of the Guermantes, and repeated in
connection with Andrée: "celle des jeunes filles de Balbec
que j'aimais . . . (je me plaisais avec toutes, parce que
chacune avait pour moi, comme le premier jour, quelque chose de l'essence des autres . . .), c'était Andrée" (*RTP*:II,
1113). Even closer to the focus of our interest are the
passages dealing with the essential individuality of artists
and poets, such as Baudelaire and Rembrandt in *Contre Sainte-
Beuve*: "Le poète a déjà fui, mais derrière les nuages on
aperçoit son reflet encore. Dans l'homme . . . des dîners,
de l'ambition, il ne reste plus rien, et c'est celui-là à
qui Sainte-Beuve prétend demander l'essence de l'autre, dont
il n'a rien gardé" (*CSB*, p. 179); "comme un fil d'une autre
essence, de violette ou d'or, filtre une irisation pareille

au rayon de Baudelaire" (*CSB*, p. 187). The essence of the
artist is that element common to his works: "D'abord les
œuvres d'un homme peuvent ressembler plus à la nature
qu'à lui-même. Mais plus tard cette essence de lui-même,
que chaque contact génial avec la nature a excité davantage, les imprègne plus complètement. Et vers la fin, il
est visible que ce n'est plus que cela qui est pour lui
la réalité, et qu'il lutte de plus en plus pour la donner
toute entière. . . . ce trait de ressemblance entre toutes
les œuvres de Rembrandt" (*CSB*, pp. 379-380; cf. pp. 302,
353). It is such an essence that Proust's narrator will detect in the music of Vinteuil, the acting of La Berma, the
painting of Elstir.

Santayana wonders that Proust should require the coincidence of two moments separated in time in order to arrive at essence, when one moment, one incidence is enough
(*Obiter Scripta*, p. 276). But it is because Proust's
quiddity is not simply Santayana's *quality*, that Proust
needs the assurance of such coincidences. The egocentric
predicament is the point of departure for them both. Santayana escapes his subjectivism through "animal faith"--
foi d'animal! Proust's narrator gains release from the
solipsism of the present moment by retrieving his own past:
"Un plaisir délicieux m'avait envahi, isolé, sans la notion de sa cause. Il m'avait aussitôt rendu les vicissi-
tudes de la vie indifférentes . . . en me remplissant d'une
essence précieuse: ou plutôt cette essence n'était pas en
moi, elle était moi" (*RTP*:I,45). But he would not say
with Valéry's Narcisse: "je ne suis curieux que de ma
seule essence." He is still caught in his solipsistic biography from which he can escape only through the revelations of the great artists: "Comme le spectre extériorise
pour nous la composition de la lumière, l'harmonie d'un
Wagner, la couleur d'un Elstir nous permettent de connaître cette essence qualitative des sensations d'un autre où

l'amour pour un autre être ne nous fait pas pénétrer" (*RTP*:
III,159).[5] Santayana did not sympathize with Proust's need
to find a unifying thread in his existence. The word "distraction" seems a superficial one to apply in this case:
"No wonder that a sensibility so exquisite and so volumi-
nous as that of Proust, filled with endless images and their
distant reverberations, could be rescued from distraction
only by finding certain repetitions or rhymes in this experience" (*Obiter Scripta*, p. 276). Van Meter Ames once wrote:
"The appropriate fulfillment of Proust's work was its being
read by Santayana." Yet Professor Ames himself reported
that Santayana could not "read Proust's account of the lin-
gering death of his grandmother."[6] No, the philosopher who
declared: "I am resigned to being a mind" was not after all
the best reader for what Georges Poulet called, "le roman
d'une existence à la recherche de son essence."[7]

Santayana was a guest in the world, not a participant in
its tragedies. His autobiography bears the title: *My Host
the World*. His essences are those of the spectator, and,
as he says, innocent and infinite in number. Proust's essences are rare, precious, and privileged. What Albert Camus was to remark about Edmund Husserl's extratemporal essences, in *Le Mythe de Sisyphe*, he could have said about
Santayana's: "Que tout soit privilégié revient à dire que
tout est équivalent."[8] But he could not have said it about
Proust's essences. All essences are not equivalent.

Santayana's essences are precise, definable, and free
from ambiguity. There is an ambivalence and a richness of
suggestion in certain passages of Proust that will continue
to challenge comment. There is one which concerns the land-
scapes of Millet and Monet, in *Pastiches et mélanges*: "Cette apparence avec laquelle ils nous charment et nous déçoi-
vent et au delà de laquelle nous voudrions aller, c'est l'essence même de cette chose en quelque sorte sans épaisseur--
mirage arrêté sur une toile--qu'est une vision. Et cette

brume que nos yeux avides voudraient percer, c'est le dernier mot de l'art du peintre. Le suprême effort de l'écrivain comme de l'artiste n'aboutit qu'à soulever partiellement pour nous le voile de laideur et d'insignifiance qui
nous laisse incurieux devant l'univers" (*PM*, p. 250). The
promise and the denial of a transcendental vision are in-
separably entwined in Proust's conception. Santayana was
insensitive to the full poignancy of this dilemma.

Nevertheless one can speak of a Proustian influence on
Santayana, who, eight years older than Proust, had still
many books to write after Proust's death. He wrote in
"Proust on Essences": "Is it likely that any given essence
should be ever re-evoked exactly? . . . The repetition of
similar events is common: the recurrence of a given essence
in a living mind is rare, and perhaps impossible" (*Obiter
Scripta*, pp. 277-278). But in *The Realm of Matter*, which he
was writing during his reading of Proust, we are struck by a
familiar sound: "It might seem that memory . . . actually
encloses some parts of the past in the present . . . But
this is an illusion founded on the fact that memory contains
both imagery and knowledge: the imagery is all present, but
that of which it gives knowledge . . . is past and gone.
Even if, by a rare favour, the original aspect of the past
experience should be reproduced exactly, it will not be the
past event, nor even the present one, that will be given in
intuition, but the dateless essence common to both" (*Realms
of Being* [*The Realm of Matter*], p. 204). The mark of Proust
is visible in this last sentence. In a later book, *The Realm
of Spirit*, Santayana seems finally to have acquiesced to
Proust's insight concerning memory: "And reflection catch-
ing rhymes and reasons in the chaos of memory, will fix and
impose these tropes on the remembered incidents . . . to
fill out the chosen measure. Thus memory is primarily re-
apperceptive. . . . Were these patterns not definite and in
that sense static, they could not be conceived or recognized.

They are essences" (*Realms of Being* [*The Realm of Spirit*],
pp. 697-698). I shall close the quotations from Santayana's
Realms of Being with a passage that might well have been
suggested by *A la recherche du temps perdu*. Furthermore,
it calls to mind the author's own undertaking as a novelist,
namely, *The Last Puritan*: "When scattered experience is
synthesized in memory and scattered aspirations in worship,
they become a single panorama and a single love. The whole
course of a life is raised to a present datum possessed
virtually in all its details by the dramatic imagination,
as all the convolutions of a piece of music are retained
virtually in the finale" (*Realms of Being* [*The Realm of
Spirit*], p. 666). The protagonist of his novel, Oliver Alden, had no doubt some molecules from Swann or Marcel in his
constitution. Santayana's reading of Proust left traces
in *The Last Puritan*, as the following citations may show.

    Oliver opens a letter from Edith: "As he unfolded the
letter a slight but exquisite scent of violets detached itself . . . and transported him to the night at the opera
when he had helped her on with her cloak. . . . Had she
this perfume then? He had no distinct memory of it, but
somehow this scent was hers, the scent of her body, perhaps, by some odd symbolism, the scent of her mind" (*The
Last Puritan*, p. 502). His friend Mario describes two trees
that remind us of the three trees of Hudimesnil: "You remember those two poplars at the entrance to that little tea
garden? They were particularly solemn and graceful that
afternoon, swaying in the breeze, now intertwining and now
separating their branches, as if two green spires all composed of pinnacles, like Saint Mary's, had begun to dance
. . ." (*The Last Puritan*, p. 549). In one episode, Oliver
has found a sweetheart from his youth: "It was very much on
such a stile that they had sat at Radley watching the boys'
cricket, on the second day of their acquaintance; and Oliver, with his sensitiveness to such recurrences, felt a

touch of superstitious joy. He saw again the bright playing-
field, and the little boys in white. . . . And here, the same
golden-haired fairy . . ." (*The Last Puritan*, p. 568). When
Oliver thinks of people he has loved, he reflects: "but where
I have added a touch of love, where I have allowed them to be-
witch me or to make me suffer, then I was not seeing the reality in them at all, but only an image, only a mirage, of my
own aspiration" (*The Last Puritan*, p. 580).[9] *The Last Puritan*
was published in 1935, when his reading of Proust went back
only a few years.

Santayana had not forgotten Proust in 1950. Here is a
quotation from a letter of that year, two years before his
death: "Bergson is the prophet of duration creative, and
Proust the poet of duration lost, but recoverable under the
form of eternity. . . . [Bergson's] notion of *frozen* actual-
ity of phenomena, is a sort of bungling phenomenalistic substitute for the *truth*, which contains the essences of all past
and future existences and of their historic relations, as
Proust and I conceive the truth to be. . . . Although I think
Proust, in his last volume has exactly my notion of essence,
he could not have got it from me of whom he probably never
heard!" (*Santayana Letters*, p. 402). Santayana had not forgot
ten Proust, but he had certainly forgotten that distinction be
tween their notions of essence which he had suspected without clarifying some twenty years before.[10] After all, there
was in Proust's conception something different and yet something familiar that Santayana might have recognized, something
that recalls Keats's *Endymion*:

> Wherein lies happiness? In that which becks
> Our ready minds to fellowship divine,
> A fellowship with essence; till we shine,
> Full alchemized and free of space.

It is reminiscent too of what Proust once read in a French
translation of Emerson's essay on "The Poet": "Et voici

quelle sera ta récompense: C'est que l'idéal deviendra
réel pour toi et que les impressions du monde actuel tom-
beront autour de toi, nombreuses, sans troubler ton in-
vulnérable essence."[11]

University of Nebraska

---

[1] Smith's article in *Hommage à Marcel Proust* (Paris, 1927) had appeared in English in *Marcel Proust: An English Tribute*, ed. C. K.
Scott Moncrieff (London, 1923), pp. 52-58.

[2] *The Letters of George Santayana*, ed. by Daniel Cory (New York,
1955), p. 229. Subsequent references to this edition, designated
Santayana Letters, appear in the text, as do references to *The Last
Puritan* (New York, 1936), *Obiter Scripta* (New York, 1936), and *Realms
of Being*, one-volume edition (New York, 1942).

[3] Daniel Cory, *Santayana: The Later Years* (New York, 1963), pp. 26,
51-52, 88; Van Meter Ames, *Proust and Santayana* (Chicago, 1937), pp.
65-68; John Crowe Ransom, "Art and Mr. Santayana," in *The World's
Body* (New York, 1938), pp. 319-324.

[4] Marcel Proust, *Jean Santeuil* (Paris, 1952): II, 12, 187, 253, 306,
339; *Contre Sainte-Beuve* (Paris, 1954), pp. 58, 92, 114, 179, 187, 302,
353, 379, 404; *A la recherche du temps perdu* (Pléiade, 1968): I, 41,
45, 345, 349, 658; II, 47, 568, 1113, 1171; III, 159-160, 412, 718, 871-
873, 876, 885, 889, 898, 904, 1044. Cf. Stanley E. Gray, "Phenomenology,
Structuralism, and Marcel Proust," *L'Esprit Créateur*, VIII (Spring 1968),
58-65. Subsequent references to the above editions of Proust's work,
designated respectively *JS*, *CSB*, and *RTP*, appear in the text, as do references to *PM*: *Pastiches et mélanges* (Paris, 1921).

[5] Cf. "Ces charmes d'une tristesse intime, c'était eux qu'elle essayait
d'imiter, de recréer, et jusqu'à leur essence qui est pourtant d'être in-
communicables . . . la petite phrase l'avait captée, rendue visible" (*RTP*:
I,349). Also: "l'essence . . . C'est elle que l'art digne de ce nom
doit exprimer" (*RTP*:III,885).

[6] Van Meter Ames, op. cit., pp. 65, 123.

[7] George Santayana, *Soliloquies in England and Later Soliloquies* (New
York, 1922), p. 252; Georges Poulet, *Études sur le temps humain* (Edin-
burgh, 1949), p. 372.

[8] Albert Camus, *Le Mythe de Sisyphe* (Paris, 1942), pp. 43, 66.

[9] Cf. Proust, *Sodome et Gomorrhe*: "mon sort était de ne poursuivre
que des fantômes, des êtres dont la réalité, pour une bonne part, était

dans mon imagination. . . . De fantômes poursuivis, oubliés, recher-
chés à nouveau" (*RTP*:II,1012-13).

[10]The difference is hardly suggested by James K. Feibleman who writes:
"Santayana's essay on Proust is very much to the point. Witness Proust's
affirmation of the persistence of the values, in a world of change.
Proust reaffirmed the constants of essence in terms of the variables of
existence. In *The Remembrance of Things Past* a device very much like the
branch of mathematics known as the theory of transformations is employed:
whatever can be changed is changed in order to show what is safe from
change. Proust affirmed the essences by plunging into the fluxing world
of existence" (*The Two-Story World*, Selected Writings of James K. Feibleman, ed. H. Cairns, New York, 1966, p. 392).

[11]*Sept Essais d'Emerson*, translated by "I Will" (Mlle Mali) (Brussels,
1894), p. 147. Cf. the preface by Maurice Maeterlinck: "Une seule chose importe, dit Novalis, c'est la recherche de notre moi transcendental."
Proust's reading of Emerson is dealt with in my article, "Proust and
Emerson," *Symposium*, VI (May 1952), 123-139.